LE
DROIT MUSULMAN

EXPOSÉ

D'APRÈS LES SOURCES

PAR M. NICOLAS DE TORNAUW,

Ex-vice-gouverneur de la province Caspienne, conseiller actuel
de l'empire de Russie,
procureur général du Sénat dirigeant de Saint-Pétersbourg,
membre de la société orientale d'Allemagne;

TRADUIT EN FRANÇAIS
PAR M. ESCHBACH,

Professeur de Code Napoléon à la Faculté de droit de Strasbourg,
ancien bâtonnier de l'Ordre des avocats,
chevalier de la Légion d'honneur.

PARIS
COTILLON, ÉDITEUR, LIBRAIRE DU CONSEIL D'ÉTAT,
Au coin de la rue Soufflot, 23.

—

1860

LE DROIT MUSULMAN.

Paris. — Imprimé par E. Thunot et Cⁱᵉ, rue Racine, 26.

LE

DROIT MUSULMAN

EXPOSÉ

D'APRÈS LES SOURCES

PAR M. NICOLAS DE TORNAUW,

Ex-vice-gouverneur de la province Caspienne, conseiller actuel
de l'empire de Russie,
procureur général du Sénat dirigeant de Saint-Pétersbourg,
membre de la société orientale d'Allemagne;

TRADUIT EN FRANÇAIS

PAR M. ESCHBACH,

Professeur de Code Napoléon à la Faculté de droit de Strasbourg,
ancien bâtonnier de l'Ordre des avocats,
chevalier de la Légion d'honneur.

PARIS

COTILLON, ÉDITEUR, LIBRAIRE DU CONSEIL D'ÉTAT,

Au coin de la rue Soufflot, 23.

—

1860

PRÉFACE.

Puisque j'entreprends d'exposer dans le présent ouvrage les traits fondamentaux du droit musulman, je me regarde comme obligé envers mes lecteurs d'insister sur les circonstances qui m'ont amené à faire ce travail, rédigé primitivement en langue russe et destiné à la Russie.

Le droit mahométan a préoccupé depuis longtemps le monde savant en Europe, et dans ces derniers temps, il a attiré tout particulièrement l'attention des États européens qui comptent parmi leurs sujets des sectateurs de l'islamisme, parce que ces États ont compris combien est importante, pour l'administration des pays peuplés de musulmans, la connaissance de l'élément qui forme l'essence de tous les rapports politiques et sociaux des mahométans. Néanmoins, quelque étendue que soit en Occident, et principalement sur des spécialités, la connaissance de l'Orient, les pays européens ne peuvent pas encore se vanter de posséder un ouvrage qui présente le droit musulman d'une manière exacte et approfondie en toutes ses parties et qui expose, sous le point de vue dogmatique et pratique, toutes les règles sociales et juridiques particulièrement issues de l'islamisme.

Le savant orientaliste docteur Worms signale énergiquement cette lacune, lui qui, appelé à prendre part à l'administration de l'Algérie, était parfaitement en position d'en faire l'expérience sur place. Pour procéder à ses *Recherches sur la constitution de la propriété territoriale dans les pays musulmans*, il commença par se familiariser avec tout ce qui avait été écrit en Europe sur ce sujet, puis, seulement après, il aborda l'étude des sources desquelles découle tout le droit musulman. — Il acquit ainsi la conviction et démontra clairement que les écrits les plus célèbres étaient peu utiles et peu sûrs pour l'explication de la vie pratique des sectateurs de l'islamisme. Car il fut démontré que les savants d'Europe qui avaient cherché à apprendre des musulmans eux-mêmes la science de leur droit, avaient été induits par ceux-ci en toutes sortes d'erreurs, les musulmans prenant à tâche de dissimuler soigneusement aux Européens la connaissance de leurs lois et se retranchant derrière des articulations vagues et équivoques. — D'autres qui avaient voulu vérifier les sources mêmes, s'étaient dirigés vers des écrits dont la rédaction en aphorismes créait des énigmes, non-seulement pour les savants européens, mais encore pour la plus grande partie des lettrés musulmans. Que s'il arrivait à l'un ou à l'autre de découvrir des sources plus sûres et plus faciles à comprendre, il ne pouvait cependant s'en servir que d'une manière restreinte, car il n'en faisait pas des traductions directes et immédiates, mais il s'en faisait faire un translat explicatif par la bouche de savants musulmans, sans avoir des garanties suffisantes de leur bonne foi et de leur science.

Le docteur Worms donne, dans son ouvrage susrelaté, d'intéressants renseignements sur les difficultés contre lesquelles le gouvernement français a eu à combattre en Algérie dans l'organisation des rapports avec les indigènes, — difficultés qui se reproduiront plus ou moins partout où un État européen dominera sur des pays habités par des musulmans. « Les Français
» lors de la conquête d'Alger en 1830, dit le docteur Worms,
» laissèrent, par suite d'une politique aussi sage que juste, les
» indigènes se régir par leur législation antérieure fondée sur
» la religion. Comme cette législation était peu connue des
» conquérants, ceux-ci furent dans la nécessité de remettre aux
» mains des indigènes le soin de l'appliquer. Au lieu d'abréger
» la durée de cette situation difficile par l'étude de la langue,
» des lois et des mœurs du peuple conquis, les Français s'en

» sont aveuglément rapportés aux déclarations faites, touchant
» les relations endémiques, par les indigènes dissimulés et
» trompeurs, et ont ainsi créé en Algérie un état de choses qui
» rend peut-être impossible tout progrès et toute création du-
» rable. Averti par la connaissance du caractère de la popula-
» tion algérienne, — continue le docteur Worms, — il a, en
» jetant les yeux sur quelques-uns des rares manuscrits de leurs
» lois que les musulmans n'étaient point parvenus à soustraire
» aux conquérants, découvert avec surprise les nombreuses
» contradictions qui se manifestaient à chaque pas entre les ré-
» ponses données par les indigènes au nouveau gouvernement
» sur leur législation et les véritables solutions de celle-ci.
» Et pourtant il y avait là le vif sentiment de légalité que le
» musulman étend aux choses les moins essentielles de la vie do-
» mestique et du culte — chose connue et non à dénier. Dès lors
» il était nécessaire, pour trouver la solution, de remonter aux
» dernières sources du droit musulman ; entreprise hérissée de
» difficultés que Muradgea d'Ohsson a déjà démontrées ample-
» ment relativement à la Turquie. Les indigènes de l'Algérie se
» font un devoir de garder le silence le plus absolu sur l'état des
» rapports politiques et religieux, tels qu'ils existaient avant la
» conquête, et quand ils sont forcés de rompre ce silence, ils
» ont recours au mensonge. Il n'y a que celui qui les connaît
» qui peut se faire une idée du peu de valeur de leurs perpé-
» tuelles protestations d'amitié et de soumission envers leurs nou-
» veaux maîtres. Le gouvernement ne peut pas se fier sûrement
» à un seul de ses nouveaux sujets ; tous ils haïssent les con-
» quérants comme étrangers et mécréants, quelle que soit d'ail-
» leurs leur affectation de dévouement. La religion de Mahomet
» est la seule qui ne demande pas de ses adeptes l'épreuve du
» martyre : elle leur permet de postposer la profession de leur
» foi et toutes les conséquences de leur croyance religieuse à
» l'acquisition du bien-être et à la conservation de la vie. »

Parmi les travaux accomplis jusqu'à présent dans le domaine
du droit musulman, je remarque, au sujet de l'ouvrage justement renommé du célèbre orientaliste Muradgea d'Ohsson,

Tableau général de l'empire ottoman, que les parties V et VI de cet ouvrage qui traitent du droit musulman, ne contiennent que des extraits du travail *Multeko-el-ebhor* relatif au droit en vigueur dans l'empire turc sans donner un aperçu général sur la législation musulmane. L'essai de Mouradgea d'Ohsson d'abandonner la division et la distribution des matières du *Multeko-el-ebhor* pour y substituer (comme il le dit à la page 24 de sa préface) un système plus clair et plus facile à saisir, ne peut pas être considéré comme heureux. Car bien que quelques parties spéciales du droit musulman aient entre elles une connexité nécessaire, cependant les théories qu'elles contiennent ne se laissent pas commodément ramener à des principes fondamentaux qui n'existent pas du tout chez les mahométans, sans immédiatement renverser l'ordre et la suite établis dans chaque matière et sans introduire des idées contraires au génie de l'islamisme. Ainsi, par exemple, il a placé dans les règles de politique et dans le Code de la guerre beaucoup de choses que les musulmans regardent comme des devoirs religieux, tels que le *Zekalt*, le *Djehod* et autres; le chapitre de la prise de possession violente *Ghesb* a été reporté par d'Ohsson, avec les idées de l'Occident, dans le Code pénal, tandis que les musulmans n'y voient qu'un acte dont les conséquences sont purement civiles. — D'Ohsson a aussi tenté de réunir ce qui n'a qu'une apparence purement extérieure de connexité, mais qui diffère complétement par son essence et son fondement. Ainsi, par exemple, on ne peut pas ranger la dédicace *Wäkf* qui est le résultat de la libre volonté, avec le *Zekalt* qui est pour tout musulman un impôt obligatoire.

Parmi les productions les plus importantes dans le domaine du droit musulman, se place incontestablement, dans ces derniers temps, le *Droit musulman*, par J. Pharaon et Th. Dulau (1839). Néanmoins cet ouvrage, bien que, d'après son titre, on dût s'attendre à ce qu'il parcourrait la circonférence entière du droit musulman, ne se rapporte qu'à la secte *sunnite* et se restreint même aux deux branches la *malekite* et la *henifite*. — On peut aussi reprocher aux auteurs d'avoir, au lieu de suivre l'ordre suivi par les musulmans eux-mêmes dans la division de leur droit, adopté le système de la législation française, ce qui a amené un déplacement des matières qui les rend moins faciles à saisir.

L'Angleterre ne possède pas non plus, pour ses sujets musulmans des Indes orientales, une codification correspondante à leur caractère original et à leur religion. Ce ne fut que lorsque lord Bentink devint gouverneur général que l'on conçut le projet de faire un Code spécial anglais-indien; mais ce travail n'est point encore achevé. — On peut considérer comme préface de ce Code futur l'ouvrage de Macnaghten, en 1825 : *Principles and Precedents of moohummudan law*, qui, il est vrai, traite principalement du droit de succession, mais qui cependant a cet intérêt particulier, que toutes les lois citées sont textuellement extraites des originaux arabes.

Gans, dans son célèbre traité *Das Erbrecht in weltgeschichtlicher Entwickelung*, s'occupe, dans le parallèle des lois sur les successions, du droit musulman, tout en avouant qu'il n'a point mis à profit les sources les plus importantes, parce que non-seulement il n'a pas pu se procurer les écrits originaux des jurisconsultes musulmans, mais même quelques-uns des écrits les plus importants de savants en Europe (t. I, p. 178, 185).

Enfin le professeur Mirza Alexander Kazem-Beg a publié à Kasan en 1845, l'ouvrage du jurisconsulte henifite Sadrüsch-Schariat : *Müchteser ul-wikayet*. Je me suis beaucoup servi de l'introduction mise en tête et qui contient des recherches étendues sur l'origine, le développement et l'état actuel du droit musulman [1].

---

[1] La traduction française de l'ouvrage de Chalil Ibn-Ishak, par Perron, n'ayant paru qu'après l'achèvement de mon travail, je n'ai pas été à même de la mettre à profit.
(Cette allégation peut être exacte de la part de l'auteur parlant de son traité en russe et publié dans cette langue; mais il faut admettre que les traducteurs allemands ont connu la traduction de Chalil Ibn-Ishak par M. Perron, car ils en parlent et citent cette autorité dans leur traduction, comme on le verra à la note 1, chap. I, sect. 3, au titre du *Rehen*, contrat

PRÉFACE.

Un long séjour en Orient, — en Perse et dans les provinces transcaucasiques de la Russie, — une participation de cinq ans à l'administration de la province Caspienne (aujourd'hui gouvernement Schemacha) en qualité de vice-gouverneur, n'avaient fourni l'occasion de connaître les mœurs, la religion, la langue et en général la manière d'être et d'exister de la population musulmane. Par des efforts persévérants et à l'aide de nombreux sacrifices, j'eus le bonheur, par l'entremise de quelques docteurs de la loi musulmans et d'autres personnages, d'acquérir les originaux des livres *Scheri'et* pour la secte schiite et sunnite et de me familiariser avec l'étude de ces ouvrages en les comparant entre eux. Après avoir fait les extraits nécessaires de ces livres où se retrouvent la discussion et les répétitions qu'on rencontre dans les ouvrages des plus éminents docteurs musulmans, et après avoir, tout en respectant les divisions principales admises par les jurisconsultes musulmans, introduit dans les sous-divisions un ordre plus conséquent et plus juridique, — je songeai à donner aux résultats de mon travail la mesure réduite à la vie pratique, d'une part, en offrant ce livre comme guide dans la décision des procès des schiites, pour lesquels ce livre a été principalement fait, et parce qu'ils sont de beaucoup les plus nombreux en Transcaucasie, et enfin parce que les ouvrages de leurs jurisconsultes ont été plus accessibles pour moi; d'autre part, parce que j'y travaillai sous l'assistance de la plus haute autorité schiite à Schemacha. — Je tins compte aussi des divergences existant chez les Azémites et les Schafiites, et me bornai, en ce qui concerne la secte des sunnites, à signaler les nuances qui se rencontrent dans la Transcaucasie russe. Je remplis ici un devoir agréable en offrant le tribut de ma reconnaissance pour l'assistance que pendant plusieurs années et sans interruption ont bien voulu m'accorder dans mes recherches sur le droit mu-

de gage, au livre '*Ekudot*, ainsi qu'à la note 1, chap. IV, sect. 3, au titre du *Sukno we hibs*, dans le même livre '*Ekudot*, et enfin au chap. I, sect. 1, du livre *Ehkom*, au titre de l'autorité souveraine.)

(*Note du traducteur français.*)

sulman : le Kazi sunnite de Schemacha Mahmud-Efendi ; l'imam Djum'e de la ville de Schemacha : Ishak-Efendi ; — 'Abdurrehmen-Efendi ; — à l'aga Seid-Hussein ; — au Kazi schiite de Schemacha Ahund-Mulla-Ali ; — à Ahund-Mulla-Nur-Mohammed et à Mirza Suleiman-Mulla-Manaf-Ogli [1].

Au commencement de chaque chapitre, j'ai indiqué les sources dans lesquelles j'ai puisé, et où j'ai pris chaque mot persan ou arabe cité dans le texte, et tous écrits en caractères arabes. J'ai cherché à rendre le son des mots persans et arabes, comme on les prononce en Transcaucasie.

Mon but essentiel a été, en publiant cet ouvrage, d'en faire comme un manuel ou guide pour les autorités judiciaires et administratives des provinces transcaucasiques de la Russie, ou du moins d'offrir un point d'arrêt que le gouvernement russe pourrait utiliser comme point de départ d'une codification pour ses sujets musulmans. Cependant la matière contenue dans ce livre peut avoir un intérêt dans un cercle encore plus étendu, puisque partout où règne l'islamisme, ce sont les mêmes lois, découlant d'une seule et même source. La ressemblance se retrouve dans les plus petits détails, et c'est avec raison que le docteur Worms dit dans son ouvrage cité : « Tous » les empires musulmans ne sont que des fractions d'une même » société, soumise à la même loi, au même Code administratif » et politique et où tout est identique et commun jusqu'aux » coutumes les moins importantes. » Je crois dès lors qu'un tableau de l'état du droit des musulmans en Transcaucasie permettra de jeter un regard sur les rapports des mahométans partout où il y en a, et cela m'a déterminé à publier une traduction allemande de cet ouvrage, traduction dont se sont obligeamment chargés deux de mes amis, le conseiller d'État Arnold de Tideböhl et le conseiller aulique Théodore de Boetticher.

---

[1] Ce dernier, professeur des langues orientales à l'École de Schemacha, a reçu du gouverneur du Caucase, le prince Woronzoff, en 1845, une médaille d'or pour l'assistance qu'il m'a prêtée dans mon travail.

Je crois devoir encore ajouter quelques mots sur mes sources.

Comme mon travail avait surtout un but pratique, j'ai pris pour point de mire les règles de droit civil. Cette partie de l'ouvrage est presque exclusivement faite sur les sources perses et arabes. — L'introduction a été empruntée au Koran et aux ouvrages de savants européens. La partie dogmatique et pratique de la doctrine musulmane est faite en partie d'après les écrits de jurisconsultes musulmans, en partie d'après les recherches de savants européens. Ce qui est dit dans l'introduction et sur le dogme de l'islamisme, n'a d'autre but que d'exposer les fondements et la relation intime des lois religieuses et civiles de toutes les races musulmanes. J'ai dû retrancher certains points des écrits des jurisconsultes des diverses sectes, car ils prennent plus ou moins parti pour les doctrines de leur secte, et il m'importait d'exposer les points généraux dégagés de toute teinte de partialité.

Les ouvrages de jurisconsultes musulmans que j'ai mis à profit sont les suivants :

Kitobe usule din, par le müdjtehid d'Ispahan Aga Mohammed Bagir Medjlisi;

Kitobe Scherhe-E'tekodot, par Ibre Bobeweih.

Djom'e Abbasi par Scheich Beho ed-din Mohammed Djebel-Ameli.

Mürschid ul-ewomm de Mirza Abul-Kasimbin-Hassan-Djiloni.

Bist-bob, de Hadji Mohammed Bagir Medjlisi.

Neil ul-merom, de Mulla Ahmed-Ardebili.

Sewol we djewob, du Müdjtehid Seid Mohammed Bagir Reschti.

Tous ces écrits sont de la secte schiite.

Pour la secte sunnite-hanefite, j'ai mis à profit l'ouvrage *Helil-Idjoz*; pour la secte sunnite-schafiite, l'ouvrage *Keschf enwor*, et pour la secte sunnite en général, l'ouvrage *Ichtelofot ul eïmmelt il-erb'e,* qui contient en regard les variantes des quatre sectes sunnites.

Ce qui concerne l'imamet et certaines pratiques religieuses, je l'ai surtout emprunté au *Djelo ul-eiyun* de aga Mohammed Bagir Medjlisi, au livre *Kitobe husniyeh* et à l'ouvrage schiite *Bähth-nome Juhanno.*

Enfin, pour ce qui regarde le pèlerinage, je me suis servi du *menosike heddj* du Müdjtehid Seid Hadji Mohammed Bagir Reschti.

Parmi les ouvrages des savants d'Europe, j'ai consulté plusieurs traductions du Koran, et notamment celle du docteur Samuel Wahl 1828 (en allemand), celle du docteur Ulmann 1844 (en allemand), celle de Kazimirsky (en français) puis la *Historisch-Kritische Einleitung in den Koran*, par le docteur Weil 1844;

Sale : *Observations critiques et historiques sur le mahométisme,* dans les livres sacrés de l'Orient.

Chardin : *Voyage en Perse.*

Reinaud : *Monuments arabes, persans et turcs.*

Eugène Sicé : *Traduction des lois mahométanes* dans les Indes françaises, 1841.

Mouradgea d'Ohsson : *Tableau de l'empire ottoman.*

Volney : *les Ruines.*

Le comte de Warren : *l'Inde anglaise,* 1844.

John Shore : *Notes of Indian affairs,* 1837.

Macnaghten : *Principles and precedents of moohummudan laws,* 1825.

Garcin de Tassy : le *Risalei Berkewi* ou exposition de la foi musulmane, 1828.

Dr Weil : *Mohammed der prophète, sein Leben und seine Lehre,* 1843.

Hammer-Purgstall : *Geschichte des osmanischen Reiches.*

Ducaurroy : *Législation musulmane sunnite*, 1848-49.

Dr Weil : *Geschichte der Chalifen*.

Puisse ce livre atteindre son but dans un cercle plus élargi, éveiller l'intérêt pour le droit musulman et provoquer des études ultérieures sur ce terrain de la science. Convaincu de l'insuffisance de mon travail, je crois cependant avoir livré au monde savant des matériaux nouveaux en partie et qui, mieux employés, pourraient produire les faits les plus riches.

Signé N. DE TOURNAUW.

INTRODUCTION.

Le droit musulman, dans sa partie civile comme dans sa partie religieuse, a pour fondement unique le Koran [1].

Le Koran, dans le sens littéral, le Livre ou l'Écriture, est une collection de chapitres, que, d'après la croyance orthodoxe, Dieu envoya du ciel par feuilles détachées [2] et que l'archange Gabriel remit au prophète Mahomet [3].

Le Koran poursuivait un double but religieux et politique : le premier consistait à extirper l'idolâtrie parmi les Arabes, à réveiller et à épurer leur sentiment moral et les vertus de leur race, à consolider rituellement celle-ci par la loi et par la coutume ; — enfin à combattre les croyances des Hébreux, notamment des gnostiques, des sabelliens et d'autres sectaires qui avaient défiguré de plusieurs manières le dogme primitif de la Trinité, et dont les interprétations ont été probablement

---

[1] Le chap. V, v. 52 à 54, prescrit de ne juger les croyants que d'après le Koran, et de décider, d'après ce livre, tous leurs doutes et tous leurs différends. — On trouve les mêmes prescriptions dans le chap. XVI, v. 66, 91.

[2] V. le chap. XXV, v. 34, et le chap. XVII, v. 107.

[3] Chap. II, v. 91; XVII, v. 2; LXXX, v. 15.
« Pour les musulmans, c'est un article de foi que le Koran n'a pas été » composé ou créé, mais qu'il est d'une origine divine, qu'il est éternel. » (Sale, *Observat. hist.*, p. 488.) — La secte des mutazalites, fondée par Wasil-Ibn-Ata dans le premier siècle de l'hégire, admet la confection humaine du Koran, et en nie par conséquent la divinité. C'est ce qu'a même proclamé le calife Mamun (un Abasside) par un édit de l'année 212 de l'hégire.—V. Weil, *Geschichte der Chalifen*, vol. II, p. 262. — Les *Dissensions religieuses*, traduites de l'arabe Schahrastani's, par le docteur Haarbrücker, part. I, p. 42.— Introduction au *Müchteser-ul-Wikayet*, par le professeur Mirza Kazem-Beg, p. 32. — D' Weil, *Introduction critique au Koran*, p. 110.

la source trouble dans laquelle Mahomet puisa lui-même ses propres idées vacillantes et fausses sur les dogmes chrétiens et sur les préceptes de cette religion [1]. Du reste, la doctrine de Mahomet ne se produisit pas comme quelque chose de tout à fait nouveau : elle avait la prétention d'être l'antique et seule juste et vraie doctrine, que Dieu avait révélée dans la même forme extérieure à tous les prophètes, depuis Adam jusqu'à Mahomet [2], mais dont les secrets divins avaient été méconnus des hommes qui en avaient altéré les préceptes purs. Les musulmans ne font qu'honorer en Mahomet le restaurateur de cette doctrine, envoyé par Dieu.

Le Koran, en ce qui concerne son but politique, apparaît, dans les principes fondamentaux de sa doctrine, comme un moyen d'étendre et de consolider la puissance temporelle. Pour atteindre ce but subordonné à l'accomplissement de sa propagande religieuse, Mahomet posa deux principes nécessaires : d'abord, celui de la prédestination [3], c'est-à-dire, de la soumission volontaire et absolue à la fatalité, comme à la volonté de Dieu et à tout ce qui se fait en son nom; puis l'indissoluble connexité des lois religieuses et des lois civiles, leur dépendance réciproque et la nécessité de les compléter les unes par les autres, et de réunir la puissance spirituelle et la puissance temporelle dans une seule et même main.

A ces principes correspond le nom qui a été donné à la nou-

---

[1] Chap. V, v. 18 : « Par la publication du Koran, Dieu veut mettre sur le » chemin de la paix et conduire des ténèbres à la lumière, ceux qui marche- » ront suivant sa volonté. »

Chap. XXXVIII, v. 87 : « Le but du Koran est d'éclairer le monde » entier. »

Chap. V, v. 88 : « Bientôt vous serez convaincus de la vérité de son con- » tenu. »

Chap. XVI, v. 92 : « Et le Koran t'a été envoyé d'en haut, Mahomet, pour » que tu en apprennes les dogmes de la foi et les devoirs de la vie, et pour » que tu publies aux musulmans, outre l'instruction, la miséricorde et les » révélations de Dieu. »

Chap. V, v. 93 : « Dieu vous ordonne de suivre la vérité et les règles de la » vertu : soyez doux et bons avec vos amis; évitez toute tromperie, toute op- » pression et toute injustice. »

[2] Chap. II, v. 91-122; chap. V, v. 52; chap. III, v. 60, 84; chap. VI, v. 92, 163, 192; chap. XLII, v. 11.

[3] V. ci-dessous, partie I, le § 3 sur la justice divine.

velle religion : *Islam*, c'est-à-dire, soumission, obéissance envers Dieu [1].

Les règles de la foi et du droit de l'islamisme remontent, quant à leur source, et en grande partie, à la base de la loi hébraïque; mais elles découlent aussi, en partie, des préceptes de la religion chrétienne et de celle des anciens Perses. La partie extérieure et rituelle de la religion musulmane, a pour fondement, outre les normes hébraïques [2], les coutumes qui étaient en vigueur pendant la période païenne du peuple arabe. Dans cette combinaison, le Koran a été parfaitement approprié aux mœurs, aux habitudes et aux passions des Arabes; il s'élève en beaucoup d'endroits, à une force et à une beauté d'expressions, telles que les Arabes n'ont rien de comparable dans leur langue : cet élan de parole par inspiration est même indiqué par Mahomet comme une preuve de sa vocation de prophète [3].

Le Koran, comme on l'a déjà remarqué ci-dessus, fut promulgué, non pas dans son ensemble comme un tout, mais par portions détachées. Les motifs les plus directs furent, outre le but général de la propagation de la nouvelle doctrine, en partie différents événements de la vie publique et privée de Maho-

---

[1] « *Islam* provient de la racine *selame*, et signifie soumission, dévouement » à Dieu ; de manière que quand on prononce le mot *selam*, le mot *Lillahi*, » *à Dieu*, est toujours sous-entendu. » (Langlès Chardin, VI, 174.) — Sale, dans ses *Livres sacrés de l'Orient*, p. 491; voy. aussi le chap. II, v. 121 et 125. Dieu ayant dit à Abraham : « Embrasse l'islamisme, Abraham répondit : J'ai » embrassé le culte de ce maître de l'univers! » — Voy. encore Wahl, *Introduction au Koran*, p. 10.— Richardson's *Lexikon*, p. 55.— Reinaud, I, p. 196.

[2] L'islamisme se rapproche beaucoup du mosaïsme, entre autres : dans l'unité de Dieu, — la vénération des prophètes, — les anges, les bons et mauvais esprits, — les ablutions et purifications, — les jeûnes, — les pèlerinages, — la règle du *keble*, c'est-à-dire la direction du corps vers l'Orient pendant la prière.

[3] Il s'appelle lui-même l'ignorant prophète, chap. VII, 155, 157. — D'après de Hammer, IV, p. 558, les versets 17 et 18 du chapitre II, de même que le verset 286 sur le trône de Dieu,—les versets sur l'unité de Dieu (chap. CXII), — sur le déluge (XI, 44), — sur la fin du monde (XCIX), et le chapitre sur les heures qui sonnent (CI), sont à placer parmi les passages les plus remarquables non-seulement du Koran, mais de tous les enthousiasmes religieux. Ce sont les versets 17 et 18 qui doivent avoir convaincu le grand poëte Lebid de la divinité du Koran, et le poussèrent à arracher une de ses poésies suspendues dans le temple de la Mecque, et à reconnaitre le Koran comme l'œuvre de Dieu et Mahomet comme son prophète.

met¹, en partie la nécessité de changer d'anciens principes et d'en établir de nouveaux²; c'est pour cela que les chapitres n'ont point de liaison intime entre eux et ne présentent aucun arrangement systématique.

Pendant la vie de Mahomet, ces chapitres ne furent pas l'objet d'une compilation ou collection; ils se répandirent détachés et manuscrits parmi les sectateurs de la nouvelle doctrine, et ce n'est qu'après la mort du prophète, et sur l'ordre du chalife Abu Bekr que Zeid-Ibn-Thobit réunit toutes ces pièces éparses qui composent le Koran dans tout son contenu, divisé en 114 chapitres, en l'année 13 de l'hégire¹³ (634 après Jésus-Christ)⁴. Mahomet enjoignit vivement à tous ses sectateurs, sous promesse d'une récompense dans la vie future, d'apprendre par cœur les versets du Koran le plus que possible. C'est pour cela que les mahométans primitifs apprirent le Koran par cœur, et il y en a beaucoup aujourd'hui qui le possèdent tout entier de mémoire : ce sont ceux qu'on appelle *hafiz*, c'est-à-dire savants, ou gens qui savent les choses à fond.

Cette mnémonique, quoique moyen efficace pour graver les versets du Koran dans le souvenir du peuple, donna lieu néanmoins, à raison de la diversité des temps et des lieux, à diverses interprétations et significations. Il y en eut des copies

---

¹ Sale, *Livres sacrés de l'Orient*, p. 488. — Kolb dit dans le *Staatslexikon* de Rotteck et Welker, t. IX, p. 13 :

« Il nous paraît très-vraisemblable qu'il y eut dans Mahomet trois mo-
» biles : la poursuite d'un but ayant pour objet le bonheur du peuple, le
» fanatisme et des motifs d'égoïsme personnel. Il y a des preuves et des do-
» cuments de l'un et de l'autre. »

² Les écrivains musulmans ont séparé les règles du Koran en règles *changées*, *mensueh*, et règles *ayant changé*, *nosieh*. Les dernières abrogent les premières, et obtiennent seules force obligatoire. Cette doctrine est une des plus importantes de l'islamisme, et repose sur les versets 100 à 103 du chapitre XVI. — Reinaud, *Monuments arabes et persans*. — Mirza Kazem-Beg, Introduction au *Mûchteser-ul-Wikayet*, p. 36. — Weil, *Introduction historique au Koran*, p. 46.

³ L'hégire est la fuite de Mahomet de la Mecque à Médine, en l'année 622 de l'ère chrétienne. D'après l'historien Tabari, c'est le prophète Mahomet qui aurait lui-même fixé le point de départ de l'hégire; mais suivant d'autres historiens, cette fixation serait l'œuvre du calife Omar, sur le conseil d'Ali. — Voy. l'*Histoire des califes*, par le docteur Weil, t. I.

⁴ Le Koran contient 114 chapitres et 6,225 versets dans l'édition qu'en a donnée le khalife Othman. De Hammer pense que c'est Othman qui a réuni ces pièces éparses et a ainsi assuré la conservation du Koran.

avec variantes; plusieurs de ces copies se trouvaient en la possession de personnages qui jouissaient d'une haute considération, soit de la part du prophète lui-même, soit auprès du peuple, parmi lesquels on cite : Ali, Ubbei-ben-Kaab, Ibn-Masud, Ibn-Umme, Ebd-Othman, Zeid-Ibn-Thobit, Saad-ben-Az, Ibn-Zubeir et d'autres encore [1]. C'est ainsi que, suivant l'avis concordant des écrivains musulmans, on vit surgir sept leçons différentes du texte du Koran. Le savant docteur Weil à Heidelberg, dans son estimable ouvrage : *Introduction historique et critique au Koran* (en allemand, 1844, p. 48), pense que ces différences ne provenaient pas seulement des nuances entre les dialectes et ne constituaient point de simples variantes de langage, mais qu'elles étaient de vraies dissidences de fond. Nous pensons néanmoins qu'il est vraisemblable que la cause première de ces variations du texte est à attribuer principalement à la variété des dialectes arabes dans lesquels les chapitres ont été rédigés.

Sous le chalifat de Othman, les anciens disciples et compagnons de Mahomet [2] entreprirent une revue et une correction des divers exemplaires du Koran, et l'édition qui en résulta, et dans laquelle Othman admit comme fondamental le dialecte koreischite, fut envoyée dans tous les pays où l'islamisme avait pris racine. Les exemplaires antérieurs furent recueillis de tous côtés et anéantis. C'est dans cet état que depuis lors le Koran s'est maintenu jusqu'à ce jour [3].

---

[1] D'après l'historien Nawawi, Mahomet doit avoir dit : « Prenez le Koran » de ces quatre hommes : Abd-Allah-Ibn-Masud-Sâlim, l'affranchi de Abu-» Hudsafa, Muads et Ubei-Ibn-Kaab. »

[2] Weil, dans son *Histoire des califes*, I, 167, rapporte en citant l'historien Dsahabi, p. 171, que, sous le gouvernement du calife Othman, Zeid-Ibn-Thobilt doit avoir fait une copie du Koran sous la dictée de Saad-Ibn-Az. Au contraire, et d'après l'ouvrage *Führist ul-'ulum*, Othman doit avoir fait rédiger par Zeid-Ibn-Thobit, — Abd-Allah-ben-el-Zubeir, — Saad-ben-Az — et Abd-errahman-ben-el-Harith-ben-Hischam, — quatre copies des feuillets conservés chez Aische, la veuve du prophète, qui furent envoyés dans les quatre coins du monde, après quoi on recueillit pour les brûler tous les exemplaires antérieurs. — Voy. le *Recueil de la Société orientale d'Allemagne*, 1845-46, p. 66.

[3] La rédaction du Koran par Othman a donné lieu à de vives controverses parmi les musulmans. Othman a fait reviser le Koran, non point par les plus savants hommes de son temps, mais par ceux qui lui étaient le plus dévoués; la preuve, c'est qu'il n'a point appelé dans cette commission Abd-Allah-Ibn-

Le Koran comprend les préceptes fondamentaux pour toutes les relations de la vie des musulmans ; il contient les lois religieuses, civiles et criminelles, des règlements politiques, administratifs et d'économie sociale, des prescriptions relatives à la vie publique et privée, en un mot, tout ce qui peut avoir trait au gouvernement et à l'administration d'un peuple comme à sa vie privée.

Le système du Koran peut, quant à son contenu essentiel, être divisé en deux parties essentielles : la partie dogmatique *Usul ed-din*, et la partie rituelle ou pratique *Feru' ed-din*.

Dans la partie dogmatique, se rangent :

1) L'admission du Koran, comme du dernier et du plus parfait livre que Dieu ait lui-même publié. Les trois livres révélés antérieurement au Koran, savoir : le Pentateuque de Moïse, *Taurot;* les Psaumes de David, *Zebur*, et le Nouveau Testament, *Endjil*, ne sont pas rejetés par Mahomet, mais il met leur valeur au-dessous de celle de son livre ;

2) La croyance à l'unité de Dieu, ce qui lui fait repousser aussi bien l'idolâtrie arabe que la doctrine chrétienne de la Trinité ;

3) La foi en Mahomet comme le dernier et le plus grand des prophètes [1] ;

Masud, l'un des meilleurs interprètes du Koran, au dire de Mahomet lui-même. Aussi y fit-on non-seulement des fautes d'orthographe et de linguistique, mais encore des modifications et des mutilations de passages entiers. (Weil, *Hist. des khalifes*, I, 167.) Ce sont surtout les partisans d'Ali qui protestèrent contre la sincérité des éditions du Koran données par les soins d'Othman. Suivant eux, non-seulement on n'avait pas pour ces éditions consulté le texte de l'exemplaire possédé par Ali, mais on y avait même supprimé des passages entiers concernant Ali. C'est ainsi que les schiites ou sectateurs d'Ali prétendent qu'on a omis dans l'édition d'Othman tout le chapitre *Nurein*, les deux astres (Mahomet et Ali). Garcin de Tassy a donné dans le *Journal asiatique*, cahier de mai 1842, une édition et traduction de ce chapitre, extrait de l'ouvrage de *Mühsin-Fani*. Mais Mirza Kazem-Beg, professeur primitivement à l'université de Kassan (et aujourd'hui à celle de Saint-Pétersbourg), a contesté l'exactitude de cette édition, *Journ. asiat.*, 1843. — Comp. le docteur Weil, dans son *Introduct. au Koran*, p. 80, 81.

[1] D'après les traditions musulmanes il y a eu, depuis Adam jusqu'à Mahomet, 124 mille prophètes et apôtres, dont 6 seulement ont été directement chargés par Dieu de communiquer ses ordres au genre humain et de lui donner des lois nouvelles : Adam, Noé, Abraham, Moïse, Jésus et Mahomet.

4) Croire que c'est Dieu qui gouverne le monde et qu'il a d'avance fixé le sort des humains (prédestination);

5) Croire à l'existence des anges et des démons, c'est-à-dire de bons et de mauvais esprits (*melek* et *djinn*);

6) Croire à la chute du premier homme par la tentation de Satan;

7) Croire à la résurrection des morts et au jugement dernier;

8) Croire aux peines et aux récompenses d'une vie future, au paradis et à l'enfer;

9) Admettre les qualités ou attributs de Dieu;

10) Enfin, admettre le redressement de quelques fausses interprétations de certains passages de l'ancien et du nouveau Testament, fausses interprétations émanées des écrivains hébreux et chrétiens.

La seconde partie, rituelle ou pratique, renferme les prescriptions sur :

1) Les prières, avec tous les rites qui s'y rapportent, indication des heures auxquelles elles doivent être faites et des formules suivant lesquelles elles doivent être récitées;

2) L'ablution et la purification du corps avant la prière et dans différentes autres circonstances;

3) Le service divin à la mosquée le vendredi et les jours de fête;

4) Le jeûne du Ramazan;

5) Les aumônes ordonnées par la loi;

6) Le pèlerinage à la Mecque;

7) La célébration solennelle de certains jours et mois;

8) La guerre sacrée pour la propagation de l'islamisme;

A quoi il faut enfin ajouter :

9) Les prescriptions rituelles sévères relatives à certaines actions dans les divers actes juridiques, civils et criminels [1].

---

[1] Les chapitres principaux du Koran renfermant des préceptes sur les affaires de la vie ordinaire sont les suivants :

Le chapitre II « *la vache* » traite des testaments, des jeûnes, des pèlerinages, des aumônes, de la guerre contre les infidèles, du mariage, du serment, du divorce, du don matutinal, de la tutelle, des nourrices, des prières, de l'usure, des contrats et des témoins.

Le chapitre IV « *les femmes* » embrasse les règles sur les orphelins et leur patrimoine, les tuteurs, la dot, le partage des successions, la prostitution,

Très-imparfait comme Code de lois, sans système et sans méthode intérieure, plein de contradictions, de répétitions, de passages obscurs et équivoques, superficiel dans beaucoup de règles importantes, complétement muet sur un grand nombre des principaux dogmes et lois, mais néanmoins en harmonie avec l'organisation simple et patriarchale de la vie civile et politique du peuple arabe et avec le degré peu élevé de sa civilisation; le Koran dut, après la mort de Mahomet, ne plus suffire comme règle de conduite dans toutes les questions théologiques, c'est-à-dire suivant les idées asiatiques, dans toutes les questions dogmatiques, rituelles et juridiques.

On se vit dès lors contraint, là où la lettre du Koran faisait défaut, de recourir aux explications orales du prophète et aux exemples de sa vie publique et privée [1], et, quand cette source venait à tarir malgré la facilité, comme le remarque très-finement le docteur Weill, de faire toujours jaillir cette source, d'élever à la hauteur de prescriptions religieuses et de principes de doctrine, les décisions des imans, c'est-à-dire des kalifes (Abubekr, Omar, Othman et Ali), qui étaient investis de la plus haute autorité spirituelle. Pour constituer définitivement le système religieux et juridique de l'islamisme, on donna égale-

---

l'adultère, la pédérastie, le mariage, les noces prohibées, les châtiments des femmes, la miséricorde, l'avarice, les formes de la prière et de l'ablution, la soumission à l'autorité, la guerre sainte, le meurtre et le témoignage.

Le chapitre IX « *l'expiation* » donne des détails sur la division de l'année en douze mois, sur les quatre mois sacrés, sur la guerre sainte et sur le serment.

Le chapitre XVII « *le voyage nocturne* » contient des préceptes sur la prédestination, sur la confession, sur le meurtre, sur la vengeance, sur les biens des pupilles, sur la prière.

Le chapitre XXIV « *la lumière* » traite de la peine de l'adultère, de la diffamation, de la violation de domicile, de l'habillement des femmes, de l'affranchissement des esclaves, du rapport des maîtres et de leurs serviteurs.

Enfin le chapitre LX « *la mise en épreuve* » donne des prescriptions concernant le mariage, la dot, etc.

[1] Le docteur Ludolf Krehl, dans son article sur le Sahih de Buchari, détermine de la manière suivante, et d'après les auteurs musulmans, la différence qu'il y a entre le Koran, — la tradition divine et la tradition du prophète :

« Le Koran provient, d'après son nom et son esprit intime, de Dieu : —
» la tradition divine provient de Dieu d'après son esprit intime, mais, d'a-
» près son nom, de l'envoyé de Dieu; — tandis que la tradition du prophète
» ne provient que de celui-ci, tant sous le rapport de l'expression que sous
» celui de l'esprit. »

ment force de loi aux ordres et aux décrets des successeurs des quatre kalifes et des müdjehidés du premier siècle de l'hégire, c'est-à-dire des fondateurs des divers sectes de la religion qui disaient appuyer leurs principes sur les décisions du prophète et des imans.

De sorte que le premier siècle de l'hégire vit s'élever un édifice de religion qui prit de continuels accroissements, renfermant des théories de politique, de droit privé et de pure théologie, et qui tendait, comme le seul et véritable islamisme révélé par Dieu à Mahomet, à valoir universellement [1].

La base principale de l'islamisme était, comme on l'a déjà dit, le Koran; les parties accessoires furent :

1) Les *hedith*, c'est-à-dire la tradition des explications orales de Mahomet, et les faits et gestes du prophète;

2) Le *idjmoé ümmet*, c'est-à-dire l'ensemble des décisions des imans ou quatre premiers successeurs de Mahomet, que les sunnites regardent comme kalifes dans le sens propre du mot, c'est-à-dire comme les chefs des musulmans, ayant remplacé absolument le prophète, et qui, sans avoir obtenu directement la tradition divine, n'en ont pas moins droit, comme chefs suprêmes légitimes, à une obéissance absolue, et dont les actions et les paroles méritent d'être imitées; enfin :

3) Le *kiyas* ou *me'ekul*, c'est-à-dire les décisions et arrêtés (préjugés) qui, dans des hypothèses semblables, étaient émanées (c'est pourquoi on les appelle aussi *e'tebor ul-emthol*) des

---

[1] De Hammer donne dans son célèbre ouvrage *Geschichte des osmanischen Reiches*, t. I, p. 92 et suiv., les quatre sources suivantes du droit public de l'islamisme :

1) Le Koran, ou la parole de Dieu ;

2) La *Sunna*, ou la parole du prophète ;

3) Les décisions unanimes des pères de l'Église islamique, c'est-à-dire des quatre grands imans ;

4) Et le *Ürfi*, législation arbitraire qui remplit les lacunes ou supplée au silence des trois autres sources, sans pouvoir jamais les contrarier.

Alâ Ed-din, le deuxième chef des Osmans (1328 après Jésus-Christ) fut le premier qui fortifia l'empire par des lois politiques et des institutions publiques. Ces règles, qui ont été successivement accrues suivant les besoins de l'État, ont pris depuis lors le nom de *Kanun* (tiré du mot grec κανὼν), et l'on en a appelé le recueil *Kanunnameh*, ce qui ne rend pas l'idée attachée chez nous aux expressions *droit canonique*, mais ce qu'il faut traduire par droit relatif à la chose publique.

kalifes du premier siècle de l'hégire et des fondateurs des diverses sectes de la religion.

Les actes de Mahomet non relatés dans le Koran et ses ordres oraux (les *hedith*) ne sont pas, dans la foi mahométane, susceptibles d'être observés d'une manière aussi absolue que les manifestations mêmes de la volonté de Dieu, mais ils doivent, comme décisions et actes personnels du prophète, servir de règles pour les cas que le texte du Koran n'a pas prévus. La réunion et la rédaction par écrit de ces traditions dut amener de nouveau des variantes et des contradictions. On les trouva principalement dans les *hedith* provenant de Ali, le neveu et gendre du prophète, et des principaux *eshaben* ou successeurs et compagnons de Mahomet; — dans ceux de Abu Hüreire, proche parent de Mahomet; — de Ibn Abbas, cousin du prophète; — de Ibn Omar, fils du kalife Omar; — de Enes Ibn Malek; — enfin de 'Aische, fille d'Abu Bekr et veuve du prophète [1].

A part quelques questions relatives à la fixation de certains points religieux, ce furent surtout les droits personnels d'Ali et de ses descendants, qui devinrent l'objet de ces variantes et de ces contradictions dans les *hedith*, et c'est à cela qu'il faut principalement attribuer la scission de l'islamisme en sectes.

Abu Hüreire, la veuve Aïsche et les autres, déniaient notamment, dans leurs hedith, à Ali les priviléges personnels auxquels il prétendait par suite de plusieurs expressions du prophète; cela conduisit à la fin les descendants et les partisans d'Ali à rejeter toutes les traditions qui ne lui étaient pas favorables et à n'admettre que celles qui émanaient d'Ali lui-même : la conséquence fut, d'un autre côté, que les adeptes du parti qui admettait comme obligatoires tous les hedith émanés des principaux disciples du prophète, se détachèrent complétement des partisans d'Ali.

Abu Bekr fit rédiger, pendant son kalifat, un recueil des hedith fondés sur la déclaration des principaux *eshab*, et il y fit insérer aussi ceux d'Ali, en omettant néanmoins ceux

---

[1] Dans son introduction à l'ouvrage *Müchteser-ul-Wikayet*, page 7, le professeur Mirza Kazem-Beg nomme, outre les quatre califes et les quatre correcteurs du Koran, encore sept successeurs du prophète Mahomet qui vivaient sous le règne d'Osman. — Sur les compagnons *Eshaben*, comp. le *Recueil de Buchari*, partie II, chap. 29, et l'article du docteur Krehls, dans le *Journal de la Société orientale d'Allemagne*, t. IV, cahier 1, p. 14.

qui consacreraient les priviléges personnels de cet iman.

Ce recueil d'hedith fut, par la suite des temps, augmenté par l'addition de décisions d'autres contemporains de Mahomet, et actuellement les musulmans de la secte des sunnites en possèdent six volumes, connus sous le titre de *sihohe sitteh,* c'est-à-dire six livres de traditions véritables. Ce sont notamment :

1) Le livre de Abu Abdullah Mohammed el-Buchari [1] ;
2) Le livre de Muslin Nischapuri ;
3) Le livre de Dawud Sidjistani ;
4) Le livre de Termidsi ;
5) Le livre de Nesai ;
6) Le livre de Ibn Madji Kazwini [2].

Réunis au Koran, les trois éléments qui viennent d'être indiqués, à savoir : les *hedith,* le *idjmo'e ümmet* et le *kiyas,* forment la base fondamentale de la doctrine juridique des sunnites. Plus tard, les quatre fondateurs de la secte des sunnites ont encore tracé différentes règles rituelles et de conduite, dans une relation intime avec ces éléments [3].

---

[1] Sur cet ouvrage de Buchari, voy. l'article du docteur Krehls, dans le *Journal de la Société orientale d'Allemagne,* vol. IV, cah. 1.—Jos. de Hammer, dans les *Annales viennoises,* année courante, p. 75-79.

[2] Plusieurs auteurs européens ont appelé le recueil des *Hedith* « le livre *Sunna,* » et enseignent, pour désigner la différence de la secte *sunnite* et de la secte *schiite,* que cette différence gît, non-seulement en ce que les schiites n'admettent pas les trois premiers califes comme légitimes successeurs du prophète, mais encore en ce que ces mêmes schiites rejettent le livre *Sunna,* tandis que les sunnites l'admettent comme règle absolue. Il faut s'entendre.

Il n'existe pas chez les musulmans de livre appelé *Sunna :* la *sunna* désigne l'ensemble des règles qui ont été transmises aux adeptes de l'islamisme dans les *hedith* ou traditions, et constatées ou recueillies çà et là par divers recueils. Les schiites admettent ces *hedith* aussi bien que les sunnites. Le cinquième dogme des premiers, l'*imamet,* est fondé entièrement sur des traditions. La véritable différence gît principalement en ce qui suit : Les sunnites fondent leur doctrine, surtout et sans exception, sur l'ensemble des *hedith* comme explications et confirmations des lois du Koran, et sur les décisions concordantes des premiers califes ou les décisions de la totalité des califes. C'est pour cela que les sunnites prennent aussi le nom de *Ehli sunnet we djemo'et,* c'est-à-dire sectateurs du *sunnet* et des lois de tous les califes. — Les schiites, au contraire, voient dans les *hedith* ou faits et gestes de Mahomet des compléments du Koran, et rejettent ceux qui sont en contradiction, suivant leur manière de voir, avec les règles du Koran en quelque point, et ils n'admettent pas du tout le *djemo'et* ou les décisions de l'assemblée générale.

[3] Dans la suite des temps, il parut sur les écrits des imans ou fondateurs de sectes des commentaires spéciaux sous le nom de *Scherh,* dans lesquels le texte fut appelé *Metn.* — Sur ces commentaires, *Scherh,* furent écrites des gloses appelées *Haschiyeh.*

Les musulmans de la secte des schiites n'admettent pas du tout les règles de l'idjmo'e ümmet, et parmi les traditions des successeurs du prophète, ils ne reconnaissent d'autorité qu'aux *hedith kudesi*, c'est-à-dire aux traditions qui émanent d'Ali.

Suivant la parole de Mahomet, l'islamisme devait se diviser en 73 sectes [1], et, de fait, le nombre de ces sectes est très-considérable; elles se distinguent, soit par les dogmes de la foi et par les doctrines qui s'y rapportent, soit par les préceptes rituels et les règles du droit civil et du droit criminel. L'origine de cette multitude de sectes, qui souvent ne sont en désaccord que sur des points non essentiels, date principalement de la première année de l'hégire, où, par application de ces paroles du Koran :

Fe'etebru ya ülül elbob le'elleküm tüflihun.

« O peuple, examine les choses et tu trouveras la vérité. »

(paroles par lesquelles Dieu concède l'examen des articles de croyance [2]), les interprètes musulmans soumettaient les chapitres du Koran à une discussion et à une critique détaillées, et devenaient ainsi les fondateurs de sectes religieuses.

Il n'entre pas dans le domaine du présent ouvrage de donner une énumération complète de toutes les sectes de l'islamisme : il ne sera fait mention ici, avec quelques détails, que de celles qui ont des adeptes dans les provinces transcaucasiennes sous la domination russe [3].

Les sectes musulmanes les plus considérables sont la secte *sunni* et la secte *schi'e*, lesquelles se subdivisent en sous-sectes [4].

---

[1] « Les musulmans disent que la religion des mages s'était divisée en » 70 croyances différentes, que le judaïsme en compte 71, le christianisme 72, » et que l'islamisme doit en renfermer 73. » (Reinaud, *Mon.*. I, p. 383.) — Comp. les ouvrages schiites sous les titres : *Discussions de Joahanno*, p. 97, et le livre *Husniyeh*. — Voy. aussi l'*Introduction au Koran* du docteur Weil, p. 97. — Sur le nombre canonique des sectes musulmanes et sur la symbolique des nombres 70 à 73, comparez enfin l'intéressante dissertation de Steinschneider, dans le *Journal de la Société orientale d'Allemagne*, t. IV.

[2] Koran, ch. II, v. 254; ch. XLII, v. 6; ch. II, v. 117.
Mahomet s'élève contre le morcellement de l'islamisme en sectes dans les chapitres VI, 160; XXI, 96; XXIII, 54; XXVII.

[3] On trouvera des détails étendus sur les sectes de l'islamisme dans Sale, *Observat. hist. sur le mahométisme; Livres sacrés de l'Orient;* — Taylor, *Hist. du mahométisme et de ses actes.*

[4] Les adeptes de la secte *sunni* se nomment aussi *Ehli sunnet we djemo'et,*

Les différences des sectes *sunni* et *schi'e* se rapportent soit aux dogmes de la foi, soit à la partie pratique de la doctrine et aux règles du droit privé.

Ces différences, quant aux dogmes de la foi, consistent :

a) **Dans l'admission et le rejet partiel de l'***imamet***,** c'est-à-dire du droit héréditaire qui, selon la secte *schi'e*, appartiendrait à la race d'Ali, de régner sur le peuple musulman. Les sunnites, au contraire, ne reconnaissent point d'imans autres que les quatre premiers kalifes; selon eux, la puissance spirituelle et temporelle aurait été, après la mort du prophète, transmise régulièrement aux plus dignes par le choix du *djemo'et*, c'est-à-dire l'universalité du peuple. Chez les adeptes de la secte *schi'e* l'imamet est un des dogmes les plus importants. A leurs yeux, les trois premiers kalifes, comme tous ceux qui descendent de la race de Beni Umeiyeh (les Omeïades), et de Beni Abbas (les Abbasides), sont les usurpateurs des droits légitimes de l'iman Ali et de sa postérité : aussi regardent-ils les procédés de ces personnages non-seulement comme injustes, mais comme méprisables et exécrables. De leur côté, les sunnites n'admettent pas l'*imamet;* néanmoins, ils tiennent Ali pour un kalife légitime, mais seulement au quatrième rang, après Abu Bekr, Omar et Othman, et ils honorent en lui et dans sa race le sang de leur prophète.

b) **Dans la doctrine du *tekiyeh*.** Elle consiste à admettre qu'il est permis, dans les cas extrêmes où la vie est en danger [1], de ne pas confesser ou de nier sa religion. Les schiites l'ont embrassée : mais elle est repoussée par les sunnites, qui disent

---

c'est-à-dire disciples du *Sunnet* et de l'*Idjmo'e*, ou bien encore *Ehli Tschehoryar*, c'est-à-dire partisans des quatre premiers califes.

« *Sunny* signifie légal, fidèle à la loi, parce que ceux qui professent cette
» doctrine prétendent être les fidèles serviteurs du prophète, tant pour la
» doctrine que pour les pratiques. *Chiyah* signifie compagnon, confrère. »
(Chardin, VI, p. 173.)

Les schiites sont appelés, par les sunnites, *Roseri*, c'est-à-dire séparés, déchus; ils s'appellent eux-mêmes *Ehli edilet*, les justes, les vrais.

Voy. aussi, sur la différence des sectes sunnite et schiite, le célèbre ouvrage de Hammer, *Geschichte des osman. Reichs*, I, p. 704-710. — L'article du docteur Haneberg, dans le *Zeitschrift der deutsch. morgen. gesellschaft*, Bd. II, Hest.

[1] Le principe du *Tekiyeh* est fondé par les schiites sur le verset 27 du chapitre III du Koran. Cependant ce principe n'est de mise qu'au regard des musulmans des diverses sectes, mais jamais au regard des infidèles.

qu'il n'est pas permis au musulman, dans quelque occurrence que ce soit, de nier sa foi.

c) Dans la doctrine de la prédestination *cheir we scherre* du bien et du mal. Quoique les deux sectes l'admettent également, néanmoins les schiites ne croient à la prédestination que comme attribut de Dieu qui connaît d'avance la destinée future de chaque homme (prescience), mais non comme une détermination fatale et irrévocable de toutes les actions humaines. Les schiites reconnaissent donc dans l'homme le libre arbitre, le choix entre le bien et le mal, la pleine liberté des actions. (Voy. l'introduction au Koran du docteur Weill, p. 107.)

Les points de différence entre les deux sectes, relativement aux pratiques du culte et aux règles du droit privé, se rapportent :

a) Aux ablutions et purifications ;

b) Au rite des prières ;

c) Aux prescriptions à observer en matière de pèlerinages ;

d) A différentes règles de droit civil et criminel, concernant notamment le mariage, la succession, le témoignage, etc. [1].

La secte schi'e se partage en plusieurs branches qui ne diffèrent cependant entre elles que sur un seul point de doctrine, l'*imamet*. Ces branches sont, d'après le livre *müchteser nof'e*, au nombre de huit, parmi lesquelles la principale est celle des imamites, qui compte douze imans depuis Ali jusqu'à Mehdi. Cette sous-secte est la plus nombreuse parmi les schiites; ses adeptes s'appellent *nodji* (les sauvés) et soutiennent que leur doctrine est la seule vraie, la seule éclairée, la seule qui procure la béatitude [2]. En ce qui concerne les règles du culte, du droit et de la vie privée, il n'y a point entre les sous-sectes schiites de divergence qui mérite d'être notée.

La secte sunni se divise en quatre branches principales appelées du nom des personnages religieux qui ont tracé les prescriptions des pratiques du culte ou rendu des décisions faisant loi pour les questions de droit.

[1] Il sera question de ces différences en matière de droit, dans la suite de cet ouvrage, à leur place respective.

[2] D'après la tradition, comme on l'a vu ci-dessus, l'islamisme devait se partager en 73 sectes, parmi lesquelles cependant une seule devait procurer le salut, la béatitude, *nedjot*. — « Il y a 72 sectes hétérodoxes, il n'y en a » qu'une seule orthodoxe, » dit Steinschneider (*Nodjiyet*), *loc. cit.*, p. 158.

Le professeur Mirza Kazem-Beg, dans ses observations sur l'écrit de M. Gar-

Ces quatre branches de la secte sunni, dont l'ensemble s'appelle *medzahibe erbe'e* (les quatre connaissances), sont :

1° Les hanefites ou Azemites ;
2° Les schafi'ites ;
3° Les malekites ;
4° Les henbelites [1].

Dans les provinces transcaucasiennes de la Russie, il n'existe, de musulmans sunnites, que les deux premières sectes hanefites et schafi'ites. Les schi'ites qui y habitent appartiennent tous à la branche des imamites.

On notera, en traitant de chaque point de la doctrine juridique, les particularités et les différences caractéristiques qui divisent les azemites, schafi'ites et les imamites-schi'ites.

cin de Tassy, dit qu'après la mort d'Ali il y eut parmi les schiites plus de 70 sectes, et qu'actuellement il y a 22 sous-sectes.

Les sous-sectes principales des schiites sont au nombre de 3 : les Zeïdites, les Ismaélites et les Imamites.

Les sous-sectes portent, d'après Mirza Kazem-Beg, les dénominations suivantes, au nombre de 22 : 1) Sabaye ; 2) Kamilie ; 3) Bejanie ; 4) Mugizie ; 5) Mensurie ; 6) Chatabie ; 7) Garabie ; 8) Scherifie ; 9) Chischamie ; 10) Junusie ; 11) Mefdzalie ; 12) Zerarie ; 13) Ischachie ; 14) Abulhassanie ; 15) Müfawwidie ; 16) Kaiazie ; 17) Abumüslimie ; 18) Herdjiye ; 19) Batinie ; 20) Djarudie ; 21) Abterie ; 22) Imamie.

[1] Les fondateurs des quatre sectes furent :

1) Abu Hanife el N'oman-Ibn-Thobit, né à Kufa en l'année 80 de l'hégire, mort en prison à Bagdad en l'année 150. Parmi les nombreux et célèbres disciples de Abu Hanife, se signalèrent spécialement Abu Jusuf et Mohammed-Ibn-el-Hassan-el-Scheibani, qui, quoique s'éloignant de quelques points de la partie rituelle de la théologie et du droit privé, des opinions du fondateur de la secte, n'en ont pas moins été admis comme fondateurs de la croyance par beaucoup de théologiens hanefites postérieurs.

2) Malek-Ibn-Enes, né à Médine en 90 ou 95, mort en 177.

3) Mohammed-Ibn-Edris al-Schaf'ei, né en Palestine, à Gaza ou Askalon, en 150, mort en Égypte en 204.

4) Ahmed-Ibn-Hanbal, né à Merwu, en Perse, en 164 ; mort à Bagdad en 241.

Au commencement de la division de la secte sunnite il y en eut six, c'est-à-dire, outre les quatre mudjtehid qui viennent d'être nommés, il y eut encore Sufyan-Assauri, mort en 161, et l'imam Dawud-Azzagir, mort en 270. Mais les sectes dont ces deux furent les fondateurs, Saurites et Zagirites, se confondirent bientôt avec les autres : dès le VIII° siècle de l'hégire, elles n'avaient plus d'adeptes. — Voy. l'introd. de Mirza Kazem-Beg au *Müchteser-ul-Wikayet*, p. 9-14.

LE DROIT MUSULMAN

EXPOSÉ D'APRÈS LES SOURCES.

ILME SCHER'E, LA JURISPRUDENCE.

NOTIONS GÉNÉRALES.

Comme on l'a démontré dans l'Introduction, la législation des musulmans est complétement imprégnée de l'esprit de leur religion ; le Koran, même en dehors du domaine des notions religieuses, est la règle fondamentale et dirigeante de tous leurs actes de la vie privée (Chap. XVI, *les Abeilles*).

C'est aussi dans le Koran et dans ses compléments que la jurisprudence musulmane a, dans le principe, exclusivement puisé ses statuts et ses règles [1].

Ilme Scher'e, littéralement, connaissance de la loi ; c'est le nom qu'on donne à cette science qui a pour objet l'ensemble de toutes les règles se rapportant à l'islamisme ou à la croyance (*din*), soit que ces règles concernent le dogme, le rit ou la vie publique et privée.

Scher'en, veut dire, dans le langage ordinaire comme dans celui du droit, toute action qui ne contrevient point aux règles fondamentales de l'islamisme.

Hakime Scher'e, c'est le nom du personnage le plus élevé

---

[1] Comp. l'introduction de Mirza Kazem-Beg au *Müchteser-ul-Wikayet*, p. IV, où il dit :

« Les musulmans tiennent que Dieu, qui a ouvert au peuple élu le chemin
» du salut, est la source de toute législation. Pour le conduire dans ce che-
» min, Dieu a tracé des règles dont les unes sont dans le Koran éternel, les
» autres dans les paroles de son prophète inspiré. Le chemin ainsi tracé s'ap-
» pelle chez les musulmans *scheri'et* ; le conducteur, c'est-à-dire le législa-
» teur, Mahomet, *scheri'i*. Ces deux mots ont pour racine le mot arabe qui
» signifie frayer un chemin. L'ensemble de ces règles, *scheri'et*, s'appelle
» *ahkam*. »

dans la hiérarchie spirituelle. Il décide, en dernier ressort, de tout doute en matière de foi et de tout procès en matière de droit ; il émet ses décisions et ses commandements (*Fetwo*) sur toutes les questions de doctrine dogmatique et pratique et de jurisprudence, sans distinction. Le *Hakime Scher'e* prend en Perse le titre particulier de *müdjtehid* (de *idjtehod* [1]), ce qui veut dire un homme qui a atteint la perfection dans la connaissance de la législation, spirituelle et temporelle : en Turquie, il s'appelle *müfti* [2], c'est-à-dire celui qui rend des décisions et des sentences *Fetwo*. Au-dessous du müdjtehid, il y a en Perse les *Kazi*, appelés aussi en certains lieux *Scheich-el-Islam* [3] ; au-dessous du müfti, il y a en Turquie et en Algérie les *cadi*. Ceux-ci forment une classe de juges inférieurs, espèce de clergé, auxquels il n'appartient de décider, d'après les règles du *Fikhiyeh*, que les questions et les doutes en matière de croyance pratique et de jurisprudence [4].

Din, *Ed-din*, la foi, la religion, se divise, suivant les principes du Koran, en *usul'e din* et en *feru'e din*. La première comprend la partie dogmatique de la religion, la seconde, la partie pratique, ainsi qu'on l'a déjà vu ci-dessus. De même le *'Ilme Scher'e* ou la science de la loi, se divise en deux parties : *'Ilme Kelom* et *'Ilme Fikh* [5].

---

[1] Voy. sur la différence des grades entre le *idjtehod* et le *müdjtehid*, l'introduction de Mirza Kazem-Beg.

[2] Hammer, dans son *Histoire de l'empire ottoman*, t. I, p. 586, dit : « Le » müfti, c'est celui qui rend des décisions en matière contentieuse ; on l'ap- » pelle le jurisconsulte, qui, consulté dans les cas douteux de la loi, donne » un avis sur lequel le kadi rend son jugement. Sous Soliman le Législateur, » les müftis parvenaient au plus haut degré des fonctions judiciaires. »

[3] En Turquie, il n'y a que le chef du clergé qui prenne le nom de scheich-ul-islam.

[4] Dans les provinces russo-transcaucasiques il n'y a que des juges de bas degrés ; ils ne jugent qu'en matière civile. Survient-il pour eux, dans ces procès, une question douteuse, les schiites s'adressent à un müdjtehid perse, les sunnites à un müfti de la Mecque ou de Constantinople, et réclament d'eux un *fetwo*. Le müfti du cercle de Kasach et le müdjtehid de Tiflis ne jouissent pas, dans l'opinion publique des musulmans, de la même estime que les müftis et les müdjtchid en Perse et en Turquie ; ce sont de simples titres honorifiques que le gouvernement russe accorde à des prêtres schiites ou sunnites. Les fonctions du véritable müdjtehid et müfti sont acquises, comme un grade scientifique, aux prêtres qui les obtiennent par une candidature et qui en sont officiellement investis.

[5] « *'Ilme kelom*, science des dogmes ; *Ilme fikh*, science de la pratique re-

La première partie, *'Ilme Kelom*, est la science théorique et dogmatique de la foi, et a pour objet d'exposer les règles relatives à l'*ussul ed-din*, ou aux principes fondamentaux de la religion. La connaissance exacte et approfondie de tous les mystères de cette partie de la science de la religion, n'est possible que de la part de ceux que leur savoir religieux mène aux plus hautes dignités ; de là vient que celui qui, outre les autres parties de la science religieuse, approfondit le *'Ilme Kelom*, parvient au plus haut degré de la perfection (le *idjtehod*) et acquiert le droit de dissiper les doutes des musulmans en matière de religion.

La deuxième partie, *'Ilme Fickh*[1] ou la jurisprudence, embrasse l'ensemble de toutes les lois qui règlent la pratique de la religion *feru'e din*, et toute la vie civile des musulmans. Dès lors la connaissance complète de cette science est indispensable aux juges ou *kazi* pour l'examen et la décision des procès et des difficultés naissant des relations de la vie privée.

En ce qui concerne la division de l'*'Ilme Kelom*, ou science des dogmes, elle forme, outre le chapitre qui pose le principe fondamental de l'existence de Dieu (*ma' erifeti-ullaeh*), cinq parties conformément aux cinq articles de foi : *chemse usule din* qui suivent :

1) *Teuhid*, l'unité de Dieu ;
2) *'Edolet*, la justice de Dieu ;
3) *Nebüwwet*, la mission des prophètes ;
4) *Mi'od*, la résurrection des morts et la vie future ;
5) *Imamet*, la succession des imans. Ce dernier dogme n'est cependant admis comme tel que par les schiites.

Enfin la jurisprudence : *'Ilme Fikh* contient les quatre points suivants :

ligieuse, ou jurisprudence ; *'Ilme tessir*, exégèse du Koran ; *Ilme-el-hedith*, science des traditions ; *Ilme el-feroiz*, théorie des partages, des hérédités, et *Ilme usule-el-fikh*, théorie des principes du droit ; — telles sont les six parties principales qui appartiennent à la catégorie du *'El-Scheri'et*, ou de la science de la foi et de la loi. » (Mirza Kazem-Beg, p. 2 et 3.) — Hammer, dans son *Histoire de l'empire ottoman*, p. 395, cite comme parties de la jurisprudence : 1° la science du dogme ; 2° la connaissance de la loi ; 3° la connaissance des traditions ; et 4° l'art d'interpréter les Écritures.

[1] Mirza Kazem-Beg fait la remarque (p. 6) que la racine de ce mot *fikh* ne voulait dire que *notion*; plus tard, on donna aux hommes versés dans la connaissance du Koran le titre de *fekih*, c'est-à-dire savant, instruit, et enfin on fit de la mixtion de ces deux mots celui de *ilme fikh*.

1) *Ebodot*, c'est-à-dire les pratiques de la religion, l'ensemble de toutes les prescriptions sur la prière, les jeûnes, les fêtes, les pèlerinages, l'aumône et la guerre contre les infidèles;

2) *Ekudot*, ou la théorie des contrats; l'ensemble de toutes les règles sur les rapports fondés, dans la vie civile, sur un accord réciproque;

3) *Eïko'ot*, la théorie des actes civils unilatéraux; de ce nombre, sont les divers actes de l'état civil, les actes relatifs à l'esclavage, quelques règles de la procédure et le chapitre des vœux et de la pénitence;

4) *Ehkom*, les règles communes de la vie, l'ensemble de toutes les lois relatives à la vie civile et sociale des musulmans, et que ceux-ci doivent exécuter d'une manière non interrompue. Là viennent se placer les règles sur la puissance publique, sur les kadi, sur le droit de succession, le témoignage, le droit de voisinage, la chasse, le manger et le boire, enfin le droit pénal, la vengeance et les compositions.

PREMIÈRE PARTIE.

'ILME KELOM, PARTIE DOGMATIQUE OU THÉORIQUE DE LA DOCTRINE DE LA LOI.

Sources.

Kitobe usul edin, par Aga Mohammed-Bakir Medjlisi.
Kitobe Scherbe e'tekodot, par Ibne-Bobeweih.
Chardin, VI, p. 165-318.
Eug. Sicé : *Journ. asiat.*, n° 66, 1841, p. 156-157.
Salé : *Observ. hist. et crit. sur le mahométisme.*
Reinaud : *Monum. arabes, persans et turcs*, I et II.
Volney : *Ruines.*
Le Koran, dans son texte.
Le Koran, traduit en allemand par Wahl et Ullmann.
Le Koran, traduit en français par Savary et par Kazimirski.
Dr Kolb : le Koran (dans le *Staatslexicon* de Rotteck et Welker, t. IX, p. 467-482).
Joseph de Hammer : *Geschichte des osmanischen Reichs*, 1835.
Dr Weil : *Mohammed der Prophet, sein Leben und seine Lehre*, 1843. — *Historisch kritische Einleitung in den Koran*, 1844. — *Geschichte der Kalifen*, 1846-1851.
Washington Irving : *Das Leben Mohammeds*, 1850.
Ernest Renan : *Mahomet et les origines de l'islamisme* (*Revue des Deux Mondes*, 1841, 15 décembre).

§ 1. La partie dogmatique de la doctrine *'Ilme Kelom* comprend la science des principes fondamentaux de la religion musulmane *usule din*.

Ces principes fondamentaux sont au nombre de quatre chez les sunnites, au nombre de cinq chez les schiites, *chemse usule din*.

La croyance à l'existence de Dieu, *ma' erifete ullah* n'est pas placée par les docteurs parmi les dogmes de la foi : c'est un point sur lequel nul ne peut être dans le doute ou dans l'ignorance : il est absolument présumé que cette notion est innée en tout homme.

Les dogmes de la foi sont :
1) L'unité de Dieu : *teuhid*,
2) La justice de Dieu : *'edolet*,
3) La mission des prophètes : *nebüwwet*,
4) La résurrection de la mort et la vie future : *mi'od*,
5) La succession des imans : *imamet*.

Les sunnites et les schiites se divisent notamment par une interprétation divergente des dogmes *'edolet*, *nebüwwet* et *imamet*, sur laquelle on entrera ci-dessous dans quelques détails ; mais la différence la plus essentielle entre ces deux sectes gît surtout dans le mode et la manière d'interpréter les prescriptions de l'islamisme.

Les schiites les admettent, chacun suivant son jugement et sa capacité de comprendre, et cherchent dès lors à acquérir la conviction dans le Koran et dans les traditions du prophète. Les sunnites, au contraire, ne permettent ni interprétation ni examen, en matière d'articles de foi, et admettent comme absolument vraies les décisions des assemblées spirituelles *idjmo'e*, sans demander ni rechercher d'autres preuves. Ils se fondent sur ces paroles du prophète :

Lo tedjtemeü ummeti 'elèl chetoe.

Cela signifie : « Ce qu'une assemblée de docteurs de la même » religion a décidé, ne peut être ni faute, ni péché. » (Extrait du Recueil des traditions de El-Buchari.)

Les schiites ne suivent absolument les décisions de leurs müdjtehides [1] que dans les choses relatives au *feru'e din*. Cette

---

[1] Il y a aussi un dissentiment essentiel entre les sunnites et les schiites relativement à la valeur et à la quantité des *müdjtehides*. Les sunnites n'admettent que les six premiers *müdjtehides*; les schiites croient, au contraire, qu'il peut continuellement en surgir de nouveaux. Il y a dans l'introduction du professeur Kazem-Beg à l'ouvrage déjà souvent cité, *Müchteser-ul-Wikayet*, des détails complets sur le *idjtihod*, le *teklid*, les *müdjtehides*, le *eshab techridj* et *terdjih*, et sur la *mükellid*, c'est-à-dire les juristes musulmans qui n'ont pas obtenu un titre officiel. Nous renvoyons les lecteurs qui voudraient se renseigner plus amplement, à ce travail si remarquable et si estimable du professeur Kazem-Beg, p. 22 à 50.

soumission *teklid* aux décisions des docteurs est fondée sur cette sentence :

Kabule Kaule gheir bedun delil.

Ce qui signifie : « Accepte un précepte sans demander de « preuves. »

§ 2. Le plus remarquable dogme de l'islamisme est celui de l'unité, *teuhid*, et l'exclamation :

Lo ilahe illallah!

« Il n'y a pas d'autre Dieu que Dieu ! »

C'est le symbole fondamental de la foi musulmane. Le Koran repousse, non-seulement le culte des images, mais encore la trinité chrétienne et le Christ fait homme [1].

Les chapitres et versets du Koran, qui traitent principalement de l'unité de Dieu, sont les CXII; XVI, 53; XVIII, 110; XXIII, 92; XXI, 108, 11, 20; XXII, 12; XIX, 36; V, 77; IX, 90; VI, 100, 102.

Le chapitre CXII *Et-teuhid*, l'unité de Dieu, porte :

Vers. 1 : « Reconnais que Dieu est unique. »

Vers. 2 : « Il est éternel. »

Vers. 3 : « Il n'engendre pas et n'est point engendré. »

Vers. 4 : « Aucun être n'est son égal. »

Chap. XVI, *les Abeilles*, vers. 53 :

« Et Dieu dit : n'admettez pas deux Dieux; car il n'y a qu'un » Dieu. Adorez-moi. »

Chap. XIX, *Marie*, vers. 36 :

« Et Dieu n'a pas d'enfants. Et quand il veut une chose, il » ordonne qu'elle soit ! et elle est. »

Chap. V, *la table*, vers. 77 :

« Il y a des infidèles (les chrétiens) qui disent : Dieu est le » tiers de trois. Mais il n'y a qu'un Dieu. »

Chap. IX, *l'expiation*, vers. 30 :

« Les Hébreux prétendent qu'Esra est le fils de Dieu; les

---

[1] Mahomet, qui rejette le dogme de la Trinité, ne le connaissait que par les faux rapports sur le Sauveur et la révélation divine faits par les Juifs habitant alors la Mecque et l'Arabie, et par les chrétiens hérétiques de la Syrie. De là l'erreur, le mauvais goût et les contradictions qu'on trouve dans le Koran sur le Fils de Dieu fait homme.

» chrétiens soutiennent que Christ est le fils de Dieu. » Vers. 31 :
» Et pourtant il leur a été ordonné aux uns comme aux autres
» de ne servir que Dieu. »

§ 3. Le dogme de la prédestination *Kezo we Keder*, forme l'élément essentiel de la doctrine sur l'*Edolet* ou justice de Dieu.

Les contradictions qui se rencontrent dans le Koran où certains passages disent que la destinée de chacun est fixée d'avance et que nul ne peut trouver le vrai chemin sans la volonté de Dieu ; — où d'autres passages disent que le chemin du salut est ouvert à tous, que les uns deviennent musulmans, tandis que les autres restent infidèles ; — enfin que chacun aura à rendre compte de ses actions dans une vie future, — toutes ces contradictions durent avoir pour suite naturelle que les sectateurs de l'islamisme se séparèrent en sectes sur la doctrine de la prédestination.

Les sectes les plus divergentes sur ce point sont les sunnites et les schiites. Les premiers admettent la prédestination dans le sens absolu de ce mot et n'accordent aucun libre arbitre à l'homme. La foi inébranlable à ce dogme est la cause du fanatisme des sunnites.

Les schiites regardent au contraire la croyance à une prédestination immuable du sort de chaque homme, comme inconciliable avec l'idée de la justice de Dieu, et avec la croyance à une vie future où il doit y avoir des peines ou des récompenses selon le mérite de chacun. Ils croient dès lors que chaque homme a son libre arbitre et qu'il est responsable de ses actions devant la justice de Dieu ; mais que les actions des hommes ont été connues de Dieu, de toute éternité et inscrites au livre des destinées, comme une preuve de la science universelle (prescience) de Dieu ; *Hikmet*[1]. Le chapitre XVII *El-isra*, le voyage nocturne, vers. 14, porte :

---

[1] La savante dissertation critique sur ce point par le docteur Weil, dans son *Introduction au Koran* (p. 95 à 108), mérite d'être examinée. D'après l'opinion de ce savant, Mahomet n'avait pas de prime abord créé ce dogme, qui ne se serait établi et propagé que plus tard, néanmoins dans les premiers temps de l'islamisme, quand les califes, pour atteindre leur but politique, eurent besoin d'une obéissance aveugle des musulmans et de la croyance à la prédestination. Le vrai sens de tous les textes du Koran sur cette question conduit bien plus à cette conclusion : que le prophète n'a pas entendu

« A chaque homme, nous avons fixé irrévocablement son
» sort. (Nous lui avons attaché son oiseau au cou). »

Le chapitre XXXVII, *Es-saffat*, les ordonnances, vers. 92 :

« Dieu vous a créés, vous et ce que vous faites. »

Le chapitre II, la vache, vers. 209 :

« Dieu met sur le chemin le plus droit qui il veut. »

Les chapitres XVII, 99; III; IV; V; VI, 150; VII, 184; II, 274; LXXXVII, 3; LXII, 612.

Le chapitre II, vers. 6 :

« Dieu a scellé leurs cœurs et leurs oreilles (des infidèles) ; un
» voile couvre leur figure ; une justice sévère les attend. »

Le chapitre VI, vers. 38 :

« Dieu jette dans l'erreur qui il veut, et remet qui il veut dans
» le droit chemin. »

Vers. 112 :

« Et quand Dieu a résolu de vous conduire, il vous inspire
» d'embrasser l'islamisme. »

Le chapitre XVI, vers. 96 :

« Si Dieu l'avait voulu, il n'aurait fait de vous qu'un seul
» peuple ; mais il mène dans l'erreur ou dans le bon chemin
» qui bon lui semble, et vous devrez un jour rendre compte de
» ce que vous aurez fait. »

Le chapitre III, *Al'Imron*, vers. 139 :

« Personne ne meurt sans la volonté de Dieu, et il meurt
» comme et quand cela a été écrit dans le livre qui fixe son
» temps à chaque chose dans ce monde. »

Le chapitre LXXVII, *Dehr* ou *Inson*, l'homme, vers. 3 :

« Nous lui avons montré, à l'homme, le vrai chemin, qu'il soit
» maintenant croyant ou infidèle ! »

---

restreindre le libre arbitre par des lois immuables de la Providence divine. Déjà, dans les premiers siècles de l'hégire, il ne manquait pas de ces esprits spéculatifs qui cherchaient à expliquer la coexistence de la prédestination divine et du libre arbitre de l'homme. Au troisième siècle de l'hégire, sous le califat de Mamun, partisan d'Ali, les mutazalites avaient publiquement proclamé la liberté de la volonté humaine. Ces protestants, et plus tard ces rationalistes de l'islamisme, ne se séparèrent primitivement que sur un point essentiel des sunnites, les hommes de la tradition. Ils proclamèrent que la variété des qualités de Dieu ne s'accordait pas avec l'unité de Dieu ; ils envisagèrent la Divinité comme la réunion de la sagesse, de la puissance, de la bonté, de la justice. Cette théorie, fondée sur la justice de Dieu, amena l'adoption du principe de la liberté de la volonté de l'homme. (Voy. Weil, *Hist. des califes*, II, p. 262.)

Le chapitre III, vers. 156 :

« Croyez-vous qu'il sera fait de même à celui qui accomplit
» la volonté de Dieu, et à celui qui a excité sa colère et qui
» aura l'enfer pour demeure ? Le chemin qui y conduit est ef-
» froyable. »

Vers. 157 : « Dieu a différents degrés de récompenses et de
» punitions : il observe vos actions. »

Le chapitre XXXIX, vers. 70 :

« Au jour du jugement dernier, chacun recevra la récompense
» de ses actions : Dieu sait ce que chacun a fait. »

Voyez en outre les chapitres X, 107 ; XXVII, 93 ; XVII, 15 ;
XXXIX, 41 ; XVIII, 30, 56 ; XLI, 17, 18 ; II, 38, 39 ; V, 18 ; XIII,
29, 30 ; XIV, 104, 107, 108 ; XVI, 26 ; XLVII, 17 ; XVI, 36, 37
et seq.

§ 4. *Nebüwwet*, la mission des prophètes.

Il y a eu depuis Adam jusqu'à Mahomet en tout 124 mille prophètes, dont six (voy. l'introduction), Adam, Noé, Abraham,
Moyse, Jésus et Mahomet ont révélé aux hommes les commandements de Dieu et ont publié de nouvelles lois et de nouvelles
règles de croyance. Mahomet se donne comme le dernier et le
principal des prophètes.

L'adoration du Dieu unique et l'obéissance envers le prophète
sont ordonnées à plusieurs reprises dans de nombreux passages
du Koran. De là vient que la croyance à la mission prophétique
de Mahomet est un dogme fondamental de la religion musulmane.

Les sunnites et les schiites se séparent sur ce dogme en ce
que les derniers tiennent tous les prophètes pour parfaitement
purs, n'ayant jamais péché et incapables même de pécher. Les
sunnites, au contraire, s'appuyant sur les textes du Koran dans
lesquels Mahomet demande à Dieu le pardon de ses péchés,
croient que lui, comme les autres prophètes, ont été sujets à
pécher, mais que, par la grâce divine, ils ont été affranchis de
la tentation de pécher et libérés de la peine de leurs fautes.
Dans le chapitre XL, vers. 57, il est enjoint à Mahomet de prier
tous les jours pour que Dieu lui remette ses péchés. Comparez
les chapitres XXI ; II, 209 ; VI, 34, et XL, 78 sur la mission des
prophètes.

Le chapitre XXXIII, *El-ehzab*, vers. 38, porte :

« Mahomet est l'envoyé de Dieu et le sceau de tous les pro-
» phètes. »

Le chapitre IV, vers. 62 :

« O croyants, soyez obéissants envers Dieu, envers le pro-
» phète et envers ceux qui ont l'autorité sur vous. »

Le chapitre XXXIII, vers. 34 :

« Celui qui n'obéit pas à Dieu et à son envoyé, est dans un
» évident aveuglement. »

Le chapitre XLVIII, vers. 1 et 2 :

« En vérité, nous te donnons, Mahomet, la victoire décisive,
» et Dieu te remet tes péchés passés et futurs. »

Le chapitre XL, vers. 57 :

« Supporte, Mahomet, patiemment tes peines. Dieu tient sa
» parole, mais n'oublie pas de prier Dieu pour la rémission de
» tes péchés et proclamme les louanges de ton maître le soir et
» le matin. »

§ 5. *Mi'od*, la résurrection des morts et la vie future.

Le Koran parle en maints endroits de la résurrection des morts, de la vie future, de l'immortalité de l'âme, de peines et de récompenses dans un autre monde, de paradis et d'enfer. Tout musulman est tenu d'y ajouter foi entière.

C'est par une peinture séduisante des charmes du paradis et de la béatitude réservée aux fidèles, de même que par la description des tourments effroyables de l'enfer, que le prophète de l'islamisme opéra sur l'imagination inflammable de ses compatriotes et les entraîna à embrasser la religion qu'il leur apportait.

Les passages suivants du Koran ont trait à la description du paradis et de l'enfer, à l'immortalité de l'âme, à la résurrection et au jugement dernier, aux bons et mauvais esprits entourant sans cesse les hommes, à la création du monde et au nombre des cieux, enfin à la description du séjour de Dieu, de celui du prophète, de celui des bons et des méchants.

Le chapitre VI, vers. 29, porte :

« Et ils (les infidèles) disent : il n'y a pas d'autre vie après
» celle-ci, et nous ne ressuscitons pas. »

Vers. 30 : « Mais si tu voyais leur attitude devant Dieu quand
» ils entendent sa voix et sa question : n'y a-t-il pas une résur-
» rection des morts ? et qu'ils répondent : En vérité, il y en a

» une et nous en témoignons devant Dieu, notre seigneur. Et
» Dieu leur répond : Subissez maintenant la peine de votre in-
» crédulité. »

Le chapitre II, vers. 172.

« Crois en Dieu, au jugement dernier et aux anges. »

Le chapitre XXIII, vers. 15 et 16 :

« Mais maintenant, il faut mourir, hommes créatures : cepen-
» dant, au jour de la résurrection, soyez bien sûrs d'être ré-
» veillés à la vie. »

Le chapitre XI, vers. 61 :

« Dieu envoie près de chaque homme ses anges, qui restent
» autour de lui jusqu'à sa mort. »

Le chapitre XIII, vers. 12 :

« Chaque homme a un ange qui marche devant ou derrière
» lui et qui le protége suivant la volonté de Dieu. »

Le chapitre XXXIX, vers. 68 :

« La trompette retentit et tout, sur la terre et dans les cieux,
» excepté les élus de Dieu, tombe mort. Au deuxième retentis-
» sement, tous se relèvent devant le tribunal de Dieu... »

Vers. 69 : « Et la terre s'illumine de la clarté du Seigneur, et
» le livre s'ouvre dans lequel les actions sont inscrites, les pro-
» phètes et les martyrs s'avancent, comme témoins, et alors
» sera prononcé le véritable jugement qui ne donnera rien de
» trop à personne. »

Le chapitre LXXXIII traite des livres *Siddjin* et *Illyan* destinés à inscrire les bonnes et les mauvaises actions des hommes.

Le chapitre XXXVIII contient dans les vers. 49-54 la description du paradis, et dans les vers. 55-64, celle de l'enfer. Voy.
aussi les chapitres LXX, vers. 7, 28; XLVII, vers. 16, 19; XLIII,
vers. 66, 78.

Les chapitres XXXI, vers. 9, 10, et XXXII, vers. 3, 6, 8, contiennent le récit de la création du monde, et les chapitres II,
27, et XXXIII, 17, présentent la description des sept cieux et
du séjour des justes.

§ 6. Le dogme de la succession des Imans *Imamet*, n'est admis, comme on l'a déjà dit, que par les schiites, et se fonde
sur la croyance à la succession des Imans, c'est-à-dire à des
descendants du prophète par Ali et Fatimeh, la fille de Mahomet. Les Imans furent, suivant les croyances de cette secte, les

vrais et légitimes conducteurs des peuples, au spirituel comme au temporel. L'usurpation du kalifat, après la mort d'Ali, par les races de Umeiyeh et d'Abbasi, enleva aux fils d'Ali (Hanan et Hussein) et à leur descendance, la puissance politique et la succession temporelle, mais non le droit d'Iman sous le rapport spirituel, droits qui se sont transmis de père en fils jusqu'au douzième et dernier Iman, Mahomet Mehdi, qui a disparu d'ici-bas pour reparaître au jour du jugement dernier. Les schiites croient fermement encore que l'Iman Mehdi, qu'ils appellent *Sahibe Zemon* (dominateur des mondes) est présent invisible dans toutes les réunions de musulmans schiites.

Les sunnites, qui honorent dans les descendants d'Ali la race du prophète, ne les reconnaissent pas comme Imans sous le rapport religieux, parce que l'Iman devait être élu par un *djemo'et* ou assemblée du peuple, ainsi que cela se fit pour Abubekr, Omar et Othman.

Observation. Vous trouverez des détails sur l'Imamet et sur les actes des Imans dans le livre *Djelo ul-'öjun* de Mahomet Bakir Medjlisi, dans le livre *Hüsniyeh* et dans le livre des *discussions de Juahanno.* — Voy. Chardin, VII; Reinaud, I, p. 366, 381; Sale : *Observ. hist. et crit. sur le mahométisme.*

§ 7. Les écrits théologiques musulmans traitent dans un chapitre spécial des attributs de Dieu, *Sefote Allah.*

Ils les divisent en positifs : *sefote thubutiyeh*, et négatifs : *sefote selbiyeh*. Parmi les premiers, on comprend ceux qui appartiennent à l'Être-Suprême d'une manière exclusive et inaltérable; parmi les seconds, ceux qu'il ne faut pas lui attribuer, même par la pensée, parce qu'ils sont incompatibles avec sa puissance, sa grandeur, sa gloire et sa justice.

Aux attributs positifs appartiennent l'unité de Dieu, son infinité, son éternité, sa toute-puissance, etc.

Aux attributs négatifs au contraire : que Dieu n'est pas susceptible d'éprouver une sensation physique : qu'on ne peut le mesurer ni dans le temps ni dans l'espace; — qu'on ne peut limiter d'aucune manière sa force et sa puissance; qu'il est immuable, etc. — Chardin, VI, p. 194, 208, énumère avec précision tous les attributs de Dieu. Voy. aussi Reinaud, II, p. 16, 24.

Observation. Les mutazalites (voy. ci-dessus la note 1 du § 3) ont pensé qu'une division des attributs de Dieu était incompatible avec la doctrine de l'unité de Dieu. Ils regardaient la divinité comme l'ensemble de la sagesse, de la puissance, de la bonté, de la justice, etc., tandis que les hommes de l'Écriture regardaient ces attributs comme existant en dehors de Dieu. Voy. Weil, *Geschichte der Kalifen*, II, p. 262.

Haarbrückers schahrastani, I, p. 41 et suiv.

DEUXIÈME PARTIE.

'ILME FIKH, LA JURISPRUDENCE.

Dans la jurisprudence, *'Ilme Fikh*, il y a deux parties distinctes :

1) La doctrine pratique de la croyance, c'est-à-dire les règles qui concernent ces pratiques extérieures religieuses que tout musulman, fidèle croyant, est tenu d'observer et d'accomplir ;

2) Et la doctrine du droit civil, ou l'ensemble des prescriptions et des règles qui embrassent toute la vie sociale des musulmans.

La première partie forme l'objet du livre *'Ebodot;* la deuxième, celui des livres *'Ekudot, E'ko'ot* et *Ehkom*.

LE LIVRE 'EBODOT.

PREMIÈRE SECTION.

De la pratique religieuse.

Dans ce livre on n'a pu poser, relativement aux pratiques religieuses, que les règles générales communes à toutes les sectes de l'islamisme, sans pouvoir descendre dans le détail des nuances ou variantes de chaque secte en particulier.

Ces variantes sont trop nombreuses et ne portent que sur des points d'importance secondaire, tandis que les règles essentielles de la purification, de la prière, des pèlerinages et de la guerre contre les infidèles, sont également obligatoires pour tous les musulmans.

Il suffit dès lors d'examiner ces principales coutumes religieuses, d'en rechercher la signification, la légalité, l'importance et la force obligatoire, pour apprendre à connaître et le côté religieux de la vie des musulmans en général, et les devoirs communs de ceux-ci dans le domaine de la pratique des croyances religieuses.

Les prescriptions contenues dans le livre *'Ebodot* sur les pratiques dont il s'agit, *Feru'e din*, concernent :

1) La purification, *Tehoret*;
2) La prière, *Selât* ou *Nemaz*;
3) L'impôt, *Zekat* et *Chüms*;
4) Le jeûne, *Ruze* ou *Saum*;
5) Le pèlerinage, *Hedj*;
6) Et la guerre, *Djehod*.

Outre ces points fondamentaux, les schiites admettent encore comme usages religieux :

1) La pénitence volontaire, *E'tikof*;
2) Des exhortations à observer ce qui est prescrit et à s'abstenir de ce qui est défendu : *Emer bil me'eruf we en-nehi' en il-münker*.

Sources.

Ouvrages schiites :

1) *Djomi Abbasi*, de Scheich Beho-eddin Mohammed Djebali 'ameli;
2) *Mürschid ul-ewom*, de Mirza Abul Kazim bini Hassan Djiloni;
3) *Bist-bob*, de Hadji Mohammed Bakir Medjlisi Neil ul-Merom.

Ouvrages sunnites :

1) *Helil-idjoz*;
2) *Kesch-enwor*;
3) *Ichtelofot ul-eïmmet ul-erb'e*.

Chardin : *Voyage en Perse*, t. VI, p. 318-496. Dans cet ouvrage, on trouve exposées avec détails les coutumes religieuses des musulmans de la secte schiite. Elles se sont aussi conservées jusqu'à ce jour parmi les adeptes de cette secte établis dans les provinces transcaucasiques de la Russie. Chardin a suivi l'ouvrage *Djomi Abbasi*, et il l'a sur ce point traduit avec exactitude et précision.

CHAPITRE Iᵉʳ.

Tehoret, la purification.

Sources.

Murschid ul-ewom, p. 2, 101. — *Djomi Abbasi*, p. 84. — *Neil ul-Merom*, p. 11-36. — *Bist-bob*, p. 9-48. — *Keschf-enwor*, p. 1-35. — *Helil-idjoz*, p. 1-46. — *Ichtelof ul-eïmmet ul-erb'e*, p. 1-22.

§ 1. *Tehoret*, la purification, est un devoir obligatoire pour tout musulman dans les cas déterminés par la loi. Le Koran contient à ce sujet les principales prescriptions dans le chapitre V, *El-mojedeh*, vers. 8 et 9, et dans le chapitre IV, *Ennisa*, vers. 46.

La purification a lieu tantôt avant d'entreprendre certains actes de pratique religieuse, tantôt dans les cas où un musulman a été exposé à l'influence d'actes impurs.

Ainsi la purification doit avoir lieu :

1) Avant la prière ;
2) En pèlerinage ;
3) Avant de toucher le Koran ;
4) Après la satisfaction de l'appétit charnel ;
5) Après celle des besoins naturels ;
6) Chez les femmes, après la menstruation et l'accouchement ;
7) Après une émission spermatique ;
8) Et en général, après l'attouchement d'une chose réputée impure, ou l'accomplissement d'un acte estimé tel, *nedjes*.

La purification est de trois espèces : *wezu*, *ghusl* et *teyemmün*.

Les deux premières se font avec de l'eau, la troisième avec de la terre, et elles peuvent avoir lieu séparément ou ensemble.

La purification *wezu* est employée spécialement et à part :

1) En général avant la prière, et particulièrement quand on prie immédiatement au réveil ; — lorsque celui qui se prépare à prier revient à lui sortant d'une pamoison, de l'ivresse ou de quelque autre état semblable où la raison a été troublée ; — après la satisfaction des besoins naturels ; — après des vento-

sités, et chez les femmes, quand après leurs relevailles les menstrues reprennent leur cours;

2) Dans les pèlerinages;

3) Au moment de toucher le Koran.

La purification *ghusl* s'emploie spécialement :

1) Après la satisfaction des appétits charnels;

2) Après une perte séminale pendant le sommeil;

3) Après l'ablution d'un cadavre.

La purification *teyemmün* n'est employée exclusivement que lorsque l'eau vient à manquer; alors elle remplace les deux autres modes de purification.

Les purifications *wezu* et *ghusl* doivent avoir lieu cumulativement :

1) Chez les femmes, après chaque menstrue et après l'accouchement;

2) Toutes les fois qu'on a touché un cadavre non encore lavé ou refroidi.

Les purifications *wezu* et *teyemmün* sont admises dans tous les cas où devaient avoir lieu les purifications *wezu* et *ghusl*, lorsque l'eau suffisante manque pour accomplir la purification *wezu*.

§ 2. Mode et manière de la purification *wezu*. — Le Koran (chap. V, vers. 8) ordonne la purification dans les termes suivants : « Quand vous vous préparez à prier, ô croyants! lavez-» vous le visage et les mains jusqu'au coude, frottez-vous la » tête et les pieds jusqu'à la cheville; et quand vous êtes im-» purs par le coït, lavez-vous entièrement. »

Les schiites se séparent complètement des sunnites dans l'exécution de ce précepte. Les premiers s'en tiennent rigoureusement au texte de ce verset : ils se lavent la face et les mains et se frottent la tête et les pieds. Les sunnites suivent, en ce qui concerne la purification, les traditions et l'*idjmo'e*, et entendent, par une acception particulière, le verset 8 du chapitre V de la manière suivante : « Lavez-vous la figure et les » mains jusqu'au coude, et les pieds jusqu'à la cheville, et frot-» tez-vous la tête. »

§ 3. Règles à observer dans la purification *wezu*. — Il faut ici faire l'observation générale que les règles posées par le droit musulman, et qui se rapportent au *feru'e din*, c'est-à-dire à la partie pratique de la religion, sont de nature diverse, notamment *wodjib*, c'est-à-dire obligatoires, ou *sunnet*, c'est-à-dire facultatives; *mekrus*, à éviter; ou *sewob*, spécialement agréables; ou enfin *cherom*, sévèrement défendues. Voyez cela en détail ci-dessous. Ici l'on n'exposera que les règles essentielles d'après la doctrine des schiites.

Les règles capitales de la purification *wezu* sont les suivantes :

1) Le terrain, la maison, les tapis, et en général toutes les appartenances du lieu où s'opère cette purification, doivent, comme l'eau elle-même, être la propriété légitime de celui qui va se purifier, et par conséquent ne pas être *meghsub*, c'est-à-dire injustement acquis.

2) L'eau servant à l'opération doit être pure et sans mélange; il est défendu d'y ajouter aucun parfum. (Voy. ci-après, § 8, les différentes espèces d'eaux.)

3) Celui qui veut procéder à cette purification doit, au préalable, éloigner toute impureté de son corps et de ses vêtements. (Voy. au même paragraphe, nᵒˢ 1 à 10, l'énumération des choses impures.)

4) La purification doit être faite avec recueillement, et avec la seule pensée d'être agréable à Dieu.

5) L'acte de la purification doit s'accomplir dans l'ordre prescrit par le Koran, et sans interruption.

6) L'ablution doit être faite personnellement et sans l'auxiliaire d'autrui, à moins que ce ne soit physiquement impossible.

Outre ces règles, il y en a encore quelques-unes qui ne sont pas *wodjib*, obligatoires, mais *sunnet*, de conseil, telles que la récitation de diverses prières, le nettoiement de la bouche, des dents, etc.

Remarque. D'après le livre *Djomi Abbasi*, il y a pour la purification *wezu*, chez les schiites, 21 règles *wodjib*, 20 *sunnet* et 9 *mekrub*.

§ 4. La purification *ghusl* est de deux espèces :

1) *Ghusl tertib*, dans laquelle l'eau versée sur la tête lave la face et le cou jusqu'aux épaules; puis versée de nouveau, d'abord sur l'épaule droite, et ensuite sur l'épaule gauche, découle jusqu'au bas du corps.

2) *Ghusl irtimos*, par laquelle on se plonge complétement le

corps dans l'eau; de sorte que, à l'exception de la tête, il n'en reste aucune partie hors du bain.

Le choix entre l'un et l'autre de ces deux modes est facultatif. Les règles à observer sont les mêmes que celles ci-dessus relatives à la purification *wezu*. Seulement le *ghusl irtimos* est prohibé pendant les jeûnes obligatoires et pendant les pèlerinages aux lieux saints.

Remarque. D'après l'ouvrage *Djomi Abbasi*, il y a chez les schiites, pour le *ghusl*, 17 règles *wodjib* et 15 *sunnet*.

§ 5. La purification *teyemmün* a lieu en se frottant avec de la terre le front jusqu'au nez, et les deux mains. Les règles principales à observer sont les mêmes que pour la purification *wezu* et *ghusl*, mais avec cette modification de la deuxième règle que, dans la purification *teyemmün*, la terre soit pure, sans mélanges d'étoffes, et exempte de cailloux et de détritus de tuiles, de marbre ou de bois.

Ce mode de purification n'est admis que quand on n'a pas d'eau, ou quand quelque blessure empêche un musulman de se laver avec de l'eau.

Remarque. D'après le livre *Djomi Abbasi*, il y a pour la purification *teyemmün* 12 règles *wodjib*, 7 *sunnet* et 2 *mekruh*.

§ 6. Il y a encore d'autres espèces de purifications : celle qui suit l'accomplissement des besoins naturels, et l'ablution d'un cadavre.

Pour la première, *adobe tehoret choneh*, les parties par lesquelles le besoin a été satisfait doivent être lavées trois fois, et de la main gauche, avec une eau sans mélange. Seulement ensuite il est permis de les laver avec une eau quelconque, et de les oindre d'huile ou de substances odoriférantes.

Ces règles *wodjib* sont :

1) De couvrir les parties du corps qui fonctionnent, ainsi que les éjections, même pendant que l'acte s'accomplit;

2) De prendre une posture qui fasse que le visage ne soit tourné ni vers le *kebleh*[1], ni vers le soleil, ni vers la lune, ni vers les principales constellations.

Ces règles sont obligatoires à partir de l'âge de sept ans.

---

[1] Voyez ce que c'est que le *kebleh* au chapitre II de la prière, § 2, n° 6.

Remarque I. D'après l'ouvrage *Djomi Abbasi*, il y a ici 3 règles *wodjib*, 5 *sunnet*, 8 *mekruh* et 5 *sewob*.

Remarque II. Il y a certains actes qui se passent tout autrement dans le *tehoret choneh* que dans le *tehoret nemaz*, c'est-à-dire dans la purification avant la prière. Par exemple : dans celle-ci, le vase doit être pris de la main gauche et l'eau versée dans la main droite; dans l'autre, au contraire, il faut prendre le vase de la main droite pour verser l'eau dans la main gauche. De plus on doit, en entrant aux lieux d'aisances, faire en sorte d'y mettre le pied gauche le premier et d'en sortir par le pied droit, parce que, au contraire, l'on doit entrer du pied droit dans une mosquée et en sortir du pied gauche.

§ 7. La purification du cadavre, *ghusl meiyit*. A ce sujet il y a lieu de considérer les divers points suivants :

A. Ce qu'il faut faire à l'agonie d'un mourant.

Le mourant doit être placé sur le dos, le visage tourné vers le *kebleh*. On lui lit les articles fondamentaux de l'islamisme et les chapitres XXXVI, *Vas*, et XXXVII, *Es-saffät*, dont il doit, autant que possible, répéter les paroles. Dès qu'il a rendu le dernier soupir, on lui ferme les yeux; on lui enveloppe toute la tête d'une longue bande de toile passée sous le menton; les bras sont étendus le long du corps, et le cadavre est couvert d'une toile, de manière à en cacher toutes les parties. Pendant la nuit on l'entoure de flambeaux allumés, et il est surveillé par quelqu'un jusqu'à l'inhumation.

B. Ablution du cadavre.

On emploie la purification *ghusl* avec de l'eau, ou la purification *teyemmün* avec de la terre, quand il n'y a point assez d'eau ou qu'il n'y en a pas du tout. Le *ghessol*, c'est-à-dire la personne chargée de laver le cadavre, doit se placer à la droite de celui-ci; avant de commencer, elle déchire la chemise qui recouvre le corps, après avoir demandé préalablement la permission aux héritiers, et elle en rejette loin d'elle les lambeaux. Après cela, le *ghessol* procède immédiatement à l'enlèvement des impuretés extérieures du corps, d'après les règles du *adobe tehoret choneh*, et ensuite à la purification *ghusl*.

Les règles à observer pour l'ablution d'un cadavre sont les suivantes :

1) Il faut tourner le visage du cadavre vers le *Kebleh*.

2) Le cadavre d'un homme doit être lavé par un homme; celui d'une femme par une femme. Le contraire peut avoir lieu entre époux.

3) Les parties, depuis les genoux jusqu'au nombril *'euret*, doivent rester constamment couvertes.

4) L'ablution ne doit point être faite en plein air.

5) Pendant l'opération, il doit y avoir du recueillement et une récitation de certaines prières.

Remarque. D'après le livre *Djomi Abbasi*, il y a douze actions *wodjib*, quinze *sunnet*, six *mekruh*, et deux *cherom*.

C. Règles et usages pour l'inhumation : *defn*.

Après l'ablution, on frotte de camphre quelques parties du corps et on le revêt d'une chemise mortuaire, qui doit être sans aucun ornement, tissue de coton et de couleur blanche. Une prière est récitée sur le corps du défunt, qu'on transporte ensuite au lieu de l'inhumation. En sortant de la maison mortuaire et dans le trajet au lieu d'inhumation, nul ne doit marcher en avant du cadavre. Tous ceux qui l'accompagnent doivent se tenir derrière ou de côté. Tout musulman qui rencontre le convoi est tenu de réciter mentalement une prière pour le repos du défunt. Les musulmans dévots regardent comme un devoir, quand ils rencontrent un convoi funèbre, de le suivre, ne fût-ce que pendant quelques instants, parce que Mahomet le prophète, avait coutume de le faire. Avant de descendre le corps dans la fosse, les porteurs doivent s'arrêter trois fois dans l'espace de huit pas à compter de cette fosse, et au moment de l'y descendre, ils doivent encore une fois le soulever en l'air.

La fosse doit avoir une profondeur égale au moins à la stature du fossoyeur, pour éviter qu'elle ne soit souillée et que le corps ne soit déshonoré par les animaux de proie.

Il faut que le sol dans lequel on enterre un musulman soit dans le domaine public ou la propriété légitime d'un particulier dont l'autorisation préalable au creusement de la fosse est nécessaire. Le corps est placé dans la tombe sur le côté droit, la face tournée vers le *Kebleh*. Dès qu'il a été descendu, on en retire la chemise mortuaire et l'on dégage la face et la tête de la toile qui les entoure. Finalement, on récite une dernière prière sur le défunt et la fosse est immédiatement comblée. Après l'enterrement, il est d'usage de visiter les parents du défunt pour leur porter des consolations. Pendant les trois jours qui suivent, ils sont nourris par leurs amis, et il serait indécent de se réunir chez eux pour manger ou s'y réjouir d'une manière quelconque.

§ 8. Choses pures et impures.

Il y a onze choses purifiantes *mütehhirot* :

1) L'eau, qui se dit en persan : *ôb* et en arabe *moe*. L'eau est le moyen de purification par excellence. Elle est, ou bien pure, comme l'eau de mer, de rivière, de source, de pluie, de puits, d'étang ou de marais, ou bien mélangée, c'est-à-dire unie à des liquides odoriférants, au jus des fleurs et des fruits, etc.

L'eau pure est courante *obe djori* ou stagnante *obe istodeh*.

2) La terre *zemin* qui sert à la purification *teyemmün*.

3) Le soleil *aftob*, qui purifie par ses rayons les lieux impurs, et sèche par sa chaleur les ordures, par exemple, sur les vêtements et sur la terre.

4) Le feu, *atesch*. Il purifie un objet en le métamorphosant. Ainsi est réputé purifié tout ce qui est réduit en charbons ou en cendres.

5) La transformation : *istiholeh*. Quand un objet impur est transformé par l'intermédiaire d'une chose pure, il est purifié. Par exemple, lorsqu'un chien tombé dans un lac salé, y est pétrifié, il est purifié.

6) Le changement de lieu, *intikal*. Quoique, par exemple, le sang soit une chose impure, néanmoins l'insecte qui en a sucé ne devient pas pour cela impur.

7) La modification survenue dans les qualités d'une chose : *inkilob*, par exemple, le vin qui est chose impure, est purifié dès que la fermentation l'a changé en vinaigre.

8) La réduction : *neks*, par exemple, le vin qui, par ébullition, est changé en épais jus de raisin.

9) L'affiliation à l'islamisme purifie le mécréant.

10) L'invisibilité *zewole'ein*, comme lorsqu'une chose impure disparaît d'elle-même, de sorte que l'œil ne peut plus l'apercevoir.

11) Le frottement, *mesh be tohir*, quand une impureté disparaît sous le frottement d'une chose pure.

Au contraire, les objets suivants sont tenus pour impurs et produisant l'impureté *nedjosot* :

1) et 2) *Beul we ghayet*, tous les excréments, excepté ceux

des insectes, des oiseaux et de tous les animaux dont la chair est permise comme nourriture.

3) *Chun*, le sang de tout animal, excepté celui des insectes et celui qui se trouve dans la chair et les os des animaux dont on peut se nourrir.

4) *Meni*, le sperme répandu.

5) *Seg*, le chien, mais non celui de mer.

6) *Chuk*, le porc.

7) *Kofir*, tout infidèle, sans distinguer s'il est ou non sujet musulman, s'il exécute ou non des pratiques d'une autre religion quelconque.

Les *ehli kilob*, c'est-à-dire ceux qui admettent des pratiques religieuses, comme les juifs et les chrétiens, sont considérés par quelques théologiens musulmans, non pas comme impurs, pas même comme mécréants : *kofir*, mais comme simplement égarés.

8) *Buzeh*, toute liqueur enivrante, comme l'eau-de-vie, la bière, l'hydromel. Il n'en est pas de même des matières solides enivrantes, telles que l'opium, la graine de pavot.

9) *Sherob*, le vin, c'est-à-dire le jus liquide du raisin.

10) *Murdor*, le cadavre de tout homme et de tout animal.

§ 9. Enfin, appartiennent encore à ce chapitre les règles sur la purification des choses dont une partie seulement est devenue impure, par exemple, quand un corps impur est tombé dans un vase contenant une substance pure, ou bien quand un animal impur s'est abreuvé dans un récipient, ou quand les vêtements ont été tachés en quelques endroits. Dans les deux premiers cas, quand la substance contenue dans le vase est solide, il faut en enlever la partie qui a reçu le contact de l'objet impur; quand cette substance est liquide, elle devient impure pour la totalité. Dans ce dernier cas, il faut nettoyer le vase, d'abord avec de la terre, puis deux fois avec de l'eau. Dans le troisième cas, ce n'est pas seulement la place salie qui doit être arrosée d'eau, lavée et frottée, mais encore toutes les parties environnantes, qu'il faut frotter avec les mains et asperger ensuite avec de l'eau.

CHAPITRE II.

Selat, en arabe, et, en persan, *Nemaz*, la prière.

Sources.

Tout le livre *Murschid ul-ewom*. — *Djomi Abbasi*, p. 84-209. — *Neil ul-merom*, I, p. 36-69. — *Bist-Bob*, p. 53-104. — *Keschf enwor*, p. 35-116. — *Helil idjoz*, p. 46-98. — *Ichtelof ul-eïmmet*, p. 22-61. — Le Koran : chap. II, III, VII, XI, XXIII, XXIX, L, XX.

§ 1. La prière est la plus importante de toutes les pratiques de la religion mahométane; ce n'est que par la prière que l'âme se purifie et s'approche plus près du trône de Dieu.

Les règles sur la manière de prier varient selon qu'elles concernent ce qui doit être observé avant la prière *mükeddemote nemaz*, ou pendant la prière, *mükerrenote nemaz*. Les unes et les autres sont appelées cumulativement dans la jurisprudence *tos we mek* et *ken ters*, mots qui par eux-mêmes n'ont pas de sens, mais qui ont été composés avec les premières lettres ou syllabes des préceptes les plus importants et les plus impératifs de la prière, notamment, en ce qui concerne le *mükkedemote nemaz*, des mots : *tehoret, izoleh, setr'euret, wakt, mekon, kebleh*, et pour le *mükkerenote nemaz*, des mots : *kiyom, niyet, tekbir el-ehrom, ruku'e* et *sudjud*.

§ 2. Avant la prière, il faut avoir soin :
I. De se purifier, *tehoret*;
II. D'éloigner toute chose impure : *izoleï nedjosot*;
L'observation de ces deux points est absolument prescrite; le moindre manquement rend la prière inutile, *botil*, ou même contraire à la loi, *herom*.

Il a été question ci-dessus du *tehoret* : le *izoleï nedjosot* s'entend de la suppression de toute impureté par des moyens de purification ou l'éloignement des objets impurs dont il a été parlé au § 8 du chapitre précédent, *mütehhirot*.

III. De se couvrir pendant la prière des vêtements nécessaires *setr'euret*. Pour les hommes, il suffit que, pendant la prière, ils se couvrent les parties sexuelles (*'euret*). Mais les femmes doivent être complétement habillées, et ne peuvent laisser à découvert que la figure, les mains et les pieds jusqu'aux chevilles.

Le vêtement doit avoir les qualités suivantes :

1) Être la propriété légitime de celui qui va prier;
2) Exempt de toute impureté;
3) Non composé de peaux ni de poils d'animaux réputés impurs;
4) Ne pas être de soie pure; enfin,
5) Sans aucune ornementation particulière.

Il n'est pas non plus permis de porter pendant la prière des parures d'or, d'argent ou de pierreries.

IV. Les prières, quant au temps où elles ont lieu, *wakte nemaz*, sont quotidiennes *jeumiyeh* ou extraordinaires *gheireh*[1].

Quant aux prières quotidiennes qui sont au nombre de cinq, on distingue deux périodes, *ado* et *kezo*. La récitation des prières dans la première période de la journée est très-estimée comme exécution exacte des règles écrites. C'est pour cela que cette première période s'appelle *fezilet*, la préférence, la sublimité.

La deuxième période s'appelle *wakte ochir*. La récitation des prières dans cette période est aussi méritoire que celle de la période *ado*, quand c'est contre sa volonté, à cause de ses occupations ou par des empêchements physiques que le fidèle a été empêché de prier dans la première période.

Les cinq prières quotidiennes sont :

1) *Nemaz zûher*, la prière de midi;
2) *Nemaz 'esr*, la prière au coucher du soleil, avant qu'il ait complétement disparu;
3) *Nemaz meghrib*, après le coucher du soleil, depuis le crépuscule jusqu'au milieu de la nuit;
4) *Nemaz 'ischo*, peu avant et pendant minuit;
5) *Nemaz subh*, avant et pendant le lever du soleil.

Outre ces prières, il y a encore les suivantes :

1) *Nemaz djum'e*, la prière du vendredi.

Cette prière se récite le vendredi à midi, dans une réunion de plusieurs croyants, *djemo'et*, dans la mosquée principale de

---

[1] Cette exposition est faite surtout en conformité de la doctrine schiiste.

chaque ville *mesdjede djum'e*, par un prêtre appelé *imam djum'e* ou *pischnemaz*. La fonction de ce prêtre consiste à commencer les prières le vendredi devant les fidèles réunis dans la mosquée et qui les achèvent ensuite eux-mêmes.

Le choix de l'*imam djum'e* appartient à la plus haute autorité spirituelle, l'*imam* qui réunit la puissance temporelle à la spirituelle, et à défaut d'iman, au sultan, c'est-à-dire au souverain du pays, ou à une personne par lui déléguée. D'après le livre du *Kadi Chan'*, le sultan doit être musulman et de bonnes mœurs; d'après d'autres auteurs, la nomination de l'*imam djum'e* appartient toujours au sultan, quand même il ne serait pas de la religion musulmane. S'il est impossible d'obtenir la nomination de l'*imam djum'e* par le sultan, le peuple (*djemo'et*) le nomme à son gré, et la prière du vendredi est alors légale, quand même cette élection de l'*imam djum'e* ou *pischnemaz* ne serait pas ensuite ratifiée par le sultan.

L'*imam djum'e* doit être majeur, jouissant de toutes ses facultés intellectuelles, de naissance libre, mâle et capable de réciter exactement et nettement les prières prescrites. Les avis sont partagés sur le point de savoir s'il doit être *adil*, de bonnes mœurs; l'opinion mérite cependant la préférence d'après laquelle l'*imam djum'e* doit être d'une piété particulière et d'une conduite irréprochable. Chez les schiites, ces conditions sont impérieusement requises de la part de l'*iman djum'e*. Cependant la nomination par le sultan d'un sujet indigne à cette fonction, dès qu'il ne s'agit que de réciter la prière du vendredi, impose à tout musulman l'obligation de le reconnaître comme *imam djum'e*, et d'admettre la légalité parfaite des prières ainsi récitées. (Voy. le livre *Djome ur-rumuz* de Abu Henife, au chapitre de la prière. — Voy. aussi le livre *Ichtelofot ub-erb'e*, p. 54.

2) *Nemaz 'Eidein*, les prières des deux jours de fêtes, la Pâque *'eide ruho* en arabe, en persan *'eide kurban*, qui tombe au dixième jour du mois *dzilhedjeh*, et le jour immédiatement après les jeûnes du ramazan, *'ride fitr*, qui est le premier jour du mois *schewwal*;

3) *Nemaz ayot*, les prières dans les catastrophes, par exemple, en cas de tremblements de terre, d'ouragan, d'avalanches, pendant la tempête, etc.;

4) *Nemaz emwot*, ou *djenozeh*, prières à réciter sur le mort, au lieu de son inhumation et avant de l'enterrer;

5) *Nemaz tewof*, prières pendant les pèlerinages ;

6) *Nemaz nedzer*, prières pour l'obtention des vœux, — les prières pour obtenir aide et assistance, etc. ;

V. Les lieux pour la prière, *mekone nemaz*, doivent être, suivant leur nature, purs et autorisés par la loi. A tous autres doivent être préférés les lieux spécialement affectés à la prière, comme les mosquées, ou les lieux qui ne sont la propriété de personne, comme le désert ou la campagne non cultivée. Il n'est pas permis de prier sur une propriété privée, sans le consentement du propriétaire.

Le lieu où la prière se fera doit être pur, et surtout la place que le front touchera par prosternation [1]. Il faut avoir soin que le front ne touche que la terre ou des objets spécialement consacrés.

Les hommes et les femmes peuvent prier en commun : néanmoins les femmes doivent être séparées des hommes, et se tenir derrière ceux-ci. Il est défendu, pendant la prière, de regarder une femme ; cela dissipe les pensées, trouble le recueillement et rend la prière inefficace.

Il y a des restrictions à observer dans le choix des lieux destinés à la prière :

1) Il est défendu de prier là où il y a des morts enterrés, à moins que la place où le front touche la terre soit au moins à dix pas du tombeau. Cependant chez les imamites, de la secte des schiites, il est permis de prier au tombeau des imams, sauf à prendre garde de tourner le dos au tombeau.

2) Celui qui veut prier sur un chemin public doit placer devant lui un objet quelconque qui empêche les passants de le troubler dans sa prière [2].

3) Il est défendu de prier dans une écurie ou dans un lieu destiné à abriter les animaux ; de même que

4) Dans les lieux où l'on se réunit pour boire et manger, se livrer au plaisir du vin ; dans les lieux où se conserve le vin, et en général dans les lieux où se passent des choses défendues.

5) Enfin la prière n'est pas permise pendant les mouvements

---

[1] Cette place s'appelle en persan *mehell pischoni*.

[2] En Algérie, j'ai souvent vu les Arabes faisant leurs prières et leur pantomime religieuse sur les routes ou dans les sentiers ombragés, et plus ou moins cachés derrière leur chameau ou leur cheval, auxquels ils repliaient une jambe sous le poitrail au moyen d'une corde. (*Note du traducteur.*)

du cavalier sur la bête qui le porte, du bâtiment qui navigue, etc.[1].

Outre cela il ne doit y avoir, auprès de celui qui prie, ni lumière allumée ni feu quelconque. Il doit s'en éloigner ou le mettre derrière lui. On conseille de réciter des prières à différents endroits de la maison ou de la mosquée, pour qu'au jugement dernier ces différents endroits portent le témoignage que les prières ont été récitées.

VI. En ce qui concerne la direction pendant la prière, *kebleh*, le musulman doit avoir la face tournée vers *ke'ebeh*, c'est-à-dire vers le temple de la Mecque. Cette direction, suivant la situation des lieux, est diversement fixée par les calculs des prêtres et des astronomes.

§ 3. On observe, pendant et après la prière, *mükerrenote nemaz*, les pratiques suivantes :

I. *Kiyom*, la position du corps. Il est nécessaire de se tenir debout et immobile, regardant droit devant soi, sans remuer de côté et en s'abstenant de tout mouvement que la loi ne prescrit pas. Les pieds doivent être joints. L'observance de ces préceptes est exigée de tous ceux qui peuvent physiquement les accomplir : il n'est permis qu'aux estropiés, aux malades et aux mourants, suivant leur degré de force, de prier assis ou couchés. Dans ce dernier cas, les inclinaisons du corps sont remplacées par le mouvement des paupières.

II. *Niyyet*, le recueillement. Il faut que le musulman qui va prier s'y prépare avec un recueillement particulier, et il ne doit pas, pendant la prière, divertir à d'autres pensées, sous peine d'illégalité de sa prière.

Dans son recueillement, il doit déterminer nettement par la pensée quelle sorte de prière il entend faire : est-ce celle du matin, de midi ou du soir; est-ce une prière de la période *ado* ou de la période *wakte okir* ?

III. *Tekbir ul-ehrom*, la sainte invocation de Dieu.

Elle consiste dans l'exclamation : *Allah ekber* « Dieu est grand ! » qui se fait immédiatement après le *niyyet* en élevant

---

[1] Des prières de cette espèce, *selot ul-mesofer*, sont subordonnées à des circonstances qui en changent les règles, par exemple quand le musulman est à la guerre.

les mains à la hauteur des oreilles, d'une voix concentrée ou chantante et en langue arabe.

Au *tekbir* appartient l'acte appelé *kero'et*, qui consiste dans la lecture de *elhenied*, c'est-à-dire du premier chapitre du Koran, *fatihch*, et du cent douzième, *teuhid* ou *ichlos*. Les musulmans appellent simplement et par excellence ce chapitre « LE CHAPITRE. » Ces deux chapitres doivent être lus en arabe et précédés, comme du reste la lecture de tous les chapitres excepté le neuvième, de l'articulation suivante : *Bismillah ur-rhemone ur-rehim*, ce qui veut dire « Au nom de Dieu le miséricordieux et » l'excellent ! »

IV. *Ruku'e*, l'inclinaison. Cette pratique consiste, le fidèle étant debout, à baisser le haut du corps, sans toutefois atteindre jusqu'au sol. Cette inclinaison doit s'étendre jusqu'à ce que les mains, glissant le long des reins, atteignent les genoux.

Le *ruku'e* ne consiste que dans une seule inclinaison, pendant laquelle il faut s'écrier : *subhone rebbi el-'ezimi we bihemdih*, ce qui veut dire : « une inclinaison devant le Dieu très-pur et très-» haut. »

V. *Sudjud*, les prosternations. On les fait, étant assis, en touchant la terre avec le front, et en prononçant les mêmes paroles que dans l'inclinaison, avec cette modification qu'on substitue le mot *e'elo* au mot *ezim*, deux mots qui néanmoins ont la même signification « très-haut. »

L'ensemble de ces pratiques, qui doivent s'accomplir successivement et sans interruption, forme ce qu'on appelle *ruk'et*, c'est-à-dire le rite de l'inclinaison.

VI. Quand le *ruk'et* est fini, on prononce pour achever la prière, le *teschehhüd*, c'est-à-dire qu'étant assis, on confesse l'islamisme en disant : *eschhedü en la ilahe illallah we eschhedü enne Mohammeden resul allah*, ce qui veut dire : « Je reconnais » un seul Dieu, et je reconnais que Mahomet est le prophète de » Dieu. » A la fin de la prière, on prononce le *selam*, c'est-à-dire qu'on demande à Dieu de bénir Mahomet le prophète et tous les croyants. Le *selam* est prononcé assis, en baissant la tête ou en tournant les yeux de tous les côtés.

§ 4. Entre les pratiques du *mükeddemot* et du *mükerrenot*, se trouvent en quelque sorte comme transition de l'un à l'autre, les pratiques *azon* et *ekomet*.

La première consiste dans une invitation à la prière, faite d'une certaine manière, ordinairement par le *muezzin*, et du haut d'un lieu élevé.

Le *azon* peut être prononcé par chacun, il est enjoint de le faire avant de commencer les pratiques du *mükerrenot*. Après le *azon* on prononce l'*ekomeh*. Ce sont les mêmes paroles : *Allah ekber* « Dieu est grand ! » seulement dans l'*ekomeh*, on ne jette cette exclamation que deux fois, tandis qu'on la répète quatre fois dans l'*azon*.

§ 5. Aux pratiques d'une importance secondaire dans la prière appartient le *kenut*, qui consiste à élever les bras après l'accomplissement des pratiques *mükerrenot* et à répéter des interjections ferventes. Le *kenut* n'est point obligatoire : il n'est que conseillé, *sunnet*.

Après l'accomplissement du nombre de *ruket* fixé pour chaque prière (voy. le § suivant), il est abandonné à chacun de réciter les prières pour tel cas particulier. Ces prières sont appelées *te'ekibot*, et se récitent après la fin de toutes ces cérémonies.

§ 6. Le nombre des *ruk'et* est de quatre pour la prière *züher*, pour la prière *'esr* et pour la prière *ischo*; de trois pour la prière *meghrib*, et de deux pour la prière *sübh;* il est toujours de deux pour toutes les autres prières, *djum'e*, *'eidein* et *ayot*.

Le nombre de *ruk'et* exigé ci-dessus change en temps de guerre et en pèlerinage. Les prières de la journée ne comportent plus que onze au lieu de dix-sept, notamment deux *ruk'et* pour chaque espèce, mais trois pour la prière *meghrib*. Il y a six cents prescriptions à observer depuis le moment où se purifie celui qui va prier, jusqu'au moment où il terminera sa prière.

CHAPITRE III.

Zekat, impôt sur la propriété.

Sources.

Djomi Abbasi, p. 229-231. — *Neil ul-merom*, p. 77-88. — *Bist-bob*, p. 102-131. — *Kescf-enwor*, p. 116-138. — *Helil idjoz*, p. 98, 118. — *Ichtelof ul-erb'e*, p. 68, 84.

Chardin, VII, 110-129.

Eug. Sicé, *journ. asiatique*, 1841, n° 66, p. 162-63.

Docteur Worms, même journal, 1842, n° 72, p. 322-338.

§ 1. Le *zekat* est un impôt créé par le Koran et obligatoire pour tout musulman, impôt destiné principalement à faire la guerre aux infidèles, à soutenir l'islamisme (chap. LVII, v. 10) et à soulager les pauvres (chap. II, LI, LVII, XLVIII).

Remarque. Les jurisconsultes musulmans désignent ainsi qu'il suit les impôts à payer à l'État, au sultan :

1) Les impôts sur les produits et récoltes de la terre, *mükosemet;*

2) Sur le bien de chacun, *cherodj;*

3) Sur la possession des terres et sur la propriété des bestiaux, *ez hekke zemin we ez tschehorpo.* C'est ce dernier impôt qui est le *zekat* proprement dit. (Voy. le livre *Ehkom*, chap. I.)

La perception du *zekat* n'appartient qu'à l'iman ou au *hakimscher'e*, ou à leurs fondés de pouvoirs; il y eut, et cela se pratique ainsi en Turquie, des collecteurs commis pour la perception de cet impôt et auxquels déjà le Koran donnait le nom de 'omil [1].

Le payement du *zekat* assure au musulman une double récompense après sa mort et la rémunération de ce qu'il a payé. (Chap. LVII, 11; LXIV, 1.)

§ 2. Il y a plusieurs espèces de *zekat* :

---

[1] Il n'y a pas actuellement de règles absolues, dans les provinces transcaucasiennes de la Russie, pour la perception du *zekat;* il est recueilli soit par le kadi, soit par les membres du clergé, et même souvent par les pauvres musulmans entre eux, sans aucune intervention du kadi.

1) Le *zekat wodjib*, qui est ordonné et nécessaire;

2) Le *zekat sunnet*, qui est conseillé et laissé à la volonté de chacun;

3) Le *zekat fitr*, la distribution des aumônes après le jeûne du ramazan;

4) Le *chüms*.

§ 3. Celui à qui l'on demande le payement du *zekat wodjib* doit être majeur, sain d'esprit, libre de naissance et capable de disposer de son bien. En payant le *zekat*, le musulman doit agir en connaissance de cause, et bien savoir qu'il donne une partie de son avoir, à titre de *zekat*, et non dans quelque autre but que ce soit.

Le bien avec lequel on acquitte le *zekat* doit être une propriété légitimement acquise.

Sont autorisés à percevoir cet impôt :

1) Les pauvres et nécessiteux, c'est-à-dire tous ceux qui n'ont pas les moyens d'existence pour plus d'un an; les séides, (c'est-à-dire les descendants d'Ali dans les lignes collatérales) ne reçoivent point de *zekat*.

2) Ceux qui sont préposés à la perception du *zekat*;

3) Les infidèles, quand ils viennent en aide aux musulmans dans les guerres de ceux-ci;

4) Ceux qui sont tellement au-dessous de leurs affaires qu'ils ne peuvent plus payer leurs dettes;

5) Les étrangers, *ibn sebil*, qui sont sans moyens actuels d'existence, alors même qu'ils posséderaient de la fortune dans leur pays. — Outre cela, le *zekat* est employé :

6) A racheter l'esclave qui est maltraité par son maître ou qui n'a pas les moyens de remplir les stipulations du *ketobet*. (Voy. le livre *Eiko'ot*, sect. II, chap. V.)

7) A des actes agréables à Dieu, *fi sebil Allah*, comme à la construction de mosquées; à des établissements d'intérêt public, tels que des écoles, des ponts, etc. Ici appartient aussi en partie la mise en liberté d'un débiteur insolvable, emprisonné à raison de ses dettes. (Voy. les dispositions sur la banqueroute.)

Le *zekat wodjib* doit être payé à raison de ce qu'on possède :

1) En or; — 2) en argent; — 3) en blé; — 4) en orge; —

5) en dattes ; — 6) en raisins secs ; — 7) en chameaux ; — 8) en taureaux ; — 9) en moutons.

Dans le payement de cet impôt, on prend en considération :

1) Le *nisob*, c'est-à-dire le montant du patrimoine, au-dessus duquel l'excédant est soumis au *zekat* ;

2) Le *haul*, c'est-à-dire l'expiration des onze mois de possession pleine et entière de l'objet imposé, car cette obligation ne commence qu'avec le douzième mois de possession.

Il faut payer le *zekat* de l'or et de l'argent qui circulent et dont on tire des avantages.

Par contre, ne sont pas frappés de cette prohibition, tous les objets d'or ou d'argent avec lesquels on ne fait pas le commerce et qui ne sont destinés qu'à l'usage domestique.

Comme *nisob*, on défalque sur l'argent monnayé et sur tous métaux nobles se trouvant dans le commerce, 20 *miskal* [1] ; et sur le reste le *zekat* se paye à raison de 2 1/2 pour 100.

Le *zekat* du blé, de l'orge et des fruits est à payer :

1) Quand le possesseur de ces objets les a lui-même produits ;

2) Quand le *nisob* dépasse 300 *so'e* (une *so'e* contient 1170 *dirhem* et chaque *dirhem* 48 grains d'orge, ce qui fait qu'une *so'e* contient 56,160 grains.

Le *zekat* est augmenté sur les bestiaux :

1) Quand, pendant le délai de onze mois, ils n'ont pas travaillé pour leur maître ;

2) Quand, pendant ce temps-là, ils ont pâturé aux champs et n'ont pas été nourris aux frais du propriétaire ;

Le *nisob* se compose de cinq chameaux, trente têtes de bétail et quarante moutons. Sur cinq chameaux, il faut donner un mouton ; sur vingt-six chameaux, un jeune chameau d'un an ; sur trente pièces de bétail, un veau ; sur quarante moutons, un agneau d'au moins sept mois.

Les animaux payés à titre de *zekat* doivent être sains et sans vices.

§ 4. Le *zekat sunnet* est abandonné à la volonté de chaque particulier. Il est recommandé, non à titre d'obligation, mais comme un acte agréable à Dieu, pour lequel acte le musulman attend double récompense dans la vie future. Il est payé sur les

---

[1] La livre russe contient 87 *miskal* 1/2.

chevaux et juments, sur l'or et l'argent non en circulation, sur les bêtes reçues en présent, sur le produit des choses prêtées, sur les céréales et les fruits non soumis au *zekat wodjib*, sur les marchandises d'un commerce, et dans les cas où l'importance du *nisob* ou l'expiration du *haul* ne sont déterminés que d'une manière douteuse.

La somme à payer est la même que dans le *zekat wodjib*.

§ 5. Le *zekat fitr* est payé à la fin du ramazan, le premier jour du mois schewwal, le jour de la fête *'eidéfitr*. Cette imposition est obligatoire pour tout musulman, et peut être perçue par tout membre de la famille, même par les esclaves, sans examiner si celui qui le demande a observé ou non les jeûnes du ramazan. Comme *zekat fitr* on prélève sur l'ensemble du patrimoine, un *batman* (= 8 1/4, poids communément usité en Tauride), qui est destiné aux religieux sans ressources, aux pauvres et à tous ceux auxquels il est permis de recevoir le *zekat wodjib*.

Quiconque a des moyens d'existence pour une année, est tenu d'acquitter cet impôt, dont le payement doit se faire en argent ou en nature.

Remarque I. — Dans les provinces transcaucasiques de la Russie, cet impôt équivaut à un *abbas*, c'est-à-dire à 30 koppeth russes environ, ou au tiers du thaler prussien. Les personnes sans fortune le payent entre les membres de leur famille, l'une à l'autre, de sorte que souvent le même *abbas*, après avoir passé par les mains de tous les membres de la famille, fait retour dans celles du premier donateur.

Remarque II. — L'ordre de payer le *zekat fitr* date de la deuxième année de l'hégire. Le professeur Weil, dans sa *Vie de Mahomet*, p. 443, l'appelle *sadakat fitr*. Juridiquement, il est plus exact de l'appeler *zekat fitr*, car les juristes musulmans attachent toujours au mot *sadakat* l'idée d'un impôt dont le payement est facultatif, tandis qu'il est certain que le *zekat fitr* est obligatoire pour chaque musulman.

§ 6. Le *chüms*.

Littéralement, *chüms* signifie la cinquième partie que, dans les cas déterminés par la loi, les musulmans doivent laisser déduire à titre d'impôt, sur leur patrimoine.

Le *chüms* est perçu :

1) Sur le butin fait à la guerre, *ghanimet;*
2) Sur le produit des mines, *mä'odin;*
3) Sur les résultats de la pêche des perles et du corail, *ghewwos;*
4) Sur toutes les choses dont une partie a été injustement et l'autre justement acquise, quand ces deux parties ne peuvent pas être séparées, ou qu'on ne peut pas évaluer précisément l'étendue de l'une et de l'autre partie ;
5) Sur le fonds de terre vendu à un infidèle par un musulman. Celui-ci est tenu de payer ou bien le cinquième du prix de vente, une fois pour toutes, ou bien annuellement le cinquième de la valeur des produits de l'immeuble ;
6) Sur tout ce qu'un musulman trouve en territoire ennemi ou en pays infidèle, soit à la surface, soit au-dessous du sol ;
7) Sur tout ce que rapportent le commerce, les affaires, l'industrie, déduction faite de ce qui est indispensable pour son entretien ;

Le *chüms* n'est prélevé qu'une fois sur la fortune de chacun, et seulement sur l'augmentation, quand celle-ci s'est accrue.

Le payement de cette contribution dans les cas ci-dessus indiqués est absolument obligatoire pour les schiites ; — les sunnites, au contraire, ne se regardent comme tenus de payer le *chüms* qu'en temps de guerre, et ne l'acquittent que sur le butin, s'en tenant ainsi à la lettre du chapitre VIII, vers. 42.

D'après Abu Yusuf, le hanefite, quand des non-musulmans pêchent des perles ou de l'ambre dans les eaux d'un territoire musulman, la pêche doit leur être enlevée et être traitée *comme butin de guerre, ghanimet*. Le musulman doit en payer le *chüms*. Voy. Du Caurroy, *Législ. musulm., journ. asiat.,* juillet 1848, p. 15.

Le produit du *chüms* est divisé chez les schiites en deux parts, l'une pour les *s'eïd*, descendants d'Ali, de la race de Haschim, qui appartiennent à la secte des schiites, l'autre pour le *müdjtehid*, le plus haut personnage religieux, pour en faire l'usage et le partage à leur gré.

Observation I. Sur le partage du *chüms* dans les premiers temps de l'islamisme, voy. l'histoire de Weil, *Geschichte der kalifen*, t. I, p. 78. — D'après l'ouvrage de Ibne Kasim, le *chüms* est partagé en cinq parts :

1) Pour le prophète, et, depuis sa mort, pour le bien de l'islamisme, comme salaires des juges, fortifications, armements, etc.; 2) pour les descendants des fils de Haschim et Muttalib; 3) pour les pauvres; 4) pour les orphelins; 5) pour les voyageurs.

Observation II. Dans l'ouvrage de *Djomi Abbas*, on lit que quand il n'y a pas de müdjtehid, la prestation du *chüms* dépend du bon vouloir de chacun; cela est aussi pratiqué ainsi dans les provinces transcaucasiques de Russie, où cependant on exige que la personne qui reçoit le *chüms* soit un seïd et descende de la branche de Haschim.

CHAPITRE IV.

Saum, en arabe, et, en persan, *ruzeh*, le jeûne.

Sources.

Djomi Abbas, p. 236-245. — *Neil ul-merom*, p. 69-75. — *Bist-Bob*, p. 131-147.—*Kesch enwor*, p. 138-147.—*Helil idjoz*, p. 112-119. — *Ichtelof ul-erb'e*, p. 84-90.
Chardin, VII, p. 132-154.

§ 1. La loi musulmane distingue trois sortes de jeûnes: 1) les jeûnes du ramazan; 2) les jeûnes en exécution d'un vœu; 3) les jeûnes imposés pour l'expiation des péchés.

Il sera question de ceux de la deuxième espèce dans le livre *Eiko'ot*, dans la matière des vœux, *nezr*, et de ceux de la troisième espèce dans le *Keforet*, c'est-à-dire dans les actions défendues comme péchés.

En ce qui concerne les jeûnes du ramazan, tout le mois est consacré par le Koran à ces jeûnes, qui sont obligatoires et les mêmes pour tous, excepté pour les enfants au-dessous de sept ans, les malades, les aliénés, les voyageurs et les femmes en couches.

Ils commencent avec le premier jour du mois ramazan ou après le trentième jour du mois *sche'aban*, et durent jusqu'à la nouvelle lune ou jusqu'au commencement du mois *schewwal*.

§ 2. Voici les règles les plus importantes à observer :

1) Pendant tout le jour, c'est-à-dire depuis le lever jusqu'au coucher du soleil, l'usage de toute espèce de nourriture est interdit;

2) Il est défendu de boire et d'approcher un liquide de ses lèvres, et même d'avaler sa salive;

3) Le rapprochement des sexes est prohibé;

4) Ainsi que le bain;

5) La fumée du tabac et l'odeur des parfums;

6) Les purgatifs et la saignée.

La violation d'une seule de ces règles, de même qu'un mensonge proféré durant le ramazan, rendent les jeûnes complétement inutiles, et ceux-ci doivent être recommencés : on les dit *kezo*.

§ 3. Outre les jeûnes nécessaires et annuels du ramazan, il en est encore de prescrits pour certains jours de chaque mois. On n'est cependant tenu de les observer qu'autant qu'on en a fait le vœu, et alors ces jeûnes doivent être observés avec la même rigueur et de la même manière que ceux du ramazan.

CHAPITRE V.

Heddj, le pèlerinage à la Mecque.

Sources.

Les appréciations particulières de chaque secte sur ce point sont exposées en détail dans Chardin, VII, p. 154-240. — *Pèlerinage d'Abdoulkerim à la Mecque*, traduit par Langlès. — *Tableau général de l'empire ottoman*, par Mouradgea d'Ohsson, tome III. — *Recueil des rites et cérémonies du pèlerinage de la Mecque*, par Ant. Galland. — John Pitt's *Account of the manners and religion of the mahometans*. — Sale, *Observations sur le mahométisme*, p. 4. — Le *Menosike heddj*, ouvrage du hadji Mohammed Bagir, sert aux schiites de manuel pour les pèlerinages. C'est surtout à ce livre qu'a été empruntée l'exposition suivante :

Djomi Abbasi, p. 245 et suivantes. — *Neil ul-merom*, I, p. 88. — *Bist bob*, p. 151-184. — *Kesch enwor*, p. 150-172. — *Helil idjoz*, p. 121-135, 474-477. — *Ichtelofot ul-erb'e*, p. 93-108.

§ 1. Le *heddj* est, d'après le texte du chap. XXII, le pèlerinage obligatoire pour tous les musulmans, et qui forme une des pratiques les plus étroitement imposées de leur religion. Le prophète tenait pour très-important le pèlerinage au *Ke'ebe*, c'est-à-dire, suivant les paroles du Koran, au temple bâti par Abraham sur l'ordre d'en haut, en l'honneur du Dieu véritable et unique; car le pèlerinage accompli avec piété purifie l'âme de ses péchés et fait gagner la béatitude dans la vie future.

§ 2. Outre le *heddj*, l'une des colonnes fondamentales de l'islamisme, Mahomet organisa encore une autre espèce de pèlerinage au *Ke'ebe* ou aux reliques de la Mecque : ce pèlerinage s'appelle *'umreh*. Il exige moins de préparations, et l'observance des usages religieux n'y est point aussi étroite. La différence essentielle entre le *heddj* et l'*'umreh*, c'est que celui-ci n'est point fixé à tel mois et peut être accompli à toute époque de l'année; seulement les schafiites regardent l'*'umreh* comme ordonné par Dieu, de même que le *heddj*; les autres sectes regardent le précepte relatif à l'*'umreh* comme *sunnet*, mais non comme *wodjib*.

V. Weil, *Mohammeds Leben*, p. 288-291. Pour les distinguer, il appelle le *heddj : wallfahrt* et l'*'umreh : pilgerfahrt*.

Wahl, *Einleitung zum Koran*, p. 63.

Perron, *Traduction du khalil Ibn-Ishak*, vol. II, p. 3-142, 632.

§ 3. Suivant les expressions du Koran (chap. II, 185), les phases de la lune n'ont lieu que pour désigner aux musulmans le temps auquel doit s'effectuer le pèlerinage à la Mecque.

De quelques paroles recueillies de la bouche du prophète on a plus tard extrait les conditions nécessaires pour ce pèlerinage. Actuellement, et d'après les dispositions du *scheri'et*, il faut, pour que ce pèlerinage soit obligatoire, la réunion des conditions suivantes :

1) *Bulugh*, la majorité;

2) *'Ekl*, la jouissance des facultés mentales ;

3) *Ozodi*, la liberté. Les esclaves ne sont pas obligés à faire ce pèlerinage.

4) *Istito'et*, un patrimoine suffisant. Il faut au moins avoir les moyens de s'entretenir pendant le voyage et de fournir aux besoins de la famille restant dans ses foyers ;

5) *Schete beden*, la santé ;

6) *Emniete roh*, sécurité de route pour le voyage ;

7) *Wakt*, le temps nécessaire. Il est prescrit de prendre un temps suffisant pour le pèlerinage et de se mettre en route de bonne heure, de telle sorte qu'on puisse procéder au commencement du mois dzidheddjeh à l'accomplissement des pratiques prescrites pendant le pèlerinage.

Quand toutes ces conditions sont réunies, le pèlerinage devient obligatoire pour tout musulman, et c'est un péché irrémissible que de ne pas le faire ou même de le remettre sans motifs graves.

Les schiites admettent, comme dérogation, que les personnes riches auxquelles manque une des sept conditions, et qui ne peuvent entreprendre elles-mêmes le pèlerinage, envoient quelqu'un à leur place visiter la Mecque. On appelle *heddje niobet* ce genre de pèlerinage, qui est usité dans la Transcaucasie russe.

Les schiites trouvent satisfaisant un seul voyage à la Mecque, tandis que les sunnites tiennent pour nécessaire de le répéter toutes les fois qu'il est possible.

§ 4. Le musulman qui projette d'entreprendre un pèlerinage à la Mecque doit, avant son départ, mettre ordre à ses affaires domestiques, c'est-à-dire assurer l'entretien de sa famille et de toute sa maison d'une manière convenable ; régler ses relations privées et publiques, satisfaire ses créanciers par un payement ou un arrangement et, en un mot, arranger ses affaires de sorte qu'en son absence, elles ne donnent lieu que le moins possible, à des contestations et à des débats.

Lorsque le jour du départ a été fixé, le pèlerin rassemble sa famille et sa domesticité, récite deux prières *ruk'et*, puis une prière de voyage et prend congé de tous les assistants. En sortant de la maison, il tourne la face vers *Kebleh* et récite le premier chapitre du Koran, et trois fois les deux derniers versets du second chapitre.

Quand le pèlerin a ainsi annoncé par les paroles requises le *niyet heddj*, c'est-à-dire son intention d'aller visiter la Mecque, il monte à cheval en disant : *Bismillah ur-rehmone ur-rahim :* « Au nom de Dieu, le très-bon et miséricordieux. »

Pendant le voyage, chaque fois qu'il arrive au gîte de nuit ou qu'il s'arrête pour se délasser, il doit réciter quelques prières *ruk'et* et celles qui sont spécialement écrites pour ces cas.

Il est enjoint au musulman d'être, pendant tout le cours de son voyage, généreux, compatissant, bon et poli envers chacun, et de s'abstenir de toute querelle et de toute dispute.

§ 5. Les pèlerinages sont de diverses espèces, sous le point de vue de leur exécution :

1) *Heddj temettu* ;
2) *Heddj efrod* ;
3) *Heddj keron* ;
4) *Heddj niobet* ;

Le *heddj temettu* est le pèlerinage complet, dans lequel on exécute ponctuellement toutes les prescriptions qui y sont relatives, sans exception. Il ne peut être entrepris que par ceux qui habitent à une distance de plus de douze milles de la Mecque, et doit être consommé dans les mois *schewwal, dzilke'edeh* et *dzilheddjeh*.

L'habit de pèlerin, *erhom*, doit être endossé aux lieux déterminés.

Le *heddj efrod* et le *heddj keron* se distinguent l'un de l'autre par certaines pratiques en matière d'offrandes, et aussi en ce que le premier est celui que font les habitants même de la ville de la Mecque, et que le second est celui des musulmans qui habitent les environs dans un rayon de douze milles.

Il a été question ci-dessus du *heddj niobet*.

Le pèlerinage *'umreh* peut aussi être *temettu* et *efrod*, selon le domicile du pèlerin.

§ 6. Les pratiques à accomplir en pèlerinage commencent avec le premier jour du mois *dzilheddjeh*, aux lieux fixés spécialement pour chaque contrée[1]. Là, le musulman prend l'habit de pèlerin, *erhom*, et sans pouvoir en changer quelle qu'en soit l'impureté définitive, il faut le garder jusqu'à la Mecque. Avant de revêtir cet habit, il y a lieu à la purification, *ghusl*. On doit laisser croître ses cheveux et sa barbe jusqu'à la conclusion du pèlerinage. Pendant tout ce temps, le pèlerin doit s'abstenir de tout stimulant des passions et ne pas même prendre part à la discussion d'affaires litigieuses relatives au mariage, au divorce, etc.

A l'arrivée à la Mecque, le premier vêtement est abandonné, la purification, *ghusl*, a lieu, et le pèlerin revêt un nouvel habit. Puis il entre, pieds nus, dans le *ke'ebe*, et récite la prière ordonnée.

En baisant la pierre noire consacrée par Abraham, lors de la construction du temple, *Hedjer ul-eswed*, le pèlerin doit dire une certaine prière. Puis il doit faire sept fois le tour du *Ke'ebe*, voyage qui s'appelle *tewof*, puis après le septième tour, il se rend au puits *Zemzem*, d'où il tire deux seaux d'eau ; dans l'un il boit, et avec l'autre il se couvre d'eau de la tête aux pieds.

Après que le pèlerin a récité les prières *ruk'et* prescrites, il se rend aux collines Sefo et Merweh, et exécute sept fois le trajet de l'une à l'autre, à pas inégaux et précipités. Chaque fois, en s'approchant de chacune d'elles, il récite les prières spécialement indiquées.

De retour à la Mecque, le pèlerin revêt un nouveau vêtement,

---

[1] Il y a cinq lieux, points de départ du *heddj temetti*, à savoir :
1) *Dzulhuleifeh*, pour ceux qui viennent de Médine ;
2) *Velemlem*, pour ceux qui viennent du reste de l'Arabie ;
3) *Keren-ul-Menozil*, pour ceux qui viennent de Taif et de la mer Rouge ;
4) *Djuhfeh*, pour les pèlerins de Damas ;
5) *Ekik*, pour ceux de l'Irak-Adjémi, l'une des plus grandes provinces de Perse.

Le traducteur français ajoute la note suivante :

« Une publication du ministère de l'Algérie et des colonies donne de curieux renseignements sur le pèlerinage de la Mecque qui vient de s'accomplir pour l'année 1859. — C'est le 11 octobre que se sont terminées les cérémonies de ce pèlerinage, au milieu d'un concours de 50,000 pèlerins : 17,850 y étaient allés par voie de mer, et 32,150 par voie de terre. Il y avait un millier d'Algériens.

» En 1858, il y eut 160,000 pèlerins ; — en 1857, 140,000 ; — en 1856, 120,000. — Cette notable diminution est due, selon les indigènes, aux événements de Djedda de 1857 et aux craintes du choléra de 1858. »

coupe sa barbe et recommence son voyage autour du *Ke'ebe*, puis de la colline Sefo à la colline Merweh.

Après que les pèlerins ont proclamé haut et à plusieurs reprises : *Lebbeike*, c'est-à-dire déclaré qu'ils ont accompli les pratiques dont il vient d'être parlé, ils se rendent à la montagne *'Erefot*, où ils arrivent le huitième jour du mois dzilheddjeh et où ils doivent rester depuis trois heures de relevée jusqu'à la nuit. A ce moment-là, ils se transportent au lieu appelé *Mesch'er el-herom*, où ils récitent une prière et font provision des pierres qu'ils jetteront sur le lieu dit *Djemereh*. Le lendemain, neuvième jour, les pèlerins doivent se trouver au lieu dit *Mino*, et de là jeter leurs pierres sur le *Djemereh*, contre le malin esprit, *Remi Djemereh*. Le dixième jour, jour d'une fête appelée *zeho*, on apporte sur le lieu même où, suivant le Koran, Abraham voulait sacrifier son fils, une victime, *kurban*, qui doit être ou bien un jeune chameau de cinq ans, un taureau ou une chèvre d'au moins un an, ou une brebis d'au moins six mois. Une partie de l'animal ainsi offert en sacrifice est consommée par les pèlerins, tout le reste est distribué aux pauvres.

Après la consommation du sacrifice, le pèlerin se rase la tête et la barbe, nettoie son corps de tous les cheveux qui peuvent s'y trouver et se coupe les ongles. Il est enjoint d'enfouir dans le lieu *Mino* tous ces détritus de sa toilette.

Après cela, le pèlerin retourne à la Mecque, achève sa pérégrination *tewof* et les prières *ruk'et*, se rend ensuite aux collines Sefo et Merweh; puis il retourne à la Mecque pour y procéder de nouveau au voyage autour du *Ke'ebe*, et revient au lieu *Mino*, où il doit passer les nuits du onzième, du douzième et du treizième jour du mois *dzilheddjeh*, lesquelles nuits s'appellent *teschrik*.

Pour la clôture, après le retour à la Mecque, le pèlerin endosse un nouveau vêtement, refait la promenade autour du *Ke'ebe* et visite une dernière fois les lieux *'Erefot, Mino, Sefo* et *Merweh*.

Au quatorzième jour du mois dzilheddjeh, toutes les cérémonies du pèlerinage sont terminées : on quitte le vêtement de pèlerin, une ablution a lieu, et le pèlerin a désormais acquis le titre d'honneur de *hadji*, qui veut dire : *ayant fait le voyage de la Mecque*. Cette qualification se met au devant du nom du croyant, qui la conserve à jamais.

Observation. Les schiites entreprennent aussi des pèlerinages aux tombeaux des imans, et notamment de Hussein, à Kerbelah, de Ali, à Nedjef, et de Riza, à Meschhed. Celui qui a visité Kerbelah prend la qualification de *kerbelai* ; ceux qui ont fait le pèlerinage de Meschhed, celle de *meschhedi*. Mais si un pèlerinage est fait après celui de la Mecque, on laisse de côté ces qualifications pour ne garder que celle de *hadji*.

CHAPITRE VI.

Djhehod, la guerre contre les infidèles.

Sources.

Neil ul-merom, p. 92-98. — *Bist bob*, p. 184-192. — *Kesch enwor*, p. 467-471 ; 784-809. — *Helil idjoz*, p. 280-283 ; 437-440 ; 452-469. — *Ichtelofot ul-erb'e*, p. 246-281. — Koran, chap. VIII, IX, XLIX.

Il n'est donné dans le présent chapitre que quelques-unes des règles les plus importantes sur la guerre religieuse, principalement d'après la secte des schiites. On trouvera plus de détails dans la dissertation du docteur Worms sur la propriété dans les pays musulmans, *Journal asiatique*, 1842, p. 388-398; dans l'ouvrage de Mouradgea d'Ohsson, t. V, p. 49-139, et dans l'intéressant article : « *sur le Djehod* » par le conseiller Chanykow, dans le journal (*der Kaukasus*) de 1846.

§ 1. La guerre contre les infidèles est un devoir obligatoire pour tout musulman qui est majeur, sain de corps et d'esprit et de condition libre. « Un jour de guerre vaut mieux, aux yeux » de Dieu, que tout un mois de jeûne, » a dit le prophète de l'islamisme.

On ne doit s'y préparer que sur l'appel et l'ordre de l'imam. Et l'on ne doit ni l'entreprendre, ni la continuer pendant les saints mois redjeb, dzilke'ede, dzilheddjeh et moharrem, à moins que l'ennemi ne fasse invasion [1].

[1] Les musulmans ne doivent pas, durant la guerre, plaider contre les infidèles, mais les riches et ceux qui sont dans l'aisance doivent donner une partie de leur avoir pour faire face aux dépenses de la guerre.

§ 2. La guerre religieuse est entreprise :

1) Contre les infidèles qui refusent de se soumettre à la puissance des musulmans ;

2) Contre ceux qui, quoique soumis à la puissance des musulmans, refusent d'obéir et de payer les impôts *djeziyeh;*

3) Contre ceux qui se révoltent envers les imams, fussent-ils mahométans, et en général contre tous ceux qui commencent des hostilités [1].

§ 3. Toutes les choses mobilières dont on se met en possession en pays ennemi ou dont on s'empare pendant la guerre, forment le butin de guerre, *ghanimet,* qui, sous déduction du cinquième (*chüms*), est partagé entre toute l'armée.

Tous les immeubles demeurent en la possession des propriétaires, sans qu'ils soient tenus d'embrasser l'islamisme, pourvu qu'ils se soumettent volontairement à la domination musulmane et qu'ils consentent à payer un impôt, *djeziyeh* et un prélèvement sur leur avoir, *cherodj.*

Le montant de cet impôt, non déterminé par la loi, dépend de l'arbitrage de l'imam.

Les infidèles qui embrassent l'islamisme demeurent en pleine possession de tout leur avoir, et ne sont tenus de payer que le *zekat.* Leurs immeubles sont dits *erze 'eschriyeh,* c'est-à-dire dont la dîme est payée, à la différence de ceux dont le *cherodj* est à payer. (Voy. plus bas.)

Les infidèles qui ne se soumettent pas volontairement n'ont point de quartier à attendre. Les prisonniers mâles, s'ils n'embrassent pas l'islamisme, doivent être mis à mort ; les femmes et les enfants réduits en esclavage. (Voy. le livre *'Eiko'ot.*) Il dépend néanmoins de l'iman d'accorder la vie sauve à ces prisonniers mâles et d'en faire des esclaves.

Toutes les terres cultivées et conquises sont abandonnées aux musulmans qui ont pris part à la guerre, sans cependant

---

[1] D'après le livre *Hedayet,* admis par la secte des azemites, ceux-ci ne croyaient pas, comme à un dogme, à la nécessité de faire la guerre aux infidèles. Ils regardaient l'état de paix comme un armistice, jusqu'à ce qu'il y eût des motifs sérieux de faire la guerre. Mais cette reprise des hostilités doit être signalée d'avance à l'ennemi. La protection, *eman,* promise par un musulman à un infidèle ou à une province entière, engendre une obligation qui doit être respectée et exécutée par tous les membres de la peuplade musulmane.

qu'ils en acquièrent la propriété et sans pouvoir en disposer au profit d'autrui par hérédité, donation ou *wäkf*. Ils n'en obtiennent que la jouissance suivant le partage de l'imam auquel reste tout droit sur ces choses.

Les terres non cultivées, *mewot*, deviennent la propriété exclusive de l'imam, et le défrichement n'en peut avoir lieu qu'avec son consentement. (Voy. le livre *Ehkom*.)

Toutes les terres cultivées, quand même elles seraient en partie propriétés de musulmans, sont frappées, comme conquises, d'un impôt foncier, *cherodj*. Cet impôt est ou bien *cherodj mukosimet*, susceptible de varier, suivant la fertilité et les localités, ou bien *cherodj wezifeh*, invariable, frappé par une décision de l'imam ou du sultan.

Les terres et les propriétés des *herbi*, c'est-à-dire de tous les infidèles qui ne sont pas soumis à la domination musulmane et qui ne payent pas de *djeziyeh*, deviennent *muboh*, c'est-à-dire que les musulmans ont le droit de les acquérir légalement.

Le mahométan qui prend possession de la chose du *herbi*, s'y comporte désormais comme premier occupant.

Le partage du butin (*kismet*) se fait par les soins de l'imam. Après qu'un cinquième a été prélevé par lui pour les besoins de l'État, des causes pies et des actes agréables à Dieu, le reste se partage entre toute l'armée : le cavalier doit recevoir une part double de celle du fantassin.

La part de chaque militaire, après son retour dans ses foyers, devient sa pleine propriété et passe à ses héritiers.

Les *ehle dzimmet*, c'est-à-dire les infidèles qui payent le *djeziyeh*, sont protégés dans leurs droits par les gouvernements musulmans ; mais ils doivent montrer une déférence particulière envers les croyants. Il leur est interdit d'entrer dans une mosquée ; ils doivent se distinguer des musulmans par un vêtement particulier, leurs maisons et constructions ne doivent être ni plus élevées ni plus belles que celles des croyants : ils ne doivent faire ni luxe ni dépense.

Dans les relations civiles et en ce qui concerne leurs droits personnels et de propriété, ils jouissent des mêmes que ceux que la loi accorde aux musulmans. En matière criminelle et correctionnelle, ils sont jugés d'après la loi musulmane, s'ils contreviennent à la loi nationale ou aux prescriptions du *scheri'et*.

Ils ne sont cependant point passibles de peines quand leurs actes sont à la vérité contraires aux lois de l'islamisme, mais non défendus comme criminels par leur propre législation.

En principe général, les *ehle dzimmet* sont à juger par des personnes de leur race et suivant leurs lois.

CHAPITRE VII.

E'tikof, retraite dans une mosquée.

§ 1. Par *e'tikof* on entend des prières extraordinaires qu'un musulman récite dans une mosquée, par une piété exceptionnelle, en s'isolant des idées du monde et des affaires, et dans le but de se rapprocher du trône de Dieu. Ce ne doit point être un acte imposé, mais le résultat d'une libre et volontaire détermination, et dans le but de faire pénitence.

L'usage de pareils exercices ou l'éloignement temporaire du milieu du monde pour se livrer à des méditations religieuses et pour s'inspirer d'en haut, est surtout usité parmi les sectes qui se préoccupent de recherches mystiques sur les secrets de la foi, parmi lesquelles se font notamment remarquer les communautés *Ehle teriket* et *Sufi*, avec leurs mürschides et mürides.

Le *'etikof* est imposé, *wodjib*, ou facultatif, *mendub*. Le premier résulte d'un vœu, le second n'a d'autre cause que le désir de s'y soumettre par piété et par dévotion.

§ 2. Il y a à observer dans l'*"etikof* ce qui suit :

1) Celui qui veut s'y soumettre, doit être de croyance musulmane, majeur et sain d'esprit;

2) Il doit réciter, avant le lever du soleil, le *niyyet*, c'est-à-dire la déclaration de sa volonté d'accomplir l'*"etikof*;

3) *Mekon*, le lieu : c'est dans la *mesdjed djum'e*, c'est-à-dire dans la principale mosquée où les jours de fête l'*imam djum'e* ou le *pischnemaz* dirigent la prière de midi, qu'il doit faire cette retraite. Il y a dans toute mosquée un espace à ce destiné.

4) *Zemon*, le temps : il ne peut pas être moindre que trois jours consécutifs.

5) *Nischesten*, le séjour : il faut rester continuellement dans la mosquée, y réciter les prières et ne se laisser distraire par aucuns détails étrangers ou par aucune pensée mondaine. Il n'est permis de quitter la mosquée que pour se laver, pour satisfaire les besoins naturels, pour aller réciter les prières des agonisants ou suivre un convoi funèbre, pour visiter les malades et déposer en justice.

6) Le jeûne, *ruzeh* : il faut suivre les règles rigoureuses du jeûne du ramazan. Tout ce qui dérangerait la régularité du jeûne du ramazan, doit être évité pendant l'*etikof*. Celui-ci ne peut pas avoir lieu à une époque où il est défendu de jeûner, par exemple les jours de fête.

7) *Ruchset*, l'autorisation d'accomplir l'*etikof* : l'enfant doit l'obtenir de son père, la femme de son mari et l'esclave de son maître.

D'après le livre *Neil ul-merom*, p. 76, cette autorisation doit être accordée à tout musulman par le *sahib weloyet* ou par l'imam, s'il est sur les lieux.

L'*etikof* accompli sans permission n'a aucune valeur légale. Celui qui, ayant fait vœu de se soumettre à l'*etikof* n'accomplit pas ce vœu, est soumis au *kefforet*. (Voy. le livre *Eiko'ot*.)

CHAPITRE VIII.

Emer mä'eruf we nehi münker, l'exhortation à accomplir la loi et à s'abstenir de toute illégalité.

Mä'eruf signifie l'exhortation à toute bonne action, *nik*, et *münker*, l'abstention de toute action mauvaise, illégale, *kebih*.

C'est le devoir de tout musulman de conseiller des actes bons et conformes à la loi, et d'aider à les accomplir, comme d'un autre côté d'empêcher chacun de faire des actes contraires à la loi. C'est principalement le devoir des grands et des illustres, *e'yon*.

En ce qui concerne le détournement des violations de la loi, il faut observer ce qui suit :

1) Avant d'exhorter, *nehi*, il faut être certain que la personne à laquelle on va adresser l'exhortation a réellement accompli ou est dans l'intention d'accomplir une mauvaise action ;

2) On doit de plus être intimement convaincu que le *münkir*, c'est-à-dire le coupable, tiendra compte de l'exhortation ;

3) Quand il apparaît qu'il a quelque repentir, et quand il reconnaît avoir mal fait, il faut lui présenter les exhortations.

4) Mais s'il est certain que ces exhortations ou la tentation d'arrêter de mal faire seraient infructueuses, et auraient même des suites fâcheuses pour l'exhortant, il peut se dispenser de s'en mêler.

Pour empêcher quelqu'un de faire de mauvaises actions, on peut se servir de trois moyens, selon qu'on s'exprime par signes, par paroles ou par actions, *dil, zebon we dest*. Il faut employer ces moyens successivement. En tous cas, il faut commencer l'exhortation avec douceur et calme, puis, si cela ne suffit pas, élever la voix et enfin, se servir des mains pour tâcher d'empêcher une mauvaise action ; cependant, il n'y a que le souverain du pays ou l'imam qui ait le droit d'employer la force contre le coupable et de le punir.

DEUXIÈME SECTION.

Le droit civil.

§ 1. La deuxième partie l'*Ilme Fikh* (le droit civil) contient les lois et les règles qui déterminent les relations privées des musulmans entre eux et à l'égard des infidèles, et se divise en trois livres *'Ekudot*, *Eiko'ot* et *Ehkom*.

Le livre *'Ekudot* traite de tous les contrats et de tous les actes pour la conclusion desquels il faut le consentement réciproque des parties contractantes.

Dans le livre *Eiko'ot*, il est traité des rapports privés fondés sur la déclaration de volonté d'une seule personne.

Le livre *Ehkom* renferme les lois généralement obligatoires pour les musulmans et organisant la vie civile de ceux-ci, notamment sur le droit de succession, le témoignage, l'autorité du kazi, les dispositions pénales, etc.

PRINCIPES GÉNÉRAUX [1].

§ 2. La théorie juridique des musulmans embrasse toutes les particularités de leur vie publique, comme celles de leur vie privée. Il n'y en a pas, par conséquent, relativement à laquelle le musulman ne puisse, fondé sur le Koran et sur les livres *Scheri'et*, aller chercher conseil chez les ministres de la religion (chap. V, 18, XLI, 44)[2].

Dès lors, tous les actes des musulmans, leurs occupations,

---

[1] Les observations qui vont suivre sur la jurisprudence musulmane en général, sur la procédure judiciaire, sur les différentes sortes de choses et de faits, et sur la majorité, ont été placées en tête de la deuxième division du droit civil, parce qu'elles sont relatives à des rapports dont il sera parlé dans presque tous les chapitres de cette section. Dans les écrits des jurisconsultes musulmans, elles sont toujours préposées.

J'ai suivi, dans la manière de traiter le droit civil, la marche des jurisconsultes de la secte schiite. Néanmoins, dans ces observations préliminaires, pour éclairer le lecteur, j'ai cherché à jeter un coup d'œil sur certains points qui sont traités çà et là dans divers manuscrits persans et arabes.

De ce point de vue, je crois ne pas pouvoir suivre le conseil que m'a donné mon savant et bienveillant ami, le docteur Gottwald, de traiter la procédure musulmane complètement et pour elle-même, dans un supplément particulier de mon ouvrage, car cela changerait toute l'économie de mon exposition d'après le système des jurisconsultes musulmans, et j'aurais été dans la nécessité de laisser en dehors maints chapitres des livres *Eiko'ot* et *Ehkom*, comme, par exemple, le serment, l'aveu, le témoignage, et d'autres sujets, entièrement ou partiellement.

[2] « La doctrine de chaque école des sectes de l'islamisme est remarquable-
» ment travaillée. Comme cette science, depuis son origine jusqu'au moment
» actuel, a absorbé en Orient toutes les autres branches du savoir humain,
» il n'est pas exagéré d'admettre qu'elle a été profondément cultivée. L'école
» de chaque iman s'améliore par la succession de ses élèves, et se perfec-
» tionne constamment; ceux-ci sont, d'après leur mérite, à divers degrés
» d'autorité, et depuis plus de six siècles il n'a rien été changé à ce qui a été
» fondé et admis par les fondateurs de la doctrine. Néanmoins, tout juriste
» ou fakir instruit a le droit d'écrire, soit des livres sur la science du droit,
» soit des commentaires sur quelque ouvrage difficile de jurisprudence. Les
» écoles musulmanes sont riches en pareils travaux. Ils servent à éclairer les
» kadis, les muftis, et en général les autres juges. » (Mirza Kazem-Beg, *Introduction au Müchteser-ul-Wikayet*, p. 16.)

leurs métiers, leurs réunions, et même en certains cas leurs paroles et leurs expressions, ressortissent des tribunaux *scheri'et*. Tout ce qui n'est pas conforme aux préceptes du *scheri'et* est illégal et nul, *botil*.

On trouvera plus bas des détails sur les diverses espèces d'actes et de choses, sur leur légalité et illégalité.

LA PROCÉDURE.

§ 3. Comme principe fondamental dans la procédure musulmane, règne cet adage :

Ef'ole müselmin hemel ber sehhet,

ce qui veut dire : « que, dans tout acte d'un musulman, la « bonne foi est toujours présumée. »

Partant de là, le juge n'admet, dans toutes les actions du musulman, ni la tromperie, ni la mauvaise foi, ni la faute, tant que ces faits exceptionnels n'ont point été constatés par aveu ou par preuve testimoniale. Et celui qui récuse un juge pour cause de suspicion, doit le faire clairement et irréfutablement.

Il y a trois moyens de preuves : l'aveu, *ekror*; la preuve testimoniale, *schehodet*, et le serment, *yemin*.

Les actes écrits ne font pas preuve suffisante pour qu'ils puissent servir de base à la décision d'un procès : il faut des dépositions de témoins pour établir la validité et la légalité de ces moyens de preuve.

Le droit musulman n'admet pas plus la prescription extinctive que la prescription acquisitive.

L'aveu du défendeur passe pour le meilleur et le plus décisif moyen de preuve, d'après la règle :

Ekror ul'-'ükeloi 'elo enfüsehim djoiz,

ce qui veut dire : « que l'aveu fait par un homme sain d'esprit » est obligatoire pour lui » (Voy. le livre *Eiko'ot*).

Les témoins produits par les parties et par le *hakim scher'e* font leurs dépositions sans prestation préalable de serment (d'après les règles contenues au chapitre du Témoignage et du kadi).

S'il n'y a pas de témoins ou s'ils sont reprochés, le défendeur, est admis au serment, d'après cette règle de droit valable également chez toutes les sectes musulmanes :

Es'subut lil-mudd'i we-yemin 'elo men enker,

ce qui veut dire : « au demandeur les témoins, au défendeur le » serment. »

Il faut remarquer ici que dans la procédure musulmane, les rôles de demandeur et de défendeur ne sont pas toujours nettement distincts. Le *men-enker* est toujours celui qui nie un fait ou qui contredit l'allégation de ce fait. A celui-là on défère toujours le serment, qu'il soit demandeur ou défendeur. Cette maxime de droit est fondée sur ce principe, qu'il est plus facile de prouver par témoins qu'un fait existe que de prouver qu'il n'existe pas. C'est dans ce sens que s'applique cet adage musulman :

Kaule felon mu'teber est,

ceci qui veut dire : « les allégations de N. méritent confiance, » en tant que le serment sera déféré à cette partie, ou que la » partie adverse ne produira pas de témoins à l'appui de ses » articulations. »

En certains cas prévus dans les livres *'Ekudot* et *Eiko'ot*, les schiites et les schafiites imposent le serment au demandeur qui n'a produit qu'un seul témoin.

Si le défendeur refuse de prêter serment, il peut le référer au demandeur sur la légitimité de sa réclamation, auquel cas celui-ci n'est pas tenu de le prêter ; mais s'il ne le prête pas, il est débouté complétement de sa demande.

Sur le nombre des témoins requis, les conditions de leur idonéité et les causes de reproches, on trouvera le détail dans les chapitres du témoignagne, du kadi, des crimes et des peines, comme aussi en divers endroits des livres *'Ekudot* et *Eiko'ot*.

Le chapitre du kadi renferme les principes relatifs aux qualités, aux devoirs et à la responsabilité des juges.

Le Koran (chap. IV, 61, et VI, 153) ordonne que les procès devant les tribunaux soient jugés suivant la plus stricte justice, sans acception de parents et d'amis.

La crainte révérentielle des musulmans envers leurs tribunaux provient de ce que les jugements, puisant leurs motifs dans les livres sacrés le l'islamisme, ont un caractère religieux et passent, aux yeux de tous ceux qui ont la foi musulmane, pour saints et inattaquables. On punit de mort celui qui publiquement n'observe pas les dogmes et les règles de la religion.

Le kadi décide, sur le fondement des prescriptions du *scheri'et*, tous les procès civils des musulmans.

Le plus haut personnage religieux, l'imam, n'est, au contraire, pas lié par les règles de la procédure. Il décide suivant sa conviction personnelle et d'après sa manière propre d'envisager l'affaire, suivant l'adage

El imamü jekzi bi 'ilmihi mütleko,

ce qui veut dire : « la décision est laissée à l'arbitrage de l'imam [1]. »

PROCÉDURE DEVANT LES TRIBUNAUX MUSULMANS DANS LES PROVINCES TRANSCAUCASIQUES DE LA RUSSIE.

§ 4. Avant d'introduire en justice une demande légitime quelconque, à juger d'après le *Scher'e*, on doit faire une tentative d'arrangement à l'amiable. Si cette tentative ne réussit pas, le demandeur cite le défendeur devant le tribunal, *mürofi'eh*, pour terminer le débat suivant les prescriptions du *Scher'e*.

Le délai pour comparaître devant le kadi dépend de l'accord réciproque des parties ou, quand le défendeur s'y refuse, de la fixation du demandeur. Généralement les deux parties, dès que le différend éclate, se rendent immédiatement ensemble devant le tribunal, si elles n'ont pas pu s'accommoder au préalable, et chacune prend ses mesures relativement à la preuve qu'elle doit fournir pour établir ses déclarations.

Le demandeur comparaît avec ses témoins devant le kadi et lui expose sa demande. Quand l'invitation de la part du kadi aux parties d'arranger l'affaire à l'amiable est restée sans résultat, il demande, après avoir entendu les exceptions du

---

[1] Voy. l'introduction du professeur Mirza Kazem-Beg, dans le *Müchteser-ul-Wikayet*, p. 15, 21 et 30. « Mais les *müdjtehid* pouvaient résoudre, en » vertu de leur propre pouvoir, les questions qui leur étaient soumises, tan-» dis que les muftis ou les kadis n'en avaient pas la permission, s'ils n'é-» taient pas revêtus de la dignité de *idjtehod*. »

défendeur, que le demandeur indique et fasse avancer ses témoins.

On n'admet comme témoins que des personnes d'une conduite irréprochable, qui pratiquent exactement la religion et qui sont d'une réputation sans tache, *adil*. Quand le kadi ne connaît pas personnellement les témoins produits, il se renseigne sur leur moralité par l'audition de personnes notoirement dignes de foi et qui les connaissent.

Le défendeur peut aussi reprocher les témoins quand il prouve par d'autres témoins qu'ils sont d'une moralité douteuse : cependant il dépend absolument du juge d'apprécier ces motifs de reproches.

Nul ne peut se reprocher soi-même, et par conséquent refuser son témoignage.

L'audition des témoins ou, s'il n'y en a pas, le serment du défendeur ou enfin celui du demandeur, si le défendeur le lui a référé, forment les derniers actes du procès que le kadi aura ensuite à décider.

Si le défendeur ne comparaît pas, le kadi le fait sommer par ses appariteurs de se présenter, sur-le-champ ou à tel jour déterminé ; si le défendeur persiste dans son refus de comparaître, il y est contraint de force. Le kadi est obligé, d'après un usage général dans les pays mahométans, de faire rechercher partout où besoin est le défendeur qui ne comparaît pas devant lui : mais ce soin, dans les provinces transcaucasiques de la Russie, est laissé à la diligence du demandeur, parce que les kadi n'y ont pas le pouvoir administratif. Mais si cette contumace du défendeur n'est qu'un acte de résistance à la justice combiné par lui, le kadi juge par défaut, ainsi que cela sera indiqué *infrà* dans le chapitre qui traitera des kadis.

Les jugements du kadi sont exécutés par ses serviteurs : s'il y de la part de la partie condamnée résistance à cette exécution, elle a lieu par le dépositaire de la force publique.

Quand des contestations s'élèvent entre des plaideurs musulmans appartenant à des sectes différentes, le kadi compare les livres *scheri'et* des deux sectes, et si la décision de ces deux livres est la même, le kadi l'adopte et juge en conséquence. Mais s'il n'y a pas accord dans les décisions des livres, le kadi, après discussions entre les parties litigantes, prend l'avis d'un ecclésiastique, et si cet avis est admis par le kadi, les parties doivent l'accepter à titre de jugement.

Les procès criminels ne sont pas de la juridiction des musulmans dans les provinces transcaucasiennes.

§ 5. Tel est l'ensemble des phases essentielles de la procédure civile musulmane. Elle est simple, prompte et sans détours. Elle ne reconnaît pas la postulation, l'examen des preuves et la variété des moyens de preuve, comme la procédure européenne : mais, dans toutes les lois musulmanes, domine également pour le juge et pour les plaideurs, le grand et salutaire principe cité ci-dessus :

Ef'ole müselmin hemel ber sehhet,

qui veut dire : « que dans tous les actes d'un musulman, la « bonne foi est toujours présumée [1]. »

§ 6. Du point de vue de leur origine, les lois sont *hukuk ullah*, données par Dieu, ou *hukuk un-nos*, faites par les hommes. Aux premières appartiennent tous les préceptes de la religion, aussi bien ceux qui concernent le rite que ceux qui embrassent le dogme, et les lois relatives aux grands crimes. Les secondes comprennent toutes les prescriptions du pouvoir temporel relativement aux affaires civiles, aux conventions et aux contrats.

§ 7. Les objets dont s'occupent les musulmans, dans les actes de leur vie, sont distingués de la manière suivante. *Quant à leur légitimité*, ils sont ou défendus, *herom*; ou défavorablement vus, mais cependant non prohibés, *mekruh*; permis, *djoiz*; légaux, *sehih* et *dürüst*; louables, *helol*; non valables, *botil*; enfin nuls, *fosich*. *Quant à leur exercice*, ils sont indispensables, *wodjib*, *lazim* ou *fezz*, commandés qu'ils sont par Dieu, ou simplement recommandés, *sunnet*, *mendub* et *nofileh*; ou particulièrement agréables à Dieu, *sewob*.

Parmi les choses prohibées, *herom*, il y a à distinguer :

---

[1] On trouve sur l'organisation judiciaire musulmane d'abondants détails dans les ouvrages des savants européens, tels que : Chardin, *Voyage en Perse*, t. VI, p. 66 et 67. — Th. Dulau, *Droit musulman*, t. I, p. 295-309. — Barrault, *Occident et Orient*, p. 398-400.

1) Les choses impures, *nedjis*. A cette catégorie appartiennent les boissons enivrantes, le porc, etc. (voy. le livre *'Ebodot*, sur le *tehoret*, la purification, partie II, sect. 1, chap. I, § 8);

2) Les objets qui deviennent *herom* par l'usage illégal qu'on en a fait, par exemple les instruments de jeu et de chant, les ustensiles du jeu de carte, des dames, des échecs, le bois avec lequel on sculpte des statues idolâtres, etc. ;

3) Des choses dont on ne peut pas se servir utilement, par exemple des bêtes féroces ;

4) Des actes qui doivent répugner au sentiment intime de tout musulman, comme, par exemple la magie, la nécromancie, le chant, la peinture du portrait, et surtout celle de tableaux saints ;

Parmi les actes *mekruh*, on range :

1) Certains métiers qui ne rapportent du bénéfice à ceux qui les exercent que dans des cas de malheur, et qui inspirent à ceux-ci le désir du retour de pareils cas, comme, par exemple les tailleurs de chemises mortuaires, les métiers qui spéculent sur l'augmentation des besoins des hommes, comme, par exemple, celui des bouchers ;

2) Les métiers impurs, comme ceux, par exemple, de sages-femmes, de barbiers, de ventouseurs, de ceux qui font saillir les juments ;

3) Le fait de traiter des affaires avec des personnes n'ayant pas l'âge légal de majorité, la raison saine, ou temporairement troublée par l'ivresse, etc.

Nul ne doit se soustraire au devoir d'accomplir les règles relatives aux choses *wodjib* : une peine inévitable attend le violateur de ces règles. Le non-accomplissement des actes *sunnet* n'attirera pas de peines sur celui qui aura négligé de les accomplir ; mais le musulman qui s'en acquitte peut compter sur une récompense dans la vie future.

§ 8. La majorité, *bulugh*, se constate par l'apparence visible des signes suivants :

1) Par l'éjection spermatique chez le jeune homme et par l'apparition des menstrues chez la jeune fille ;

2) Par l'existence de poils aux parties sexuelles. La barbe

au menton et les poils sous les aisselles ne comptent pas encore comme signes de la majorité;

3) A l'âge de quinze ans accomplis pour les garçons et de neuf ans pour les filles, si les signes ci-dessus de la majorité ne se sont pas encore montrés avant cet âge. Le livre *Elhofi* exige l'âge de seize ans.

LE LIVRE 'EKUDOT.

Le livre *'Ekudot* embrasse les règles relatives aux contrats, aux actes et aux faits civils qui exigent le consentement réciproque des parties contractantes.

On distingue deux espèces de contrats : *'ekde lazim* et *'ekde doiz*;

Les premiers s'appellent *irrévocables*, parce que, nés du consentement mutuel, ils ne peuvent plus être modifiés que par la volonté de toutes les parties contractantes; les autres s'appellent *révocables*, et peuvent cesser au gré de l'une ou de l'autre des parties. Dans l'exposition subséquente des contrats, il sera dit, à propos de chacun d'eux, à laquelle de ces deux espèces il appartient.

Nous partageons les matières de droit contenues dans l'*Ekudot* en six sections, et nous traitons dans la première des obligations relatives aux rapports de famille, auxquelles appartient spécialement le mariage.

La deuxième section comprend les obligations contractuelles, et notamment les théories : du commerce ou des achats et ventes; — du prêt; — du dépôt; — du louage; — de la commission; — de la société; — de la culture des champs; — de celle des jardins; — des paris relatifs à la course des chevaux et au tir de l'arc; — enfin du mandat.

Dans la troisième section, il sera traité des obligations ayant pour objet de garantir l'exécution des contrats, et notamment du gage et du cautionnement.

La quatrième section comprend les contrats concernant l'acquisition à titre gratuit de la propriété, et l'on y trouvera les chapitres : de la donation; — des dispositions testamentaires; — de la consécration; et de la possession continuelle ou temporaire.

La cinquième section traite des contrats par rapport à la procédure et à la transaction.

Enfin, la sixième présente la théorie de la banqueroute et des saisies réelles.

PREMIÈRE SECTION.

Contrats concernant les rapports de famille.

CHAPITRE Ier.

Nikoh, le mariage.

Sources.

Neïl ul-merom, II, p. 88-121. — *Bist bob*, p. 343-404. — *Kesch enwor*, p. 473-522, 536-542, 640-673. — *Helil idjoz*, p. 286-329, 368-395. — *Ichtolof ul-erb'e*, p. 182-293.
Dulau : *Droit musulman*, p. 27-52, 70-83.
Mouradgea d'Ohsson, V, p. 141-196, 238-263.
Macnaghten, chap. VII, p. 56-62, 250-304.

§ 1. Le mariage est un contrat intervenu conformément aux règles du *scher'e* entre deux personnes de sexe différent, et qui a pour but la cohabitation conjugale.

Le mariage est considéré comme un acte que l'on doit souhaiter à tout musulman d'accomplir, et spécialement sont tenues de se marier les personnes pour lesquelles le célibat serait une cause d'excès charnels.

Autres sectes. L'Imam Schaf'e pense, au contraire, que la personne qui consacre sa vie exclusivement à la solitude et à la prière, doit s'attendre à plus de faveur de la part de Dieu que celle qui se marie.

L'entrée en mariage procure à une femme le plus grand avantage. Elle trouve dans son mari un appui et un soutien naturels, et son bonheur dans le contentement du mari.

Le mariage est fondé sur le Koran, qui dit : *fenkchu mo tobe*

lekum min en-nisoi, ce qui veut dire : « mariez-vous avec
» les femmes qu'il vous est permis d'épouser. »

§ 2. Il y a trois espèces de mariage :
1) Le mariage permanent, *nikoh doim;*
2) Le mariage temporaire, *nikoh münküt'e* ou *müt'e;*
3) Le mariage avec des esclaves, *nikoh kenizon.*

LE MARIAGE PERMANENT.

§ 3. Le mariage permanent ne peut être contracté qu'en observant les règles qui vont être énumérées ci-après :

Avant la célébration du mariage, il y a à observer :

a. Le choix de la femme, de laquelle on exige :

1) *Kerimet ul-esl*, bonne conduite et naissance sans reproche, c'est-à-dire qu'elle ne doit pas être de naissance illégitime ni de mauvaises mœurs. Il ne doit pas non plus exister trop de distance entre sa position sociale et celle de l'homme;

2) *Bikr*, virginité, à moins qu'il ne s'agisse d'une femme veuve ou divorcée;

3) *'Efifeh*, observance des pratiques de la religion musulmane;

4) *W'elud*, la capacité d'engendrer. Si la fiancée n'a pas encore atteint l'âge nubile, le mariage est différé jusque-là, et l'on fait dans le contrat une stipulation relative à ce point.

C'est par ses parents que l'on s'assure que celle que l'on a choisie pour femme possède les qualités ci-dessus indiquées. D'après les règles du *Scher'e*, admises chez les imamites, il est permis à l'homme qui est décidé à se marier de voir lui-même sa fiancée, c'est-à-dire de regarder sa figure, ses mains, ses cheveux et son corps, sans toucher aucunement aux vêtements. Cependant ça n'est permis qu'à l'homme qui a l'intention bien arrêtée de prendre femme; dans le cas contraire, ce serait un acte criminel, d'après la règle : *zeno ul 'öyün escheddü min ezzeno ul-bütun*, ce qui veut dire : « l'adultère par les yeux est
» plus criminel que l'adultère de fait. »

b. L'obtention du consentement.

Outre le consentement réciproque dont la manifestation est nécessaire pour la célébration du mariage et dont il sera parlé ci-dessous, il faut encore obtenir le consentement préalable de la jeune fille à marier. Ce consentement ne peut émaner que d'une fille majeure et en pleine possession de ses facultés mentales. Une femme doit exprimer oralement son consentement : on admet cependant que le silence de la jeune fille suffit et qu'elle donne son consentement à la demande dès qu'elle l'accueille sans pleurer, sans se couvrir la figure de ses mains ou sans s'enfuir. Le père ne peut, par son testament, donner en mariage que celles de ses filles qui sont faibles d'esprit et qui dès lors ne pourraient pas disposer d'elles-mêmes, mais jamais un père ou un grand-père infidèles ne peuvent décider par testament du mariage de sa fille ou petite-fille musulmane[1].

c. L'absence d'empêchements de mariage.

Sont causes d'empêchements au mariage :

1) La proximité trop grande de la parenté du sang, *neseb;*
2) La parenté par la nourrice, *rizo'e;*
3) L'affinité, *müsohire;*
4) L'existence du nombre légal de femmes, *istifo;*
5) L'anathème prononcé, *le'on;*
6) Le fait de ne pas être de la religion musulmane *Küfr.*

I. Le mariage est défendu pour cause de parenté, dans les cas suivants :

a. Avec les ascendants ;
b. Avec les descendants ;
c. Avec les parents du second degré, comme frères et sœurs et leurs descendants ;
d. Avec les tantes paternelles ou maternelles.

Nul ne peut contracter mariage avec son enfant naturel, ni avec les descendants de cet enfant.

II. Le mariage est défendu, pour cause d'alliance avec la nourrice, aux mêmes degrés qu'en cas de *neseb,* c'est-à-dire en cas de parenté par les liens du sang.

Autres sectes. Chez les schafiites et les azemites, le mariage est permis, malgré l'alliance par la nourrice, dans les six cas suivants :

1) Le mariage du père de l'enfant qui a été allaité par une nourrice, avec la mère de celle-ci ;

---

[1] Si un mariage est projeté entre deux personnes d'état social inégal, les tuteurs ont le droit de faire opposition et d'empêcher la célébration d'une pareille union.

2) Le mariage du père de l'enfant qui a été allaité par une nourrice, avec la fille de celle-ci;

3) Le mariage d'une nourrice avec le frère de son nourrisson;

4) Le mariage avec la mère d'une sœur de lait issue d'un autre mariage;

5) Le mariage avec la nourrice d'un oncle du côté paternel;

6) Le mariage avec la nourrice d'un oncle ou d'une tante du côté maternel.

La parenté par la nourrice a lieu :

a. Quand l'enfant a été réellement à même de se nourrir au sein de la nourrice;

b. Quand, dans ce cas, il a, dans le cours de ses deux premières années, teté quinze fois au sein de sa nourrice et que chaque fois il en a été rassasié. — D'après l'avis de quelques docteurs de la loi, il suffit que l'enfant se soit nourri au sein de sa nourrice pendant un jour et une nuit.

Autres sectes. Les schaflites admettent qu'il y a parenté par la nourrice, si l'enfant a teté cinq fois. D'après l'opinion des azemites, il suffit qu'il ait sucé le sein une seule fois.

c. Quand l'enfant s'est nourri de lait directement sorti du sein de sa nourrice.

III. Le mariage est prohibé entre les alliés dans la ligne ascendante et descendante; ainsi il est défendu aux parents du mari, à ses fils et à son père, de contracter mariage avec la veuve du père ou avec celle d'un de ses fils.

Il n'est pas permis d'avoir en même temps deux sœurs pour femmes. Celui qui veut épouser la sœur de sa femme doit au préalable répudier celle-ci. S'il l'épouse avant la dissolution du mariage existant avec la sœur de celle-ci, ce second mariage est nul. Si un homme épouse en même temps les deux sœurs, les deux mariages sont inefficaces.

On ne peut épouser la nièce de sa femme qu'avec le consentement de celle-ci.

Autres sectes. Les schaflites et les azemites ne tolèrent en aucun cas un tel mariage.

Le mariage d'une fille avec les parents de laquelle un homme a entretenu un commerce illicite, n'est pas permis avec cet homme; l'union d'un homme avec la femme qui fut antérieurement sa concubine, est permise, mais seulement après que les deux coupables ont reconnu leur faute et se sont soumis à la peine prononcée. Si l'un des époux, après le mariage célébré, lie des relations illicites en dehors de ce mariage, le mariage n'est pas annulé pour cela, mais une peine vient atteindre l'infidèle comme adultère.

Autres sectes. D'après l'avis des schafiites et des azémites, il est licite de contracter mariage avec la personne qui s'est prêtée aux relations illicites. Ils n'exigent pas, comme les schiites, confession et expiation de la faute ; cependant les sunnites n'admettent pas non plus qu'on puisse épouser les parents de cette femme.

IV. On ne peut épouser, par un mariage permanent, *nikoh doim*, que quatre femmes ; le nombre est illimité pour les mariages temporaires et les mariages avec les esclaves.

Quand il y a des femmes épousées par mariage permanent, le mari ne peut avoir que deux esclaves, qui, avec les deux femmes de condition libre, forment le nombre légal de quatre femmes.

Autres sectes. Les azémites admettent le mariage permanent même avec quatre esclaves. Les schafiites ne permettent ce mariage qu'avec une seule esclave. Ces deux sectes ne permettent à un esclave, comme *istefo 'adet*, que deux femmes de condition libre ou esclave. Les schiites permettent à l'esclave d'avoir quatre esclaves pour femmes.

V. Il n'est pas permis de se remarier avec la femme contre laquelle on a prononcé l'anathème *le'on*. Il sera traité spécialement de l'anathème *le'on* dans le livre *Eiko'ot*.

VI. Il n'est pas permis au musulman et à la musulmane d'épouser une personne d'autre religion ; seulement, d'après la règle des schiites, le mariage temporaire est permis avec des juives et des chrétiennes.

Autres sectes. Les schafiites et les azémites admettent aussi avec ces femmes le mariage permanent, mais cela leur est déconseillé.

Parmi les actes antérieurs à la célébration du mariage, il y a encore :

d. La demande en mariage, *nomzed Kerden*. Cet usage s'accomplit en observant toutes les règles à suivre lors de la conclusion du mariage, avec cette différence que les fiancés ne s'en occupent pas eux-mêmes, mais abandonnent ce soin à des mandataires, et qu'après le repas tous les assistants se séparent.

La demande en mariage *nomzedi* est à placer parmi les contrats irrévocables *'ekde lazim* et ne peut être révoquée que par le consentement mutuel. Elle peut être faite par écrit ou par mandataire. (Voy. l'ouvrage du Hadji Seid Mohammed Bagir, *Sewol we djewab*, t. II p. 12-14).

Pour la célébration du mariage, il y a à observer les règles suivantes :

a. La déclaration, en présence de deux témoins, du consentement mutuel des parties contractantes *idjob we kabul*.

Ce consentement doit avoir les qualités générales, c'est-à-dire majorité de la part de celui qui le donne, pleine possession de sa raison (serait repoussé le consentement d'une personne en état d'ivresse), et il peut être donné par mandataire qui doit prouver par deux témoins qu'il a reçu ce mandat.

Les mandataires naturels des femmes pour le mariage, ce sont le père, l'aïeul et les ascendants mâles en général ; pour la femme esclave, son mandataire, c'est le maître. La mère n'est ni la tutrice ni la mandataire naturelle ; néanmoins, ce mandat peut lui être donné spécialement.

Autres sectes. Chez les schafiites et les azemites, les mandataires naturels pour contracter mariage sont : le père, l'aïeul et les ascendants ; à leur défaut, les frères et leurs descendants : s'il n'y en a pas, les oncles paternels et leurs descendants. — Les sunnites accordent aussi le droit de consentir au mariage aux assemblées de croyants *djemo'et*.

La majorité, d'après les signes indiqués au § 8 de la 2ᵉ section : du Droit civil, est fixée chez les hommes à quinze ans accomplis, chez les femmes à neuf ans.

Les filles majeures peuvent se marier sans le consentement de leurs parents ; mais les filles esclaves ne peuvent pas se marier sans la permission de leurs maîtres.

Le consentement au mariage peut être exprimé de quelque manière que ce soit.

b. La récitation de deux *ruk' et nemaz* avant la signature du contrat et aussitôt après la pièce suivante :

Inni üridü en etezeuwedje fekeddir li min en-nisoe ehfezehünne ferdjen weehfezehünne lifi nefsiho we euse-'ehünne rizken we e'zemehünne bereketen birehmetike ya erheme er-rahimin. »

« Je désire contracter mariage : envoie-moi, ô mon Dieu,
» dans ta miséricorde, toi le plus miséricordieux parmi les mi-
» séricordieux, une femme chaste qui me conserve son âme et
» qui se réjouisse de mon bonheur et de mon contentement. »

Autres sectes. Dans les idées des schafiites et des azemites, il n'est pas indispensable de réciter deux prières *rück'el :* c'est néanmoins conseillé.

c. La conclusion du contrat de mariage en présence d'une personne ecclésiastique avec la déclaration du *sigheh*, la fixation du *mehr* ou *sedok*, don matutinal [1], et des témoins qui ont assisté à l'acte.

Autres sectes. D'après les règles des schafiites et des azemites, il faut nécessairement la déclaration du *sigheh*, la détermination du *mehr* et du *melbusot*, de la dot, et l'exécution des règles qui concernent ces points doit être rigoureuse ; mais ils ne comptent que parmi les prescriptions *sunnet* ce qui sera dit *infrà* sur le *selat*, le *chütbeh*, le *barikallah*, etc.

L'ecclésiastique, choisi par les parties contractantes ou par leurs mandataires, reçoit d'abord la déclaration du consentement réciproque, et fixe nettement le montant du *mehr* ou *sedok* en argent ou en objets, et du *melbusot*, de la dot, en habits et autres choses, dit ensuite le *selat*, c'est-à-dire une louange des prophètes et de ses descendants, et termine enfin le contrat de mariage suivant le formulaire ci-dessous :

Quand le contrat est rédigé, l'ecclésiastique prononce le *chütbeh* qui se trouve également en tête du contrat :

Elhemdu lillahi-llezi ehelle-n-nikohe wehereme-s-sifohe we es-selatu we es-selamü 'elo cheiri chalkihi Muhammede we alehi edjme'in et-teiyebin et-tohirin!

« Grâces à Dieu qui permet le mariage et qui défend tous ac-
» tes adultères et criminels. Les créatures du ciel et de la
» terre doivent louer Mahomet et ses purs et pieux descen-
» dants. »

Après cela, on prononce le *sigheh* [2] :

[1] Le *mehr* ou *sedok* est le don matutinal, la libéralité que le mari fait sur ses biens, à sa femme, lors de la signature du contrat de mariage.

[2] *Sigheh*, c'est la déclaration orale de l'engagement qu'on prend : elle consiste en termes sacramentels pour certains contrats, et doit être prononcée lors de la conclusion définitive de ces contrats. Elle rend le contrat irrévocable.

Enkehtu we zeuwedjtu, zeuwedjtu we enkehtu, nefse muwekkileti muwekkelin limuwekkili muwekkili 'elo essedok ul-mü'eiyen ul-me'lum.

« J'ai uni par mariage un homme et une femme, une femme
» et un homme, suivant procuration qui m'a été exhibée par
» les mandataires et conformément aux conventions de ce
» contrat. » Ce *sigheh* est prononcé au nom des deux époux ;
immédiatement après le célébrant prononce le *sigheh* pour
l'homme seul :

Kabiltü n-nikohe wet-tezwidje limuwekkili muwekkili 'elo essedoki-l-mü'eyeni-l-me'lum.

« J'ai déclaré mon consentement au mariage sur le fonde-
» ment de la procuration du fondé du mandant conformément
» à ce qui a été convenu dans le présent contrat. »

Quand il n'y a pas de mandataires et que les parties contractantes sont en présence l'une de l'autre, il est dit dans le *sigheh*.

Nefse muwekkilete li-muwekkili, « sur le fondement de la pro-
» curation du mandant lui-même. »

Après la déclaration du *sigheh*, l'ecclésiastique et les mandataires apposent leur cachet à l'acte. Enfin, le premier prononce le *Barik-allah, Dieu soit en aide!* et donne lecture de *Fatiheh*, le premier chapitre du Koran.

Le contrat de mariage est ensuite remis aux mains de la femme ou de son mandataire.

Autres sectes. Cette remise du contrat de mariage n'est considérée, chez les schaflites et les azemites, que comme un usage '*ürf*, mais non comme une prescription du *scher'e*.

L'ecclésiastique reçoit un salaire de l'homme ; mais il ne peut rien demander à la femme.

MODÈLE D'UN CONTRAT DE MARIAGE.

Constaté par moi.
O toi, qui unis les cœurs !

(Cachet du kadi ou mollah.)

Louanges au Très-Haut qui a permis le mariage et qui a garanti les hommes contre la tentation et les péchés de la chair ; prière et salut à Mahomet et à ses descendants purs et sans tache.
(Dans les contrats rédigés par les sunnites, on omet les mots « purs et sans tache. »)

Le futur époux :	*La future épouse :*
L'honorable Ali Werdi Beg, fils de Asadullah Beg, de Schemacha, majeur et sain d'esprit.	'Esmet Chanüm, fille du marchand Hadji Ali Kuli, de Schemacha, majeure et saine d'esprit.
Le fondé de pouvoir du futur mari :	*Le mandataire de la future :*
Ali Iskeuder Beg, fils du Hadji Djefer Beg.	Son frère Aga Hezrel Kuli.
(Cachet du mandataire.)	(Cachet du mandataire.)

Il reste dû 30 ducats ; il a été reçu deux lits, quatre habillements, une agrafe d'or, six batman, de la vaisselle de cuivre et un grand miroir.
Le 12e jour du mois sche'ban de l'an 1261.

---

d. La présence de deux témoins au moins : leur présence n'est pas nécessaire juste au moment de la signature du contrat, mais elle est indispensable à l'instant de la déclaration réciproque du consentement des parties de s'unir par mariage.

Autres sectes. Les schaflites exigent la présence de deux témoins mâles et sans reproche, *adil;* les azémites se contentent du témoignage d'un homme et de deux femmes.

e. Il est conseillé de faire en sorte que la femme, aux approches de la nuit, se rende dans la maison du mari, et que ce ne soit pas à l'époque où, suivant les calculs astronomiques, le soleil se trouve dans le signe de l'écrevisse.

Remarque. Parmi les peuples nomades de la Transcaucasie, c'est le jour que la femme est conduite à la demeure du mari.

f. Après la confection du contrat de mariage et avant que la cohabitation conjugale se consomme, il doit être donné un repas aux hôtes, des réjouissances sont organisées et des aumônes distribuées.

Remarque. La nuit ou le soir de la réception des amis et des parents s'appelle *schebi-welimeh*. Le *chalifeh*, personne désignée dans chaque quartier de la ville, est le principal ordonnateur de toutes les fêtes publiques et privées, noces, enterrements, etc. Sa mission consiste à inviter les hôtes au repas du soir, de rassembler et de mettre à la disposition des invités, les ustensiles nécessaires, de veiller aux préparatifs culinaires, et de tenir la main à l'ensemble des dispositions domestiques à prendre en pareil cas. Le *chalifeh* ouvre le repas et avant qu'il n'ait prononcé les mots *mubareki kar cheire fatihe*, « bonheur » et salut à la bonne aurore! » personne n'a le droit d'y rien toucher. Après que le *chalifeh* a prononcé le *mubarek*, le mullah lit dans le Koran le *Elhemd*, se passe les mains sur la figure, puis seulement alors commence le repas.

g. Après l'entrée de la femme au logis du mari, s'observent les pratiques suivantes appelées *Edobe chelwet*, pratiques secrètes :

Autres sectes. Les prescriptions sur les *Edobe chelwet* ne sont, chez les sunnites, que des règles *sunnet*.

Le mari est tenu, avant toute chose, de faire deux inclinaisons et de réciter une courte prière, puis il se tourne vers sa femme en lui souhaitant d'être heureuse dans sa maison, par ces mots : *choseh sefo*, la prend par la main et la conduit vers le lit nuptial. La femme doit se relever et se plaçant sur le *djoinemaz*, le tapis destiné à la prière, elle doit en faire une avec deux inclinaisons. Puis les deux époux procèdent à la purification, *wezu*, après laquelle le mari plaçant sa main sur le front de la femme, prononce la prière suivante :

Allahumme 'elo kitabike tezeuwedjtüho wefi emonetike echeztüho we bikelomike istehleltu ferdjeho.feïn kezeite fi rehmiho scheien fedj'ehlü müslimen sewiyyen we lo tedj'elhü scherike-schscheitan. Ce qui signifie :

« O Dieu, d'après l'ordre de ton livre, j'ai contracté mariage » avec cette femme et je l'ai prise chez moi ; si cela te plaît, » donne-lui un enfant, un musulman fidèle, et non un compa- » gnon du diable. »

Avant de commencer l'acte conjugal, il faut s'écrier : *Bismillah!* au nom de Dieu! La première nuit du mariage s'appelle *schebi zelof*.

h. Il n'est pas permis, pour arriver plus vite à contracter un mariage, de diminuer les pratiques exigées par les règles du *Scheri'et*.

Après la célébration du mariage, il y a lieu d'observer les règles suivantes :

a. Relativement aux devoirs des époux :

Chacun des époux a comme tel des droits et des devoirs.

On lit dans le Koran, chap. II, v. 230 : « Les femmes doi-
» vent remplir leurs devoirs comme il convient, et les hommes
» doivent se conduire envers elles avec justice, mais ils ont
» l'autorité sur elles[1]! »

Le mari est tenu de nourrir, loger et vêtir la femme. (Voy. *infrà*, les détails.)

La femme a dans son mari son plus proche soutien, elle doit lui obéir, exécuter ses ordres et se soumettre à ses décisions, sans même répliquer. La femme est tenue d'éviter tout ce qui, par un motif quelconque, pourrait être désagréable au mari. Tout en obéissant aux ordres et aux désirs de celui-ci, elle peut, par des mesures émanées de son initiative, travailler à la conservation de la fortune du mari et à la prospérité de la maison. Le mari a la jouissance de tout ce qui appartient à la femme qui ne peut point disposer, sans le consentement du mari, de plus d'un tiers de sa fortune. (Voy. le chap. du test.)

Autres sectes. D'après l'avis des azemites, la femme peut refuser d'entreprendre un voyage avec son mari, ou de se fixer à tel endroit, quand les deux endroits sont éloignés de plus de trois jours de route.

---

[1] Von Hammer, *Histoire de l'empire ottoman*, t. III, p. 213 : « Le degré
» de révérence que l'on accorde à la femme, épouse légitime ou concubine,
» dans les langues de la haute Asie et de l'Europe, a été à la vérité claire-
» ment mis en relief; mais pour qualifier les rapports intimes de la femme
» avec le mari, il règne l'idée d'une réclusion dans un intérieur infranchis-
» sable. Le mot arabe *harem*, pris erronément par les Européens comme sy-
» nonyme de haras de femme, désigne les appartements des femmes ; — et
» l'odalisque, chez les Turcs, ressemble beaucoup à la demoiselle de compa-
» gnie chez les Allemands. Si l'Orient ne considère pas, en général, les femmes
» comme des personnes, il ne les traite cependant point comme des choses ;
» l'entrée de leur appartement est prohibé aux étrangers, parce que c'est le
» sanctuaire des plaisirs conjugaux. »

Sans la permission du mari, la femme ne peut contracter valablement de quelque manière que ce soit : il lui est aussi défendu d'abandonner la maison conjugale sans des motifs puissants.

Quant aux devoirs de la cohabitation conjugale, le *Scheri'et* fixe de la manière suivante les époques où le mari est tenu de visiter sa femme :

Celui qui n'a qu'une femme doit, sur quatre nuits, en passer une avec elle et peut disposer des trois autres comme bon lui semble; celui qui a quatre femmes, doit consacrer une nuit à chacune d'elles. Du reste, il y a lieu d'excepter le temps pendant lequel le mari est malade ou en voyage.

Autres sectes. Chez les schafiites et azemites, ces règles ne sont que *sunnet*, c'est-à-dire de conseil, et non *wodjib*, c'est-à-dire obligatoires.

Cependant et quant à chacune de ces quatre nuits, il est seulement exigé que le mari la passe avec la femme, sans que précisément l'acte conjugal se soit accompli. Au surplus le *Scher'e* veut que le mari, aux délais déterminés, passe avec sa femme, la nuit et non le jour.

Il est loisible à la femme de faire remise au mari de la nuit qui lui est destinée, auquel cas il peut la passer comme bon lui semble. De même il est permis à une femme de céder sa nuit à une des autres femmes, pourvu d'ailleurs que le mari y consente.

Pendant la nuit destinée à l'une des femmes, le mari ne peut pas en visiter d'autres, excepté les malades.

Chaque femme a le droit d'exiger du mari qu'il s'approche d'elle sexuellement une fois tous les quatre mois.

Le vers. 224 du chap. II : « Vos femmes sont vos champs : » entrez dans vos champs comme vous voulez, » a cependant donné lieu à des controverses, en ce que surtout il a été soutenu que, par ce passage du Koran, la cohabitation contre nature était permise avec les femmes, ce qui est faux. Les schiites admettent que ce verset ne veut dire autre chose si ce n'est que le rapprochement peut s'effectuer dans telle posture qu'il plaît aux époux [1].

---

[1] Voici l'origine de ce passage du Koran, suivant les *hedith* ou la tradition : Mahomet aurait déclaré que ce verset était descendu du ciel pour démentir

Le Koran (chap. II, v. 224) ordonne, de plus, de sanctifier son âme avant le coït.

Cette sanctification de l'âme consiste, d'après la déclaration des interprètes, dans la distribution d'aumônes ou dans toute autre bonne œuvre; néanmoins elle se borne, pour le moment (comme on l'a déjà remarqué ci-dessus), à l'invocation : *Bismillah!*

Il y a des cas dans lesquels il est conseillé et d'autres dans lesquels il est défendu au mari d'approcher de ses femmes :

C'est défendu, *herom :*

1) Pendant la menstruation et après le part;

2) Pendant le *'iddeh* (la retraite de la femme de chez son mari; voy. *infrà*).

Autres sectes. Il en est ainsi, pour ces deux cas, chez les schafiites et les azemites; mais tous les autres cas *mekruh* n'ont pas de valeur chez eux. (Voy. *Ekudot,* chap. I.)

C'est déconseillé (*mekruh*) :

1) Pendant une éclipse de soleil ou de lune ;

2) Pendant l'aurore et pendant le crépuscule ;

3) Pendant la nuit qui suit le premier jour du mois, — le *ramazan* excepté ;

4) Dans la nuit du milieu du mois;

5) En voyage, quand l'ablution n'est pas possible;

6) Pendant un ouragan, une tempête, un tremblement de terre, etc.;

7) Pendant la navigation maritime;

8) Quand un des époux est complétement dénudé;

9) Après une perte nocturne, et avant que le mari n'ait fait l'ablution et la prière ;

10) Qand des tiers pourraient voir le rapprochement sexuel des époux.

On appelle *nüschuz* la transgression ou l'oubli des devoirs imposés par le mariage, et le mari, comme la femme, peut s'en plaindre.

l'observation des Juifs, qui soutenaient que le rapprochement effectué à la manière ordinaire ne produisait pas des enfants aussi bons, aussi sages, aussi parfaits que lorsqu'il avait lieu *a parte postica.* (Comp. Wahl, *Ubersetzung des Koran,* p. 34, observ. 5.)

Si la femme désobéit au mari, si elle néglige de remplir ses devoirs domestiques, ou si elle n'accomplit pas ses ordres, le mari a le droit de la délaisser pendant un certain temps et de ne pas lui consacrer la nuit qui lui est destinée.

Si le mari n'a pas de fortune, c'est le devoir de la femme de pourvoir à l'entretien de la maison, c'est-à-dire à l'entretien des chambres, à la cuisson du pain, à la préparation des aliments, etc., seulement jusqu'à concurrence des besoins de la famille, mais non pour les hôtes ou pour faire des bénéfices. La femme ne peut pas être tenue, contre son gré, de se livrer à un travail quelconque pour enrichir son mari ; tandis qu'au contraire le mari seul est tenu de travailler pour pourvoir son intérieur de tout ce qui est nécessaire.

De plus, il est défendu au mari de battre sa femme.

Autres sectes. Quand la femme contrarie la volonté du mari, soit par des faits, soit par des paroles, il est loisible à celui-ci, et suivant la règle des schafiites et azemites, de la punir et de la frapper ; néanmoins, la même règle conseille immédiatement de préférer la douceur et le pardon.

Si c'est le mari qui transgresse les devoirs du mariage, la femme est en droit d'insister pour qu'il les accomplisse ou de provoquer l'intervention d'une personne ecclésiastique.

En cas de désaccord persistant entre mari et femme, la réconciliation doit d'abord être tentée par une femme désintéressée, appelé *hekemi*, choisie à cet effet par le *hakim scher'e*. En Transcaucasie, le kadi a le droit de procéder lui-même à cette réconciliation.

Autres sectes. Chez les schafiites et azemites, en cas de différends entre mari et femme, le hakim scheic ou le kadi désigne deux femmes, l'une pour le mari, l'autre pour la femme, espèce d'arbitres sur le rapport desquels le kadi enjoint aux époux de se réconcilier ou de divorcer.

Si les causes de dissentiment persistent, ou si les tentatives de réconciliation sont infructueuses, il faut alors donner le *T'olok* ou le *chul'e* (Voy. le livre *Eiko'ot*, chap. I.)

b. *Relativement au don matutinal.*

La stipulation d'un don matutinal *mehr* ou *sedak* est une condition essentielle à la légitimité du mariage.

Autres sectes. Certains jurisconsultes de la secte schiite admettent, contrairement à cette règle, la validité du mariage sans stipulation d'un *mehr.*

Le don matutinal correspond exactement à un prix d'achat, et comme celui-ci, il est régi par les mêmes règles en ce qui concerne son caractère obligatoire et rédhibitoire. En général, on admet dans le mariage, comme dans la vente, l'idée d'une aliénation. Dans la vente, c'est la chose vendue qui est l'objet de l'aliénation; dans le mariage, c'est le *genitale arvum mulieris,* le champ génital de la femme, qui forme l'objet du contrat.

Le don matutinal est toujours donné par le mari à la femme et devient la propriété de celle-ci. On peut donner à titre de don matutinal tout ce qui peut devenir légalement l'objet d'un droit de propriété; mais l'importance de ce don dépend de la convention des parties. Cette convention est chez les schiites de deux espèces :

Tefwiz, la convention ordinaire, où il est simplement question de *mehr,* mais sans rien préciser quant au chiffre. En pareil cas, et s'il y a divorce, le *hakim scher'e* fixe l'importance du *mehr* d'après la fortune du mari, sans que néanmoins cette fixation puisse dépasser 500 *dirhem* (ces cas sont très-rares).

Tefwiz biz'e, c'est le cas où il n'est pas du tout question de don matutinal. Ici la femme n'a rien à réclamer. Néanmoins, dans l'opinion de quelques docteurs, la femme, en cas de *tefwiz biz'e,* alors que le divorce a lieu après la cohabitation consommée, a droit au *mehr ul-mithl,* c'est-à-dire à une indemnité qui est égale à la dot[1].

Mais les schafiites et les azemites distinguent deux modes de détermination du montant du don matutinal : *musemmo* et *gheir musemmo,* selon que ce montant est fixé en nombre déterminé ou indéterminé. Dans le dernier cas, on accorde à la femme, en cas de divorce, le *mehr ul-mithl.*

Le payement du don matutinal doit être fait dès que, après la signature du contrat, les deux époux se sont trouvés seuls

---

[1] Le *mehr ul-mithl* varie dans sa fixation, suivant la coutume des divers pays, et d'après des précédents dans la même famille, d'après les positions sociales, d'après la fortune du mari ou de la famille de la femme.

sous le même toit, dans le *chelwet*, sans que le mariage ait été suivi d'aucune autre suite.

Avant d'avoir reçu le don matutinal, la femme a le droit de se refuser à toute caresse de la part de son mari.

Quand, après la signature du contrat, mais avant la cohabitation ou avant de s'être trouvés seuls ensemble, le mari répudie la femme, celle-ci a droit à la moitié du don matutinal.

Il n'est pas permis de fixer, dans le contrat de mariage, un terme au payement du *mehr* avec la condition que, faute de payement à l'échéance de ce terme, le mariage sera non avenu. Une pareille convention est illégale : le mariage reste valable malgré que la condition n'ait pas été accomplie.

On peut stipuler dans le contrat de mariage que si le mari emmène la femme hors de son domicile actuel, il y aura augmentation dans le montant de son *mehr*.

Autres sectes. Les schaflites et les azemites laissent le mari libre, sans stipulation particulière, mais seulement après payement du don matutinal, d'aller se fixer avec sa femme où bon lui semble.

En cas de contestation sur l'importance ou la fixation du *mehr*, foi est accordée au mari qui peut prêter serment.

Quand l'importance effective du *mehr* n'est point contestée, mais que cependant les parties ne sont pas d'accord sur tel ou tel point, par exemple sur le payement du don matutinal, le mari doit le prouver testimonialement; s'il n'a point de témoins, on s'en rapporte au serment de la femme.

Autres sectes. En matière de discussion légale sur le montant du *mehr*, les schaflites et les azemites sont d'avis qu'il faut produire des témoins; mais s'il en est produit par les deux parties, les schiites pensent qu'il ne doit point être admis de dépositions; le serment doit être déféré au mari et à la femme, et s'il est prêté par les deux, on adjuge à la femme le *mehr ul-mithl*. Au contraire, suivant la doctrine azemite, quand le mari et la femme produisent des témoins, ceux qui sont d'accord dans les deux camps adverses sur certains points du débat sont admis comme faisant preuve de ces points; mais s'ils sont en désaccord sur certains points, le serment est déféré au mari, et l'on ne tient aucun compte des dépositions contradictoires de ces témoins.

Sur la contestation de savoir si tels et tels objets font partie du don matutinal ou s'ils ont été donnés à part, on s'en rapporte au serment du mari.

§ 4. Relativement à la dissolution du mariage, il y a les dispositions suivantes :

Le mariage permanent se dissout :

1) Par le divorce et par l'anathème (Voy. le livre *Eiko'ot*, ch. I, v. 4).

2) Par la désertion de la religion musulmane pour en embrasser une autre.

Quand il n'y a pas encore eu cohabitation, l'abjuration de l'un des deux époux dissout immédiatement le mariage. S'il y a eu cohabitation, le mariage subsiste quand c'est la femme qui a abjuré; il est dissous quand c'est l'homme qui a abjuré, et celui-ci est obligé de payer le don matutinal.

Autres sectes. Chez les schafiites et les azemites, l'abjuration de la religion musulmane engendre la dissolution du mariage, que cette abjuration soit faite par le mari ou par la femme. Si cette abjuration de la part du mari ou de la femme a lieu après la cohabitation consommée, la femme retire le *mehr* au complet; si cependant l'abjuration de la femme a lieu avant la cohabitation, elle n'a pas le droit de réclamer le *mehr*; si c'est le mari qui abjure avant la cohabitation, il est tenu de donner à la femme la moitié du *mehr*.

Si un couple chrétien ou israélite embrasse l'islamisme, comme dans leur religion antérieure ils admettaient aussi des livres de révélation divine, leur mariage n'est pas dissous. Quand l'un des deux époux embrasse l'islamisme, il peut demander la dissolution du mariage contre son conjoint resté mécréant.

L'admission de l'islamisme par un adepte de toute autre religion, dissout de plein droit son mariage antérieur.

Un esclave fugitif est traité comme *mürtedd*, c'est-à-dire comme renégat, et sa femme a droit de convoler en d'autres noces.

Autres sectes. Néanmoins, chez les schafiites et les azemites, la fuite d'un esclave ne dissout pas son mariage.

3) Par la disparition du mari.

Si le mari s'absente sans qu'on sache où il est, le *hakim scher'e* fixe à la femme un délai après lequel elle aura le droit de se remarier. Ce délai varie suivant les sectes schafiite, azemite et schiite. Les deux premières laissent à l'*hakim scher'e* la fixation discrétionnaire de ce délai; — les autres fixent quatre et dix ans. L'iman Abu Jusuf fixe un délai de cent ans; l'iman Mohammed (tous deux hanéfites-azemites) fixe cent vingt ans (Voy. le livre *Ehkom*, ch. III).

4) Par le changement de volonté après l'âge de la majorité.

Il est permis au tuteur naturel *weli* d'une fille mineure, c'est-à-dire son père, son aïeul et autres ascendants, de l'accorder en mariage; mais quand une autre personne que celles qui viennent d'être indiquées a donné la main d'une mineure, celle-ci, quand elle a atteint sa majorité, a le droit de demander la dissolution du mariage si elle n'en veut pas supporter le lien.

Autres sectes. Les azemites reconnaissent aussi aux autres proches parents le droit de marier les filles mineures.

Mais un mineur qui s'est marié par l'entremise de son tuteur naturel, c'est-à-dire de son père ou de son aïeul, n'a pas le droit, à sa majorité, de faire dissoudre le mariage, si ce n'est par divorce ou en payant le *mehr*.

5) Par suite d'infirmités.

De graves infirmités donnent le droit de faire résilier le mariage ou de refuser de le contracter.

D'après les principes des schiites, les infirmités relativement aux hommes, sont de trois sortes :

a. Djenun, la folie, continuelle ou intermittente;

b. Chusso, la castration;

c. 'Unnet, l'impuissance; maladie qui rend un homme complétement incapable d'accomplir la copulation.

Il y a sept infirmités relatives aux femmes.

a. Djenun, la folie;

b. Djüzom, la lèpre;

c. Beres, la ladrerie;

d. Kerni, toute maladie qui rend impossible la cohabitation, et notamment :

e. Ifzo, jonction contre nature des deux ouvertures de la femme;

f. 'Emo, la cécité; et enfin

g. E'redj, une claudication qui empêche de se tenir ou de marcher.

Autres sectes. Chez les schaflites, il y a sept espèces d'infirmités qui permettent aux époux de faire annuler le mariage. Il y en a trois qui sont communes à l'homme et à la femme :

1) *Djenun,* 2) *djüzom,* et 3) *beres;*

Deux particulières à l'homme :

1) *'Unnet*, 2) *djebbeh*, c'est-à-dire l'inexistence ou la perte des parties génitales ;

Deux spéciales à la femme :

1) *Kerni*, et 2) *retk*, maladie des parties sexuelles, et qui s'oppose à la cohabitation.

Les azemites ne permettent en aucun cas à l'homme de provoquer la dissolution du mariage pour infirmités de la femme; celle-ci n'a ce droit que dans les deux cas de *'unnet* et de *djebbeh*.

La dissolution du mariage pour cause d'infirmité doit être demandée immédiatement après la survenance de cette infirmité; elle ne pourrait plus être obtenue par l'époux qui aurait laissé passer un temps prolongé depuis sa découverte.

La séparation des époux pour toutes infirmités excepté le *'unet*, est facultative de leur part sans l'intervention du *Hakim scher'e*. En cas d'imputation de *unnet*, le Hakim fixe une année d'épreuve, au bout de laquelle le mariage est dissous.

Dans les procès d'impuissance, comme c'est un fait impossible à établir par témoins, foi est due à la partie qui allègue le fait d'impuissance.

La dissolution du mariage par suite d'infirmités physiques n'est point un divorce, et si la dissolution a lieu avant la cohabitation, le *mehr* n'est pas à payer ; mais si ces causes ne se sont produites qu'après la cohabitation, le *mehr* doit être payé. -

Si une fille a été donnée en mariage, par surprise ou dol, à un individu contre lequel le mariage est ensuite dissous à raison de ses infirmités, la femme séparée a le droit d'exiger le payement de son don matutinal des personnes qui l'ont donnée en mariage, mais non du mari qui ne lui doit rien.

6) Par suite d'une vicieuse célébration du mariage.

Des noces illégales, *nikoh fosed*, c'est-à-dire qui ont été célébrées contre les règles susdites du *scheri'et*, doivent être dissoutes à raison même de cette illégalité. Les dommages et désavantages, sans préjudice de l'expiation spirituelle dans le cas où le *scheri'et* l'impose, tombent à la charge de celui des époux qui connaissait l'illégalité des noces; si les deux parties ignoraient l'illégalité, on suit, lors de la séparation, les règles ordinaires sur le *Telok bo'in* (Voy. *infrà*).

Est dissous, comme contraire à la loi, le mariage secret, quand le mystère en a été une condition (cependant le mariage reste valable s'il a duré depuis un temps plus ou moins long et si la vie commune des époux a été publique); le mariage lors duquel, au lieu de stipuler le *mehr*, on serait convenu d'un échange, comme, par exemple, s'il avait été dit que quelqu'un épouserait la sœur de l'autre, moyennant 100 dinars, à charge par celui-ci d'épouser la fille de l'autre moyennant aussi 100 dinars. Dans les temps primitifs de l'islamisme, cette manière de se marier était très-usitée chez les Arabes et s'appelait *schirar*, mais elle fut expressément prohibée par Mahomet.

§ 5. De l'*iddeh* et de l'*istibro*.

'*Iddeh*, mot à mot *le calcul*, veut dire le laps de temps qui est fixé par la loi entre les deux mariages de la même femme; temps que celle-ci doit, en vertu de prescriptions légales, passer dans la retraite et avant l'expiration duquel elle ne peut pas se remarier.

L'*iddeh* est de trois espèces :
1) '*Iddehi maut*, après la mort du mari;
2) '*Iddehi telok*, après le divorce;
3) '*Iddehi fesch*, après l'annulation légale du mariage.

Istibro veut dire *purification, affranchissement*, et comprend également un laps de temps pendant lequel la femme ne peut pas contracter mariage. Celui-ci n'a lieu cependant que dans le cas d'un commerce illicite ayant eu lieu par erreur sur la personne, comme lorsqu'une esclave passe de la puissance d'un maître sous celle d'un autre.

L'*iddeh* comme l'*istibro* ont tous deux pour but de s'assurer si l'utérus de la femme est libre, si elle n'est pas enceinte; dès lors ces délais ne sont imposés que dans les cas où il y a eu cohabitation consommée ou dans les cas où elle était physiquement possible. C'est ce qui explique pourquoi les jeunes filles, avant la neuvième année, âge de leur majorité, ne sont pas soumises ni à l'*iddeh* ni à l'*istibro*.

L'étendue des délais du '*iddehi maut* (après la mort du mari) ou de l'*iddehi fesch* (dissolution du mariage pour cause de vices dans la célébration, absence du mari, infirmités, etc.) est fixée ainsi qu'il suit :

a) Pour les femmes non enceintes, de condition libre, quatre mois et dix jours ;

b) Pour les femmes non enceintes, esclaves, deux mois et cinq jours [1] ;

c) Pour les esclaves *umme weled* (voy. ci-dessous) qui ont eu des enfants de leur maître, comme pour les femmes libres, quatre mois et dix jours ;

d) Pour les femmes enceintes, les schafiites et les azemites regardent l'accouchement comme terme du délai de l'*iddeh*, mais chez les schiites qu'autant que quatre mois et dix jours se sont écoulés depuis le moment de l'accouchement.

Si l'*Iddeh* est troublé par quelque événement, il recommence de nouveau et à partir du moment de ce trouble.

Quand l'homme meurt pendant l'absence de la femme, les schafiites et les azemites font courir les délais de l'*iddeh* du jour de la mort ; les schiites seulement du jour où la nouvelle de sa mort a été reçue par la femme. (Sur l'*iddehi telok*, voy. le livre *Eiko'ot*.)

Pendant tout le cours de l'*iddehi maut*, après le décès du mari, les femmes libres et les femmes esclaves sont tenues, en vertu de la loi, de vivre dans la retraite et de penser continuellement à leur défunt mari. Elles doivent renoncer à la parure, ne se servir d'aucun parfum, ne pas orner leurs corps de mouches de beauté, ne pas se farder de blanc ou de rouge, ne porter ni habits neufs ni étoffes claires, ne se peindre ni les pieds, ni les mains, ni les cheveux, ne s'enduire de couleur noire ni les cils ni les sourcils, et enfin ne point se parer de bijoux d'or ou d'argent.

Le délai de l'*istibro* est, dans le cas d'une cohabitation illégitime ou résultant d'une erreur dans la personne, le même que dans l'*'Iddeh*, mais en cas de vente d'une esclave, il est de quarante jours, si elle n'était pas enceinte, et se continue jusqu'à l'accouchement, si elle était enceinte.

Voy. ci-dessous les paragraphe sur la vente et le chap. sur le boire et le manger.

---

[1] Ces mois étant lunaires, pour les compter exactement dans les détails d l'*iddeh*, il faut ajouter dans tels cas dix jours, dans tels autres cinq jours.

§ 6. *Nikoh müntük'e* ou *müt'e*, le mariage temporaire.

Ce mariage n'existe que chez les schiites : les schafiites et les azemites le tiennent pour prohibé par la loi.

Il faut, pour contracter ce mariage, observer les règles suivantes :

1) Réciter le *sigheh* et déclarer le *idjob wekabul*.

Le consentement réciproque de ceux qui contractent un *nikoh müt'e* peut être déclaré par des paroles ou expressions quelconques, dès que l'ecclésiastique a prononcé le *sigheh* sur la conclusion du mariage de ces deux personnes.

Il est défendu par la loi à un maître de donner son esclave en mariage *mü'te* sous condition de payer une indemnité à ce maître, comme s'il s'agissait d'un louage.

2) *Muhell*, condition de croyances orthodoxes. Une fille musulmane ne peut contracter le mariage *mü'te* qu'avec un musulman : mais le musulman peut le contracter avec des filles ou femmes de la *ehle kitabiyeh*, c'est-à-dire des chrétiennes ou des juives.

3) *Müddet*, la fixation d'un terme. Il est essentiel que dans le *nikoh müt'e*, un terme soit posé après lequel le mariage cessera ; faute de ce faire, le *nikoh müt'e* devient *nikoh doim*.

Cette clause doit non-seulement fixer la durée de l'association conjugale, mais encore le nombre de fois qu'aura lieu la cohabitation.

4) *Mehr*, stipulation d'un don matutinal, c'est indispensable, et du chiffre de ce *mehr*, sinon il n'y a pas de *nikoh müt'e* possible.

Après l'expiration du temps convenu, ce mariage se dissout de lui-même et la femme a le droit de quitter son ancien mari sans la permission de celui-ci.

Si les parties désirent proroger leur mariage, elles doivent le faire au moyen d'un nouveau contrat, conformément aux règles ci-dessus.

Mais pour contracter un *nikoh müt'e* avec un nouveau mari, la femme est obligée d'attendre qu'elle ait eu ses menstrues, sinon quarante-cinq jours depuis la cessation du précédent *nikoh müt'e*.

Si le mari meurt avant l'expiration du délai, il faut que la femme attende quatre mois et dix jours ; si elle est enceinte, jusqu'après son accouchement.

La femme, mariée en *nikoh müt'e* n'hérite pas de son mari.

§ 7. *Nikoh-kenizon*, mariage avec des esclaves.

Chez les schiites, le mariage avec des esclaves peut être *doïm müt'e*, et il est alors régi par les règles énumérées aux paragrphes précédents.

Autres sectes. Les schafiites et azemites admettent le *nikoh doïm* avec l'esclave d'autrui; cependant les schafiites ne l'admettent que lorsque celui qui veut contracter ce mariage n'est pas en état d'acheter cette esclave à son maître, ou lorsqu'il craint de céder à la tentation de mal faire si le mariage ne se fait pas.

Il est loisible au maître de donner ses esclaves en mariage à des tiers; en ce cas, la femme esclave, si elle épouse un homme libre, est affranchie de droit, mais le maître acquiert le don matutinal stipulé dans le contrat de mariege au profit de son esclave.

Autres sectes. Chez les schafiites et les azemites, le maître qui marie son esclave à un homme libre n'abdique pas son droit et n'affranchit pas cette femme.

Chez les schiites, le maître d'une esclave a le droit de permettre à un tiers d'en faire sa concubine, sans la donner en mariage; mais en ce cas, les enfants nés de cette esclave sont libres et héritent de leurs parents.

Autres sectes. Pareil arrangement est défendu chez les schafiites et azemites, et y est considéré comme *herom*. Ces sectes se fondent sur le Koran (chap. XXIV, v. 3), qui défend aux maîtres de prostituer leurs esclaves. (Voy. le livre *Eiko'ot*, chap. III, sur l'affranchissement des esclaves.)

Le mariage de femmes libres avec des esclaves est légal et valable. Le consentement du maître de l'esclave est nécessaire, et l'esclave, en pareil cas, est tenu de payer le *mehr*, bien plus, il peut être vendu pour satisfaire la femme quant à ses prétentions aux *mehr*.

§ 8. *Des effets du mariage.*

I. *Nefeke zeudjot*. Entretien et nourriture des femmes.

Les femmes ont droit à l'entretien et à la nourriture :
1) Dans mariage permanent, *nikoh doïm*,
2) Après la demande en divorce, pendant le *'iddeh*;
3) En cas de divorce *boin* et *chul'e*, quand elles sont enceintes.

La femme a droit d'exiger du mari : la nourriture, le vêtement, le logement, la domesticité et l'argent nécessaire pour les objets en usage chez les femmes suivant leur condition, par exemple les dépenses des bains, des excursions à la campagne, de l'hospitalité en cas de visite, etc.

En ce qui concerne le montant de l'entretien de la femme, on suit comme règle : qu'il ne lui manque rien du nécessaire, et, pour cette appréciation, on doit prendre en considération et la position sociale du mari, et les besoins que jusqu'alors la femme était dans l'usage de satisfaire. Pour se fixer là-dessus, on s'en rapporte aux déclarations des personnes qui sont de la classe de cette femme.

Quand le mari ne fournit pas à la femme des moyens d'existence ou quand il est absent, le kadi autorise la femme qui lui adresse sa plainte, à emprunter au nom de son mari, et lui permet en outre, pour se procurer en argent les ressources nécessaires pour son entretien, à vendre certains objets du patrimoine du mari. Que si la femme, après ces mesures préparatoires de la vente de quelques objets appartenant à son mari, ne trouve pas de sûrs moyens d'existence, elle peut demander le *ridj'et*.

La femme peut exiger une habitation spéciale et une domesticité, à l'égard desquels nul n'a rien à voir, si ce n'est le mari.

Le mari est tenu de fournir à sa femme les divers vêtements conformes aux époques et aux saisons, de plus, pour la nuit, les linges, couvertures, coussins, tapis, etc.

Pour établir quelle espèce de vêtements l'homme doit fournir à la femme et de quelle manière doivent être ornés ses appartements, on a recours, comme pour déterminer le montant de son entretien, aux déclarations d'experts *ehlibeled*, c'est-à-dire de personnes qui connaissaient les habitudes de la vie antérieure de la femme.

La femme ne peut pas, sans l'assentiment du mari, prendre une disposition dans la maison, acheter quelque chose, ou introduire des serviteurs.

Elle ne peut pas réclamer une indemnité pour insuffisance d'entretien, qu'elle aurait subie antérieurement.

Autres sectes. Néanmoins, les azemites reconnaissent au kadi le droit de contraindre le mari à dédommager la femme pour le passé, à raison d'un entretien insuffisant.

II. *Nefeke kerobet*, l'entretien des parents.

Chacun est obligé d'entretenir ses enfants et ses parents; néanmoins, les ascendants n'y ont droit que quand ils sont dans l'impossibilité d'y pourvoir par eux-mêmes. Dans ces circonstances, la loi n'a fixé ni la nature, ni l'importance de cet entretien; tout dépend de la générosité du fils ou du petit-fils, et doit se borner au strict nécessaire.

En cas de plainte des ascendants ou des enfants pour défaut d'entretien, le hakim scher'e ordonne de satisfaire les plaignants, et, en cas de refus, il force le débiteur d'aliments par la prison ou par la vente de ses biens avec le prix desquels il satisfait les plaignants.

Les enfants sont tenus d'honorer leurs parents et de leur obéir. Ils doivent leur rendre visite, suivant les azemites, quand les enfants sont fixés loin des parents; ils doivent aller les voir au moins une fois tous les sept ans, et, dans l'intervalle, leur envoyer des lettres et des cadeaux.

III. *Nefeke mülk.* L'entretien des esclaves et les soins des choses du ménage.

Toute chose doit se réjouir de la protection et des soins du maître, et obtenir de lui la nourriture qu'elle demande. Tout musulman a le devoir d'entretenir ses esclaves, ses bestiaux, ses oiseaux, etc.; il ne doit pas non plus négliger ses choses inanimées et, par exemple, il est tenu d'arroser ses arbres et ses fleurs qui ont besoin d'eau.

La quantité et la qualité des aliments et du fourrage et en général le mode d'entretien sont à déterminer suivant les usages de la contrée. Celui qui n'est pas en état de nourrir et d'entretenir comme il faut un esclave ou un animal domestique, est obligé ou de les vendre, ou de les donner, ou d'offrir en sacrifice les bêtes, si elles peuvent être sacrifiées d'après l'usage du pays.

IV. Des enfants nés dans et hors le mariage.

a. Enfants légitimes.

La reconnaissance faite par les parents est une preuve suffisante de la légitimité des enfants; la date de la naissance est déterminée par les déclarations des parents ou d'autres personnes dignes de foi. Il n'est tenu ni registres de naissances, ni registres de mariages; la vérité des contrats de mariage est, en cas de contestation, établie par l'audition des témoins qui ont été présents au contrat.

Les enfants légitimes sont, d'après les règles du *Scher'e*, de trois espèces :

1) *Ewlod zeudjot;*
2) *Ewlod mautu'et bil-mülk;*
3) *Ewlod mautu-'et bisch-schübhe.*

Les premiers, *ewlod zeudjot*, sont ceux qui sont issus, dans les délais fixés par la loi, d'un mariage contracté conformément aux règles du *Scher'e*.

Il est nécessaire, pour que cette légitimité existe : a) que les enfants soient nés après le mariage contracté; b) qu'il y ait au moins six mois entre la célébration du mariage et la naissance; c) que si les enfants sont posthumes, ils ne soient pas nés plus de dix mois après la mort du mari.

Autres sectes. Les azemites prolóngent la grossesse possible de la femme à deux ans après le décès du mari, et les schaflites à quatre ans après ce décès.

L'enfant né d'un commerce illicite avec une fille reste illégitime, bien que le père épouse ensuite cette fille-mère, et cet enfant n'a pas de droit de succession.

Les enfants issus du *nikoh müt'e* sont aux soins du père qui doit les nourrir et entretenir, et sur les biens duquel ils ont un droit de succession.

Autres sectes. On a vu ci-dessus que le *nikoh müt'e* n'est permis que chez les schiites, et repoussé comme illicite par les schafiites et les azemites.

Les enfants *mautu'et bil-mülk* sont ceux que le maître a procréés avec ses propres esclaves, sans les avoir épousées. Quand ces enfants ont été procréés dans les délais fixés par les règles du *Scher'e*, et quand nul, à l'exception du maître, n'a eu de relations avec l'esclave, les enfants qu'elle a produits ont sur la succession de leur père les mêmes droits que les autres.

La propre déclaration d'un homme libre qu'il est père des enfants nés de son esclave, leur confère la liberté, et suffit pour établir la légalité de leur naissance.

Les enfants *mautu'et bisch-schübhe* sont ceux issus d'une cohabitation accidentelle, quand un homme, par erreur et sans intention de fraude, s'est servi, comme de la sienne, de la femme ou de l'esclave d'autrui. De pareils enfants sont à la charge de celui qui a commis cette singulière erreur, et ils ont droit à la succession.

Autres sectes. Les schafiites et les azemites exigent dans ce cas la reconnaissance, par celui qui s'est trompé de femme, que réellement ces enfants sont de ses œuvres.

b. Enfants illégitimes.

Welede zeno. Ce sont tous ceux qui sont issus d'un commerce défendu ou criminel d'après les règles du *Scher'e.*

Ces enfants n'ont aucun droit à la succession du père quand ils concourent avec d'autres héritiers, et sont privés de certains droits civils, ainsi qu'on le verra dans divers passages du présent ouvrage.

Autres sectes. Les enfants illégitimes n'héritent jamais de leur père chez les schafiites et les azemites, mais ils succèdent à leur mère. (Voy. au livre *Ehkom*, le chapitre du kadi et du droit de succession.)

c. Règles à observer à la naissance de l'enfant.

Ehkome welodet.

La nuit de la naissance s'appelle *schebe cheir.* On n'admet à assister à l'accouchement que des femmes ; néanmoins il est permis au mari, s'il le désire, d'y assister.

A la naissance et immédiatement après, voici les règles à observer :

aa. Au commencement :

1) L'ablution de l'enfant ;

2) La récitation des prières. On prononce dans l'oreille droite de l'enfant la prière *Azan* et *Allah ekber*, etc., et dans la gauche, la prière *Ekome* ;

3) On frotte dans la paume des mains de l'enfant quelques gouttes de l'eau de l'Euphrate ou, si l'on n'en a pas, d'une autre eau douce quelconque ;

4) On lui donne un bon nom immédiatement.

Autres sectes. Les schafiites et les azemites ne lui donnent le nom que le septième jour.

bb. Posterieurement.

α. Observation des règles indispensables le septième jour de la naissance :

a) Tondre en plein jour la tête de l'enfant ;
b) Le circoncire, *chütre ;*
c) Lui percer les oreilles pour y attacher un anneau ;
d) Distribuer des aumônes ou donner l'hospitalité à des pauvres. Cet acte s'appelle 'ekike.

On distribue en aumônes un poids d'argent égal à celui des cheveux coupés de l'enfant.

Pour 'ekike, on donne un bélier si c'est un garçon, une brebis si c'est une fille.

Autres sectes. Chez les schafiites, on exige la distribution d'aumônes et l'hospitalité des pauvres. Cette règle n'est pas *wodjib*, mais rigoureusement *sunnet*, et on l'observe toujours. — Les azemites tiennent ces usages pour louables, mais n'obligent personne à les suivre. Ils tuent deux béliers à la naissance d'un garçon, et un à la naissance d'une fille.

La circoncision est obligatoire pour tout musulman et pour quiconque embrasse l'islamisme : on peut néanmoins y procéder plus tard que le septième jour.

β. L'allaitement de l'enfant *rizo'e.*

La mère n'est pas tenue d'allaiter son enfant quand il y a possibilité d'avoir une nourrice ; dans ce cas, le père est obligé d'en louer une ; mais il est loisible à la mère d'allaiter moyennant la somme qu'aurait coûté le louage d'une nourrice.

Autres sectes. Les azemites disent que lorsque la mère se détermine à nourrir elle-même, elle n'a droit à aucune espèce d'indemnité.

Le plus long temps de l'allaitement est de deux ans : il ne doit jamais être de moins que de onze mois.

γ. *Hezone*, l'entretien et les soins de l'enfant. Les soins à donner à l'enfant pendant la période de l'allaitement appartiennent à la mère, et personne ne peut les lui enlever ; il n'est pas permis de lui ôter son enfant sans qu'elle y consente.

Les soins ultérieurs à donner à l'enfant, quand il est sevré, sont à la charge du père, chez les schiites, si l'enfant est mâle, et à la charge de la mère si c'est une fille : la mère garde sa fille près d'elle jusqu'à l'âge de sept ans.

Autres sectes. Les azémites abandonnent l'enfant aux soins de la mère, le mâle jusqu'à l'âge de sept ans, la fille jusqu'à l'apparition de ses menstrues.

Les schafiites fixent jusqu'à l'âge de sept ans, pour les filles et pour les garçons, les soins à donner par la mère.

Ne jouissent de ce droit que les femmes de condition libre, de religion musulmane, et tant qu'elles ne se sont pas remariées.

Quand les père et mère n'y sont plus, le soin des enfants passe aux ascendants; à défaut de ceux-ci, à l'oncle et subsidiairement à la tante.

Autres sectes. Les azémites laissent le soin de l'enfant à la mère; au défaut de celle-ci, ils le transmettent à la grand'mère et aux ascendantes maternelles; à défaut de celles-ci, à la grand'mère paternelle; après celle-ci aux sœurs germaines de l'enfant, puis aux sœurs utérines, puis aux sœurs consanguines, enfin aux tantes maternelles, puis aux tantes paternelles.

Les schafiites qui, sous ce rapport, sont d'accord avec les azémites, trouvent néanmoins que les sœurs consanguines doivent avoir le pas sur les utérines.

§ 9. *De quelques règles à observer dans la vie domestique.*
1. Les règles de la bienséance.

Les personnes étrangères ne doivent point voir seules les femmes d'autrui, et même ne pas écouter leur voix.

Les médecins ne doivent regarder que les parties du corps qui sont malades, et s'abstenir de toute autre exploration.

Un voyageur qui revient de voyage ne doit pas rentrer de nuit dans sa maison : il est préférable de rentrer de jour.

Quoique les hommes puissent se regarder entre eux sans être vêtus, ils doivent néanmoins toujours être couverts des genoux jusqu'au nombril. Il en est de même des femmes entre elles.

Remarque. Le chap. XXIV du Koran détermine en détail pour les personnes du sexe quelles parties du corps elles doivent couvrir, devant qui elles peuvent se dévoiler et dénuder, quels mouvements du corps elles doivent s'interdire.

2. Règles sur la toilette et la parure. Une toilette soignée, la propreté et l'ordre sont recommandés à tout musulman. La tradition rapporte ce propos de Mahomet : « Dieu ne voit pas » d'un bon œil l'homme qui se montre en négligé devant ses » frères. »

Aussi le prophète de l'islamisme s'occupait-il de sa toilette et portait ordinairement avec lui en voyage un petit miroir, un peigne, des ciseaux, de l'huile odoriférante et du fard pour les yeux.

Les femmes sont tenues d'entretenir leur beauté, et de faire tous leurs efforts pour plaire à leurs maris. Elles emploient pour s'embellir :

1) *Wesme*, couleur pour noircir les sourcils;
2) *Surme*, même couleur pour les yeux;
3) *Sifid ob*, fard blanc;
4) *Gahze*, fard rouge;
5) *Henne*, couleur pour peindre les pieds, les mains et les cheveux;
6) *Djeghá*, des boucles sur le front;
7) *Chol*, des mouches de beauté.

DEUXIÈME SECTION.

Droits et obligations contractuels.

CHAPITRE Ier.

Tedjoret, le trafic commercial ; bei'we-schero, l'achat et la vente[1].

Sources.

Neil ul-merom, p. 1-34. — *Bist bob*, p. 193-214. — *Sewol we djewâh*, p. 152-204. — *Kesch enwor*, p. 180-229. — *Helil*

---

[1] Dans le système du droit musulman, on ne sépare pas les explications du trafic commercial de celles du contrat d'achat et de vente.

idjoz, p. 134-159, 522-533. — *Ichtelof ul-erb'e*, p. 116-131.
Dulau : *Droit musulman*, p. 331-357.
Mouradgea d'Ohsson, VI, p. 69-104.
Macnaghten, p. 42-46, 166-181.

§ 1. Le trafic, *tedjoret*, est un rapport de droit fondé sur un consentement réciproque et qui a pour but de transférer la propriété d'un objet dont on est propriétaire à une tierce personne contre réception d'un équivalent convenu.

Le vendeur s'appelle *boï'e*, l'acheteur *müschteri*, la chose vendue *mebi'e*, et le prix *themen*.

§ 2. On peut diviser les règles relatives au contrat d'achat et vente en principales et accessoires. Parmi les premières se trouvent :

1) *Idjob we kabul*, la déclaration du consentement réciproque.

Ce consentement réciproque se déclare par les mots : *betü*, « je vends, » et *kabiltü*, « j'accepte. » Cette formule constitue le *sigheh*.

Autres sectes. Dans le petit commerce *bei'e me' otot*, les azémites n'exigent pas comme indispensable la déclaration réciproque du *idjob we kabul*.

Pour les muets, la déclaration par gestes peut remplacer la déclaration par paroles.

2) Majorité des parties contractantes.

Tout contrat de vente passé par un mineur de dix ans est illégal, lors même qu'il aurait été passé avec l'assentiment des parents.

Autres sectes. Les azémites admettent la validité de la vente consentie par le mineur avec l'autorisation de ses parents ou de son tuteur.

3) Pleine possession des facultés intellectuelles de la part des parties contractantes.

Sont dès lors illégales toutes transactions commerciales de la part de ceux qui n'ont pas l'usage entier de leurs facultés mentales, tels que les fous, les idiots et les gens ivres.

Autres sectes. Suivant les azémites, les fous peuvent valablement promettre et stipuler pendant les intervalles lucides.

Il est, de plus, défendu de conclure un contrat avec celui qui ne connaîtrait pas la valeur de la chose qui forme l'objet de ce contrat.

4) Le droit de la part des contractants de disposer librement.

Doivent avoir ce droit, tous ceux qui veulent valablement acheter, vendre. C'est pourquoi sont nuls les contrats de l'esclave sans l'autorisation du maître, de la femme sans le consentement du mari (au regard de ce qui ne la concerne pas personnellement), et de toute personne en tutelle sans l'assistance du tuteur.

5) Le droit de propriété sur l'objet à vendre et celui d'en disposer.

Ceux dont les biens sont en curatelle ou sous séquestre n'en peuvent rien vendre. Aucun contrat ne peut être conclu sur la propriété d'autrui, sans procuration ou approbation du propriétaire, et s'il en est intervenu un, il doit être annulé immédiatement, sur la demande du propriétaire de la chose vendue.

Autres sectes. Les azémites regardent pareil contrat comme valable, s'il est ratifié postérieurement par le propriétaire, mais les schafiites le tiennent pour illégal et radicalement nul.

Si le propriétaire assiste à l'aliénation de sa chose et la laisse s'accomplir sans réclamer, l'opération tient comme légale. Si cependant les deux parties savaient que l'objet vendu l'était sans le consentement du propriétaire, ou que celui-ci en avait été privé violemment et contre son gré, le contrat est annulé, et aucune des parties n'a droit à des dommages-intérêts. Ce droit n'appartient à l'acheteur que lorsqu'il ignorait que le vendeur agissait illégalement. Dans ce cas, ce dernier répond de toute espèce de dommage.

S'il est vendu deux objets ensemble, appartenant à deux propriétaires dont l'un, qui n'a pas consenti à la vente, veut ravoir sa chose, l'acheteur a le droit, ou d'annuler la vente pour la totalité, ou de garder la chose dont pouvait disposer le vendeur, en exigeant de celui-ci des dommages-intérêts pour privation de la chose restituée au propriétaire réclamant.

Les choses qui ne peuvent pas être l'objet d'une propriété privée (*res communes publicæ*) ne peuvent pas être l'objet d'une vente. C'est pour cela que sont contraires à la loi tous contrats de vente et d'achat ayant pour objets des pâturages, des cours d'eau, des lacs, des hommes libres, des objets consacrés, *maukuf*, avec exception, quant à ces derniers, de ceux qui, quoique consacrés à un usage agréable à Dieu, seraient détériorés ou détruits faute d'être vendus. (Voy. sect. 4, chap. III, *Wäkf*.)

Celui qui vend une chose dont il est propriétaire doit en avoir la propriété illimitée. C'est pourquoi on ne peut pas valablement vendre les choses sur lesquelles frappent les dettes; c'est pourquoi la loi réprouve la vente du gibier avant l'ouverture de la chasse, et celle du poisson qui est encore dans l'eau; c'est pourquoi, enfin, est nulle la revente faite par l'acquéreur d'une chose qui n'est point encore complétement entrée dans sa propriété.

6) *Teslim we ikboz*, tradition acceptée de la chose vendue.

Une vente ne peut avoir pour objet que des choses qui peuvent être livrées à l'acheteur et dont celui-ci peut prendre possession. Aussi faut-il que l'objet vendu soit à la disposition du vendeur et existe réellement, sinon au moment même du contrat, néanmoins au moment de la livraison. C'est pour cela qu'il est défendu de vendre un esclave fugitif ou une chose dont le propriétaire a été privé par perte ou par vol. Au contraire, il est permis de vendre des animaux domestiques et les volatiles quoique partis ou envolés, mais qui ont l'habitude de revenir, tels que les pigeons de colombier.

La tradition de la chose vendue doit avoir lieu sans retard après la conclusion du contrat, à moins qu'il n'y ait à ce sujet des conventions particulières; en aucun cas la tradition de l'objet ne peut avoir lieu à l'acheteur tant que le vendeur n'a pas prononcé le *iskote chior*, c'est-à-dire n'a pas déclaré qu'il cède à l'acheteur son droit sur l'objet vendu.

Il est laissé à la volonté des parties de fixer l'époque de la délivrance et celle du payement, de même qu'il est loisible de convenir qu'après la vente, le vendeur continuera à jouir de la chose pendant un temps et à des conditions déterminés.

A la livraison de la chose vendue, il faut retirer tout ce qui n'est pas compris dans la vente; — ainsi, en cas de vente d'une pièce de terre, le vendeur, à moins de convention contraire, enlève la récolte. Il faut élaguer en général tout ce qui, si ça restait en place, porterait un préjudice à l'acheteur.

S'il arrive qu'après la vente, mais avant la délivrance, la chose vendue soit avec une autre chose dans une cohésion telle que les deux ne pourraient plus être séparées sans dommage, l'acheteur a l'option ou d'annuler toute la convention ou de devenir copropriétaire avec le vendeur de la chose ainsi rattachée à celle qui a été vendue.

7) La certitude que la chose vendue n'est pas mise par les lois hors du commerce.

Tout ce qui d'après les prescriptions du *scher'e* est réputé *herom*, ne peut pas être l'objet d'un achat ou d'une vente; même la réunion d'un objet *herom* à une chose dont la vente est licite, rend le contrat nul en totalité.

Autres sectes. Les azemites et les schafiites regardent comme illégal le commerce de marchandises défendues par le sultan ou souverain du pays, de même qu'ils n'admettent pas que l'on vende au-dessus de la taxe fixée par le gouvernement, *tes' ir*. Cette règle n'a pas lieu chez les schiites.

De là vient que la vente d'une esclave avec laquelle son maître a procréé un enfant, est défendue tant que vit cet enfant. Par le même motif, est illégale la vente d'objets qui doivent servir à un usage illicite, par exemple la vente à un acheteur non musulman d'un exemplaire du Koran, du recueil des *hedith*, ou d'autres livres religieux; la vente d'armes à des infidèles, la vente d'une maison pour y faire un lieu de prière à des infidèles, etc.

8) Désignation exacte de la chose vendue, d'après sa quantité et sa qualité.

Une des règles principales en matière de contrat d'achat et vente, est la désignation exacte de l'objet vendu. La quantité doit en être exprimée par la mesure, le nombre ou le poids; la qualité doit être exprimée avec précision.

Le vendeur est tenu de compter, de mesurer ou de peser la chose vendue; l'acheteur, de son côté, doit compter ou peser l'argent ou les choses qu'il paye comme prix de son achat.

La vente en bloc, sans compter ni mesurer au préalable, est défendue; est nulle la vente d'un comptoir (sans en détailler le contenu) ou d'un coffre fermé ou d'un paquet non ouvert; de même, la vente des grains battus dans l'aire ou encore sur pied.

Dans l'aliénation d'un fonds de terre, il suffit, quoique la contenance n'ait pas été mesurée, que ce fonds soit désigné sensiblement et séparé des autres propriétés par un mur, un fossé ou quelque autre limite.

Si une chose est vendue au poids dans un vase ou récipient quelconque, le poids de ce vase ou récipient doit être défalqué : en d'autres termes la vente au poids suppose déduction de la tare.

Si la chose vendue n'a pas effectivement la quantité, le poids ou la mesure dont on était convenu, soit par écrit, soit verbalement, l'acheteur a l'option, ou de se désister complètement du contrat, ou d'exiger que le déficit soit comblé. Y a-t-il, au contraire, plus qu'on n'était convenu lors du contrat, le vendeur a le choix ou d'annuler l'affaire, ou de laisser la chose vendue à l'acheteur pour le prix convenu.

Tout ce qui forme un entier indivisible doit être vendu comme tel et ne peut pas être morcelé ; par exemple, en vendant un troupeau, on ne peut pas en retenir un bouc, en vendant un habit, en retirer la doublure ; à moins qu'il n'y ait une clause spéciale de la convention qui y autorise.

Les choses qui, d'après leur nature, appartiennent à l'objet principal comme parties accessoires, sont comprises avec l'objet vendu, quand même elles ne seraient pas nommément désignées. Ainsi, quand une maison est vendue, la vente comprend le sol et les bâtiments accessoires ; les portes, les clefs, les arbres qui ombragent la porte d'entrée, tout cela forme une dépendance de la maison vendue, si ces choses n'ont point été formellement exclues ou réservées. Au contraire, si la maison consiste en deux étages, ou s'il y a des localités adjacentes détachées, telles qu'un moulin, un bain, etc., il faut en faire mention spéciale dans le contrat, attendu que ces choses ne sont pas comprises dans l'idée ordinaire de maison. Pour éviter des discussions et des doutes, on conseille, dans la vente d'une maison, de dire qu'elle est vendue avec toutes ses appartenances tant à l'intérieur qu'à l'extérieur des murs, dans un rayon dont on fixe l'étendue.

S'il s'agit de la vente d'un fonds de terre encore revêtu de sa récolte, et s'il n'est fait aucune stipulation y relative, le vendeur conserve le droit de recueillir la récolte. La même règle s'applique à la vente d'un jardin ou verger, avec cette restriction, néanmoins, que le vendeur n'a droit aux fruits qu'autant qu'ils étaient mûrs déjà au moment de la vente du fonds.

Autres sectes. La jouissance des céréales déjà semées et des fruits pendants par branches aux arbres, lors de la vente d'un fonds de terre, n'est acquise, d'après les règles des schafiites et des azemites, à l'acheteur, que lorsque le contrat en contient la clause conditionnelle. Les azemites attribuent aussi, sans qu'il soit besoin d'une pareille stipulation, à l'acheteur, les fruits pendants par branches au moment de la vente du verger, et prétendent que l'acheteur a ce droit de défruiter du jour du contrat de vente.

Une autre règle à observer lors de la conclusion de tout contrat de vente, est celle qui enjoint de proclamer la bonté de la chose vendue, c'est-à-dire en établissant les qualités de la marchandise et le montant du prix, de faire remarquer publiquement que ces choses ne sont ni insuffisantes ni avariées. S'il y a déficit ou avarie, le vendeur est tenu d'indiquer à l'acheteur les défauts de la marchandise, auquel cas l'acheteur est tenu de s'entendre avec qui de droit pour apprécier les qualités de la marchandise vendue.

En matière de vente de denrées alimentaires, il dépend de l'acheteur de les acheter avec ou sans essai et d'après un examen externe. Le vendeur n'est pas tenu de consentir à l'essai des choses qui seraient endommagées ou détruites par l'épreuve même, comme un œuf, des noix ou un melon. En pareil cas, l'acheteur doit se déterminer par les apparences extérieures et par sa connaissance personnelle des qualités de l'objet.

Si l'essai avait été convenu, et si la chose est reconnue de bonne qualité, l'acheteur doit payer en sus le prix de la chose consommée par l'épreuve. Que si aucune convention n'est intervenue relativement au dommage qu'éprouve le vendeur à propos d'un essai qui n'a pas réussi, l'acheteur qui n'a pas fait affaire est tenu à réparation de ce dommage.

9) Fixation précise du prix.

Le prix, *themen*, d'une chose vendue doit être déterminé avec précision et stipulé en monnaie ayant cours dans le pays où a lieu le contrat.

Est défendue la vente où n'est point fixée la valeur véritable de la chose vendue; c'est pour cela que sont prohibées les ventes à l'enchère parce que la chose peut être ainsi vendue à un prix trop élevé, à un prix tel que le vendeur en retire un avantage supérieur à celui que permet la loi.

La vente a lieu :

1. Ou bien contre payement comptant;
2. Ou bien à crédit;
3. Ou bien par troc.

Celui qui vend purement et simplement sans y mêler des pactes et conditions accessoires, celui-là a droit d'exiger son payement comptant.

Dans la vente à crédit, il faut fixer précisément le terme du payement, et il n'est pas permis de proroger ou d'abréger ce terme arbitrairement.

La circonstance qu'on vend à crédit ne doit avoir aucune influence sur le chiffre du prix, et c'est la même chose, que le terme soit prochain ou éloigné. Il n'est pas permis à un vendeur qui vend à terme de faire un prix plus élevé que s'il vendait payable au comptant.

Autres sectes. Néanmoins, les schafiites permettent, dans la vente des marchandises à crédit, de faire une diminution du prix à celui qui paye avant l'échéance du terme.

L'acheteur ne peut pas être forcé de payer avant l'échéance pas plus que le vendeur n'est tenu de recevoir avant ce terme ce qui lui est dû.

Le payement d'une chose achetée ne peut être effectué par la cession d'une créance de l'acheteur contre un tiers, et l'achat à crédit ne peut être fait que sous le nom de l'acheteur.

Si l'acheteur ne paye pas au terme fixé, ou si le vendeur refuse d'accepter son payement, ils répondent des pertes et dommages qui en résultent réciproquement.

La vente de marchandises pour des marchandises, ou le troc, n'est pas un contrat lucratif; la condition d'un gain dans le troc de marchandises de mêmes qualité et bonté, de même mesure et de même poids, annule le contrat.

Dans le troc de marchandises contre marchandises ou d'argent contre argent, il n'est pas permis de stipuler un délai pour la livraison des objets troqués : *teslim* et *ikboz*, c'est-à-dire livraison et prise de possession doivent avoir lieu immédiatement. Si le troc a lieu de marchandises d'une qualité inférieure contre des marchandises d'une qualité supérieure, il est permis de stipuler que le propriétaire des premières payera une indemnité au propriétaire des secondes : cette espèce de soulte s'appelle *rebo*, elle doit consister en argent, et ne doit pas surpasser jointe à la valeur de la chose troquée, le prix total de cette chose.

Tout gain est défendu absolument dans le troc de marchandises entre le père et ses enfants, le maître et ses esclaves, le mari et la femme et enfin entre le musulman et l'infidèle.

Autres sectes. Néanmoins, les schaflites autorisent le gain résultant d'un troc entre le père et ses enfants.

Les changeurs ou banquiers en particulier auront à répondre, dans la vie future, des bénéfices qu'ils réalisaient dans le troc de l'argent.

Les marchands ont le droit de vendre avec des bénéfices, mais à la condition qu'ils feront connaître sincèrement à l'acheteur le prix véritable de la marchandise, c'est-à-dire le prix pour lequel ils se sont procuré la marchandise en y ajoutant l'avantage, *merobihe,* qu'ils retirent de l'acheteur.

De même le marchand a le droit de se faire indemniser de tous les changements et améliorations qu'il a faits à la marchandise et de tous les frais qu'elle lui a occasionnés : c'est ce qu'il fait en élevant proportionnellement le prix : mais même dans ce cas, il doit indiquer le prix originaire pour lui. Sous cette condition, il est permis de revendre avec bénéfice une marchandise. C'est le métier du revendeur, *dellol*.

10) La possibilité de tirer une utilité de la chose vendue.

On ne doit acheter et vendre que les choses dont on peut tirer un avantage ou une utilité. C'est pourquoi est défendu le commerce de scorpions, de souris, d'immondices, de cheveux d'homme. On permet la vente des cheveux de femme et d'urine de chameau, cette dernière chose étant un remède médical.

Autres sectes. Mais les azemites n'autorisent pas la vente de cheveux de femme.

§ 3. Aux règles accessoires du contrat de vente viennent s'ajouter :

1) La demande d'un prix modéré. — Le vendeur doit ne demander que le prix le moins élevé possible : de son côté l'acheteur ne doit pas longuement marchander, et on lui conseille de payer le prix demandé, si ses moyens le lui permettent.

Il est défendu de profiter de la position gênée de quelqu'un pour lui vendre plus cher les choses dont il a besoin ou pour acheter de lui au-dessous de la valeur véritable.

2) Éviter de vanter démesurément ou de critiquer injustement la marchandise.

Tout vendeur est tenu (comme on l'a vu ci-dessus dans les règles principales 8) d'exposer sa marchandise de manière qu'elle puisse être examinée, et qu'elle fasse ressortir ses qualités et ses avantages ; mais il lui est défendu de la louer outre mesure dans le but d'en obtenir un prix plus élevé. De son côté l'acheteur ne doit pas critiquer et déprécier la marchandise dans le but d'engager le vendeur à la lui vendre à plus bas prix.

Il est sévèrement prohibé, dans la vente des marchandises, d'employer la moindre ruse ou tromperie pour exagérer aux yeux de l'acheteur la valeur réelle. La dissimulation de pareils moyens employés au préjudice de l'acheteur, de même que tout dol et tout manque de conscience, donnent à l'acheteur le droit de rompre le contrat, et celui qui a employé la ruse ou la tromperie, est responsable de tout dommage.

3) Éviter le serment. — Dans toute vente de marchandises, il est défendu d'affirmer par des jurements que la marchandise a réellement les qualités que le vendeur lui attribue, que le prix demandé est réellement le prix qu'elle vaut.

4) Que le lieu de la vente soit propice. Il est défendu de faire le commerce dans des locaux tels qu'on ne serait pas en état d'y découvrir les défauts des marchandises. L'objet à vendre doit être exposé de telle sorte que l'acheteur puisse exactement l'examiner.

5) Que le temps de la vente soit opportun.

Le temps destiné à la vente est depuis le commencement du jour jusqu'au crépuscule. Il est conseillé de ne pas se rendre au bazar avant l'heure fixée, de ne pas y rester après la fermeture des autres boutiques et après l'appel à la prière du soir, pour éviter par là la concurrence des autres marchands et pour y vendre des marchandises plus cher et au détriment des frères musulmans [1].

Toute vente est interdite le vendredi à l'heure de la prière de midi.

6) La défense d'accaparer.

Il est défendu d'aller à la rencontre des caravanes et d'acheter d'avance leurs chargements avant que les ballots ne soient déposés et ouverts dans le caravansérail, et que le prix n'en ait été fixé par les marchands qui les ont apportés. Mais il n'est pas défendu de conserver chez soi des marchandises achetées ailleurs et d'autres marchands. Néanmoins on admet comme règle, dans ce cas, que le propriétaire d'une marchandise qui monte de prix ne doit pas les garder au delà de trois jours. Si le prix baisse, il peut les garder chez lui pendant quarante jours sans être tenu d'annoncer qu'il possède des marchandises de cette espèce.

L'accaparement de marchandises, notamment des marchandises alimentaires, pour en faire hausser le prix, est un acte complétement défendu et illégal. C'est pourquoi tous les monopoles *mühtemer* ou *bendor* sont illégaux. Le souverain force l'accapareur des marchandises alimentaires, *mühteker*, à les vendre au bazar pour le prix y courant. Ces mesures coercitives sont ordinairement appliquées dans l'accaparement des blés, de l'orge, des fruits, de l'huile et du sel.

7) Défense de contracter au nom d'un tiers.

Il est défendu d'acheter pour le compte d'un tiers sans avoir mandat exprès de sa part. De pareils contrats sont suspectés de dol et de fraude.

8) Il ne doit pas y avoir de stipulations illégales.

Il n'est pas permis de faire dans un contrat de vente des conditions dont l'accomplissement serait hors de la possibilité des parties contractantes, par exemple la vente d'un champ avec l'assurance que la récolte, quand il aura été ensemencé, sera de telle quantité, — ou la vente d'un pigeon en promettant qu'il ne s'envolera pas.

Sont en outre défendues les restrictions que la convention apporterait arbitrairement au droit de propriété de l'acheteur

---

[1] C'est une croyance populaire qu'en dehors des heures destinées à la vente, *Scheitan*, l'esprit impur, se promène au bazar.

sur la chose vendue. Ainsi est illégale la condition que l'acheteur ne donnera pas la chose, ne la conduira pas ailleurs, ou que le vendeur aura le droit de la reprendre si l'acheteur vient à la revendre, etc.

§ 4. *Règles spéciales sur la vente des denrées alimentaires, des bestiaux et des esclaves.*

Il n'est permis de vendre des fruits et des céréales que lorsqu'ils sont parfaitement mûrs et peuvent servir à la nourriture.

Il est cependant permis, dans la vente d'un jardin, d'un verger ou d'un champ ensemencé, d'excepter tel arbre, tel légume, telle production ; mais il faut une stipulation spéciale et précise.

La perte ou l'avarie de la chose vendue est à la charge de celui qui l'a occasionnée : s'il n'y a point de faute, c'est celui qui détenait la chose au moment de l'accident qui en répond ou qui en supporte la perte, ainsi le vendeur jusqu'à la livraison et l'acheteur après cette livraison.

Il a été question ci-dessus dans le 6) des règles accessoires, de l'accaparement des denrées alimentaires ; et dans le 8), des règles générales, on a parlé du droit aux fruits dans la vente d'un jardin ou d'un champ.

Dans la vente des esclaves et des bestiaux, on examine surtout avec attention s'ils n'ont pas de vices intérieurs et extérieurs. En pareille matière, l'acheteur a toujours un *jus pœnitendi*, c'est-à-dire un délai de trois jours, depuis la conclusion de la vente, pendant lequel il peut se désister sans avoir à déduire ses motifs.

Ce droit s'appelle *chior heiwon*. (Voy. *infrà*).

Dans la vente d'esclaves, on observe ordinairement l'usage de changer leurs noms et d'inviter des hôtes au repas qui accompagne la conclusion du marché.

Le pécule de l'esclave reste au vendeur, s'il n'y a pas une clause spéciale qui attribue ce pécule à l'acheteur.

Une esclave vendue ne peut pas être livrée à l'acheteur avant l'apparition des menstrues : si elles ne se montrent pas, il faut attendre quarante jours pour s'assurer qu'elle n'est pas enceinte (*Istibro*. Voy. ci-dessus le chapitre sur le Mariage).

Si l'acheteur est dans l'incertitude relativement à la menstruation de l'esclave, il la soumet lui-même à un examen, et sous peine de *keforet* (voy. ci-dessous au livre *Eikoot*, sect. IV, chap. II), il ne doit pas avoir commerce avec elle avant l'expiration des quarante jours.

Il n'est pas permis d'avoir commerce avec une esclave achetée grosse, avant son accouchement. Si l'acheteur transgresse cette règle, l'enfant qui naîtra est considéré comme étant le sien et héritera de lui. L'esclave devient en pareil cas *umme weled*.

Une esclave qui est vendue ne peut pas être séparée de son enfant avant qu'il ait atteint sa septième année.

Il est permis à plusieurs personnes de s'associer pour acheter une esclave ou un esclave, à l'effet d'en être copropriétaires et d'acquérir un droit égal aux services de cet esclave.

Quoique la cohabitation avec une esclave achetée par plusieurs maîtres n'expose pas le copropriétaire qui cohabite à la peine *hedd* de l'adultère, cependant elle l'oblige, si cette cohabitation a pour résultat la naissance d'un enfant, de prendre l'esclave en toute propriété et d'indemniser les copropriétaires.

Il n'est pas permis de vendre de jeunes esclaves, même non musulmans, à des infidèles, car il y a encore espoir qu'ils embrasseront l'islamisme.

§ 5. *Règles sur la conclusion d'un contrat d'achat et de vente.*

En concluant ce contrat, les parties doivent, avant l'échange de leurs consentements réciproques, prononcer à haute voix le *tekbir*, c'est-à-dire l'exclamation *Allah ekber*, « Dieu est grand. »

Il est conseillé à chacun d'avoir ses témoins présens, lors de la convention.

Toutes les conditions spéciales que les parties contractantes veulent apposer au contrat, doivent être précisées nettement, soit dans l'acte écrit, soit en présence des témoins. Plus l'acte écrit est détaillé, plus il a de valeur devant les juges. Dans cette prolixité se manifeste l'intention des musulmans d'éviter tout doute et tout débat, ce que le Koran recommande comme un acte digne d'éloges.

FORMULAIRE

J'atteste la convention faite devant moi.

○

(Cachet du kadi.)

O Dieu !

Au nom de Dieu, le meilleur de tous les noms. Il a été vendu avec le droit de résilier le contrat, *chior*, en restituant le prix d'achat dans le délai de six mois, à dater d'aujourd'hui, par tel, fils de tel et telle,

○

(Cachet du vendeur.)

à tel, fils de tel et telle,

○

(Cachet de l'acheteur.)

la maison sise dans tel quartier de la ville, avec jardin et dépendances, limitée de deux côtés par l'habitation de tels et tels voisins, et des deux autres côtés, donnant sur la rue, pour telle ou telle somme. L'autre, c'est-à-dire l'acheteur, a donné son consentement à cette vente. Le vendeur a, par une clause légitime avec l'acheteur, conservé la jouissance et l'administration de l'immeuble vendu, moyennant un loyer de tant ou tant, et pendant tel laps de temps.

Cela s'est passé ainsi, et le *sigeh* a été prononcé le 9 de tel mois et de telle année.

Furent présents comme témoins :

Tel, fils d'un telle et d'une telle;   Et tel, fils d'un tel et d'une telle.

○   ○

(Cachet de ce témoin.)   (Cachet de ce deuxième témoin)

---

§ 6. Il est du devoir des deux parties, vendeur et acheteur, d'accomplir exactement le contrat. Chacun répond de toute perte résultant de l'inexécution de sa part du contrat.

Les pertes et avaries provenant du cas fortuit sont à la charge de celui qui se trouvait, au moment du cas fortuit, en possession de la chose vendue.

§ 7. Le Koran, chap. II. v. 282, ordonne que les écrits, en matière de vente, soient rédigés en présence de témoins. C'est, en conséquence, la déposition testimoniale qui est le moyen par excellence de preuve, en cas de contestations, et ce n'est qu'à défaut de témoins que, suivant les circonstances, le serment est déféré au vendeur ou à l'acheteur. (V. ci-dessus II° division, le Droit civil, § 3, de la procédure.)

Le vendeur est tenu de produire des témoins :

a. Dans les contestations sur le prix de la chose vendue;

b. En cas de discussion sur le point de savoir si, au moment de la vente, la chose vendue était vicieuse ou avariée;

c. Sur les changements qui ont pu survenir dans la chose vendue, depuis le moment de la conclusion du contrat jusqu'à celui de la livraison de cette chose;

d. Sur la mesure ou le pesage, quand l'acheteur n'était pas présent à ces opérations.

C'est à l'acheteur à fournir ses témoins :

a. En cas de contestation sur la quantité déclarée au contrat de vente;

b. En cas de contestation sur les termes du payement.

Dans toute action relative à l'exécution d'un contrat de vente, conclu conformément à la loi, c'est à la partie qui s'oppose à l'exécution de ce contrat à prouver par témoins l'exactitude des faits sur lesquels elle entend appuyer légalement sa résistance.

Si l'acheteur était présent lors du pesage ou du mensurage des choses par lui achetées, et s'il chicane sur le poids ou la mesure, on ne s'enquiert pas s'il y a des témoins : le serment est déféré au vendeur.

Du reste, toutes les contestations en pareille matière, aussi bien sur la qualité des choses que sur leur mesure ou leur poids, sont décidées par rapport d'experts, *ehle chibret*.

§ 8. Le contrat de vente fait partie des contrats irrévocables *'ekde lazim*, et ne peut être révoqué que par le consentement mutuel et réciproque. Néanmoins, il y a exception à cette règle dans les sept cas suivants de *chior fesch* ou *reed :*

1) *Chior medjlis*. C'est le *jus pœnitendi* tant que les parties contractantes sont encore ensemble. — Tant que le vendeur et l'acheteur ne se sont pas séparés, chacun d'eux peut à son gré et de son seul sentiment se détacher du contrat.

Autres sectes. Les azemites ne sont pas de cet avis : ils n'admettent pas la résolution unilatérale et facultative pendant que les parties sont encore ensemble. Ils pensent que le contrat, une fois conclu, ne peut être résolu que par le dissentiment réciproque.

Mais dès qu'ils se séparent, le contrat devient irrévocable, s'il a été arrêté en présence de témoins musulmans.

2) *Chior heiwon*, le droit d'annuler le contrat de vente de bestiaux.

Pendant trois jours à partir de la vente, l'acheteur d'animaux vivants a le droit de restituer au vendeur les animaux vendus, sans être tenu de déduire ses motifs au vendeur.

3) *Chior scherut*, le droit de se désister en vertu de la convention intervenue à cet effet.

Les parties contractantes peuvent, par une clause spéciale, se réserver le droit réciproque d'annuler le contrat dans un certain laps de temps. Cette clause n'est cependant permise qu'en cas de vente de choses de haute valeur, et notamment dans le cas où cette clause aurait pour objet de garantir entre le vendeur et l'acheteur la liquidation d'une dette.

4) *Chior ghebn*, désistement pour cause de tromperie découverte.

Quand, dans la vente d'une chose, le vendeur a employé la ruse et la tromperie, l'acheteur a le droit de faire annuler son engagement, dès qu'il a découvert l'emploi de ces moyens.

Autres sectes. Les schafiites reconnaissent la nullité de la vente quand il y a tromperie, mais ils n'imposent pas au vendeur qui a trompé la nécessité de reprendre la chose à l'acheteur : ils laissent à celui-ci l'option de garder la chose ou de la rendre, à son gré.

5) *Chior toachir*, désistement pour cause de retard. Si le vendeur est en retard de livrer et l'acheteur, après livraison, en retard de payer, l'un et l'autre peuvent, dans les trois jours, demander la résolution de la vente.

Autres sectes. Les schafiites n'admettent cette règle qu'autant qu'il y a eu préjudice.

6) *Chior ruyet*, désistement pour cause de changement survenu dans la forme extérieure. Si l'acheteur prouve que, dans l'intervalle du contrat à la livraison, la chose vendue a changé de forme extérieure, ou ne possède plus les qualités qu'elle avait pendant cette période, il a le droit de résilier le contrat.

7) *Chior 'eib*, résolution pour cause de vices cachés.

L'acheteur a trois jours pour découvrir les vices et défauts de la chose par lui achetée : pendant ce délai, il a le droit de résilier le contrat s'il prouve qu'il a découvert des vices qui étaient latents au moment de la vente.

La découverte de vices sur une partie d'une marchandise donne à l'acheteur le droit, ou de résilier le contrat pour la totalité, ou de demander une diminution de prix pour la partie endommagée, ou la restitution du prix de l'esclave vendu et qui s'est enfui.

Autres sectes. Quand la chose achetée acquiert, entre les mains de l'acheteur, une amélioration qui vient ensuite à disparaître par l'effet d'une détérioration pendant le cours du délai fixé, les azémites permettent à l'acheteur de garder l'amélioration pour lui; mais la chose elle-même, avec sa diminution de valeur, doit être restituée au vendeur, conformément au *chior 'eib*.

Quand de deux esclaves vendus ensemble, l'un meurt avant la livraison à l'acheteur, l'acheteur peut ou bien résilier le contrat, ou bien le laisser s'exécuter pour partie, mais dans ce dernier cas, il doit payer au vendeur la totalité du prix des deux esclaves.

§ 9. Toutes les pertes résultant de la résiliation du contrat sont à supporter par ceux qui ont agi illégalement et donné ainsi lieu à cette résiliation. Si l'une des parties contractantes vient à décéder pendant le délai où elle aurait pu faire résilier le contrat, ses héritiers ont le même droit, suivant les schafiites et les schiites. (Les azémites ne tiennent pas ce droit pour transmissible aux héritiers.)

La résiliation d'un contrat, lors duquel il avait été donné des arrhes, n'est permise qu'en cas de *chior fesch*, et les arrhes sont rendus à l'acheteur; après l'expiration du délai *chior fesch*, le fait de laisser les arrhes aux mains du vendeur est insuffisant par lui-même, s'il ne s'est pas expliqué; il faut plutôt exécuter en pareil cas le contrat convenu.

CHAPITRE II.

Dein, prêt de choses fongibles.

Sources.

Neil ul-merom, 2ᵉ partie, p. 28 à 30. — *Bist bob*, p. 214-15. — *Sewol we djewâb*, p. 32 à 44. — *Keschf-enwor*, p. 229 à 238; 332 à 339. — *Helil idjoz*, p. 159 à 165. — *Ichtelof ul-ert'e*, p. 131 à 33.

Dulau, *Droit musulman*, p. 390-400.

§ 1. Les obligations de payer sont, d'après le droit musulman, de deux espèces :
1) *Dein;* 2) *selem we selef.*

Le *Droit musulman* range les obligations de rembourser parmi les contrats de vente. Le *dein* et le *selem we selef* sont des actes d'achat et de vente à terme fixé, avec payement anticipé du prix de vente. Le créancier est envisagé comme acheteur, le débiteur comme vendeur.

Le *dein* est un prêt d'argent ou de choses fongibles, sans aucune espèce de bénéfice pour le prêteur, et seulement sous l'engagement de l'emprunteur de restituer la même somme ou des choses de mêmes qualité et quantité à l'époque convenue.

Le *selem we selef* a lieu quand quelqu'un remet à un autre de l'argent ou des choses permises par le *scher'e*, à charge par celui-ci, après un certain délai, de rendre certaines choses indiquées d'avance, cependant avec un bénéfice pour le vendeur créancier, c'est-à-dire en une plus grande quantité ou valeur que celles que l'acheteur débiteur a réellement reçues.

§ 2. Sont communes à ces deux contrats les règles suivantes :
1) Consentement mutuel des parties contractantes;
2) Fixation d'un terme pour la restitution ou le payement ;
3) Détermination précise de la quantité et de la qualité des choses prêtées, d'après le nom, le nombre, la mesure et le poids.

Autres sectes. Les azémites ne permettent pas de prêter par *selem we selef* des animaux vivants : les schafiites et les schiites le permettent. Mais les uns et les autres défendent le prêt à intérêt des pierres précieuses.

4) Il faut que le débiteur soit mis en possession de l'argent ou des choses prêtées.

5) Le créancier ne peut pas exiger son payement avant le terme, à moins que le débiteur n'ait été déclaré insolvable. (Voy. *infrà, de la Banqueroute*, section VI, chap. I.)

6) Le bien des mineurs ne peut, jusqu'à leur majorité, être employé à payer les dettes de leurs parents que sous la responsabilité de ceux qui administrent le patrimoine de ces mineurs.

7) Jusqu'à l'exécution définitive d'un contrat de prêt, on peut faire des stipulations modificatives de l'obligation, mais non abolitives; par exemple, le créancier peut faire remise d'une portion de sa créance au débiteur, à condition que celui-ci payera avant l'échéance du terme qui lui avait été accordé par le contrat.

Autres sectes. Les schafiites et les azémites regardent une pareille convention comme illégale. Aucune secte, parmi les sunnites, n'admet le *tensil*, c'est-à-dire une remise partielle de la dette sous condition.

Il n'est pas permis aux esclaves de prendre un engagement de prêt sans l'assentiment de leur maître; mais si le maître a ratifié cet engagement après que l'esclave l'avait pris, ce maître sera tenu de toutes les conséquences du contrat fait par l'esclave. (Voy. le livre *Eiko'ot*, chap. II, *de l'Esclavage.*)

§ 3. Les règles spéciales au *dein* sont les suivantes :

1) Il est défendu d'emprunter de l'argent ou des marchandises sans un pressant besoin.

2) Dans ce prêt, le créancier ne peut pas stipuler légalement un intérêt quelconque : le débiteur ne peut être forcé de rendre que ce qu'il a reçu. Il est laissé à la volonté du débiteur de donner ou de ne pas donner au créancier, quand il rembourse le prêt, une indemnité pour la jouissance gratuite du

capital. Mais cet acte gracieux ne peut pas faire l'objet d'une clause obligatoire du contrat [1].

Autres sectes. Les schafiites permettent au créancier de changer en *selem*, c'est-à-dire en prêt avec intérêt obligatoire, le prêt gratuit *dein*, en l'absence et sans le consentement du débiteur, si ce débiteur a laissé passer l'échéance du terme sans rembourser sa dette. Les azémites et les schiites n'admettent, dans aucun cas, que le créancier puisse tirer du *dein* un bénéfice quelconque sans la libre volonté du débiteur.

3) Il est laissé à l'option du créancier de recevoir en payement des espèces ou des marchandises, ou des objets d'un autre genre, pourvu que la valeur soit la même. Si le créancier ne veut recevoir en remboursement que des choses de la nature de celles qu'il a prêtées, l'emprunteur ne peut pas se libérer par un payement en argent; il doit rendre des choses de même qualité et en même quantité.

4) La valeur des choses à restituer doit être estimée au prix courant à l'époque fixée pour la restitution.

5) Le débiteur qui n'a pas payé à l'échéance est responsable sur tout son patrimoine, mobilier et immobilier, et même sur les choses qu'il aurait mises en la possession d'un tiers, par exemple des choses apportées par lui en société à titre de mise sociale. Si le débiteur ne veut ou ne peut payer, le créancier est maître d'attaquer telle ou telle portion du patrimoine de ce débiteur. Le créancier a aussi, pour toute espèce de dette, la contrainte par corps contre le débiteur. Néanmoins, celui-ci ne peut pas être contraint de contracter de nouveaux emprunts pour payer ses dettes existantes.

§ 4. Règles spéciales et relatives au *selem*.

1) Les objets destinés à l'amortissement de la dette *selem we selef* ne doivent pas être de la même qualité que ceux qui ont été prêtés à l'emprunteur ; car, dans ce cas, la créance provenant du *selem* perdrait son caractère et revêtirait celui du *dein*, prêt essentiellement gratuit et dans lequel il n'est pas permis au prêteur de se faire quelque profit.

---

[1] Sous ce rapport, la règle relative au *dein* est la même que celle du troc. (Voy. ci-dessus le chapitre I de la section II, au titre du *Tedjoret*, ou *Bei 'weschero*, n° 9.)

2) La chose qui, dans l'obligation résultant du *selem*, est destinée au payement de la dette, ne peut pas être aliénée avant l'expiration du terme du *selem*. Cette aliénation n'est permise que lorsque, à l'échéance du terme, le créancier refuse de recevoir cette chose.

3) On peut convenir dans le contrat que la remise de la chose prêtée et le remboursement par l'emprunteur se feront dans un lieu déterminé. En ce cas, la clause ne peut être changée que par le consentement mutuel des deux parties.

4) Quand le contrat de *selem* a été conclu en présence de plusieurs personnes, le créancier est tenu de remettre à l'emprunteur l'argent ou les marchandises prêtées instantanément et avant que ces personnes ne se soient dispersées.

§ 5. Règles lors de la rédaction du contrat.

Les parties contractantes, dans le *dein* comme dans le *selem*, doivent exprimer leur consentement réciproque (*idjob we kabul*) par les paroles suivantes : dans le *dein*, le créancier dit : *e kreztu*, ce qui signifie : « je t'ai prêté telle chose ; » l'emprunteur répond : *kabiltü*, ce qui veut dire : « j'ai reçu cette chose. » Dans le *selem*, le créancier dit : *eslemtü* et *sefeltü*, ce qui veut dire : « je t'ai remis à titre de *selem* l'argent ou les marchandises ; » l'emprunteur, devenu débiteur, répond : *kabiltü*, c'est-à-dire : « j'ai reçu à titre de *selem* l'argent ou les marchandises. »

Les obligations résultant du *dein* et du *selem* peuvent être et sont ordinairement constatées par un écrit, sous le sceau des témoins ; mais elles peuvent être aussi prouvées sans écrit et par le témoignage oral, lorsqu'elles ont été contractées en présence de plusieurs personnes, et que la remise des objets du prêt a eu lieu avant que ces personnes ne se soient séparées et retirées.

FORMULAIRE.

> J'atteste la vérité de cet écrit fait en ma présence.
>
> O
>
> (Cachet du kadi.)
>
> O Dieu!
> Au nom de Dieu, le meilleur de tous les noms. A comparu un tel,
>
> O
>
> (Cachet du prêteur.)
>
> lequel a déclaré avoir, conformément aux règles du *scher'e*, prêté à tel
>
> O
>
> (Cachet de l'emprunteur.)
>
> huit cent quarante tuman, que celui-ci a reçus comptant des fonds du prêteur.
> L'emprunteur a touché cette somme avec l'aide de Dieu, notre Seigneur suprême, et s'engage à la rembourser dans huit mois, à partir de ce jour.
> Tel jour, tel mois, telle année.
> Ont été présents comme témoins les trois dont les noms suivent :
>
> Tel.   Tel.   Tel.
> O   O   O
> (Cachet du témoin.) (Cachet du témoin.) (Cachet du témoin.)

§ 6. Le prêt est considéré comme une action louable, et estimée plus haut que l'aumône, parce que Mahomet a dit que tout musulman, dans l'autre monde, ne recevra qu'une indemnité de dix pour ses aumônes, tandis qu'il y aura droit à dix-huit pour ses prêts gratuits. Quand les choses prêtées dans le *dein* ou dans le *selem* sont *herom*, c'est-à-dire prohibées par les préceptes du *Scher'e,* toute l'obligation est frappée de nullité, quand même toutes les autres exigences de forme auraient été satisfaites par les parties.

Quand il s'élève un procès sur les obligations en matière de prêts, les déclarations des parties contractantes se prouvent par des serments : le créancier jure que le débiteur n'a pas rempli son obligation, quand le litige porte sur l'inexécution reprochée par ce créancier à son débiteur : à son tour, ce débiteur, quand l'objet du procès consiste à alléguer qu'il n'a pas réellement reçu les choses faisant l'objet du prêt, est admis à faire le serment, lors même qu'il reconnaîtrait avoir reçu cet objet en présence de plusieurs personnes, mais en ajoutant qu'il les avait restituées au prétendu créancier après la retraite de ces personnes.

Si le débiteur refuse de s'acquitter de son obligation légalement contractée, il y peut être contraint de vive force par l'autorité publique.

§ 7. Les contrats *dein* et *selem* appartiennent à la classe des contrats irrévocables *ekde lazim*. Quand ils ont été faits conformément à toutes les prescriptions de la loi, ils ne peuvent pas être défaits par la volonté d'un seul des contractants : il faut le consentement des deux parties.

CHAPITRE III.

Arieh, le prêt.

Sources.

Neil ul-merom, IIe partie, p. 63-64. — *Bist bob*, p. 318-321. *Keschf enwor*, p. 305. — *Helil idjoz*, p. 207. — *Ichtelof ul-erb'e*, p. 151.

Dulau, *Droit musulman*, p. 390.

Mouradgea d'Ohsson, partie VI, p. 146.

§ 1. *Arieh*, le prêt est un contrat par lequel une personne, propriétaire d'une chose, la livre à une autre personne pour en jouir gratuitement et en tirer des avantages, sous l'obligation de la part de celle-ci de restituer cette chose identiquement au propriétaire et sur sa demande.

On appelle le prêteur *mü'ir*;

L'emprunteur, *müste'ir*;

Et la chose prêtée, *müste'or*.

§ 2. Règles du contrat de prêt.

1) Consentement bilatéral des contractants.

2) Dans ce contrat, il ne saurait être fait mention d'une rétribution quelconque, car, en ce cas, ce serait un contrat de louage.

3) L'objet d'un contrat de prêt ne peut être qu'une chose susceptible d'un usage utile ou d'une production de fruits, sans se consommer par cet usage; ainsi le prêt de denrées alimentaires n'est pas légal.

4) La chose prêtée doit, dans son essence et sa destination, pouvoir servir à un usage, et cet usage doit être conforme aux lois et coutumes du pays dans lequel le contrat de prêt a été conclu.

5) L'emprunteur (*müste'ir*) ne répond de la chose prêtée que lorsqu'elle a péri ou a été avariée par sa faute ou sa négligence, ou lorsque le contrat met expressément à la charge de l'emprunteur la resposabilité des dommages-intérêts, quelle qu'en soit la cause.

Autres sectes. Chez les schafiites, le *müste'ir* est responsable, en toute circonstance, de la conservation de la chose empruntée; chez les azemites, il n'est tenu de la perte et des avaries que dans le cas où il se serait servi de la chose d'une manière défendue par le *mü'ir*, ou, en cas de négligence, dans la garde de cette chose.

6) Les profits que le *müste'ir* recueille de la chose prêtée lui sont acquis, et il en peut disposer à son gré.

7) Il n'y a pas de délai fixé à la restitution de la chose prêtée; néanmoins, il est permis de déterminer par le contrat dans quel but et de quelle manière le *müste'ir* doit employer la chose. S'il contrevient à cette clause, il est responsable de tous les dommages résultant de cette inexécution.

Autres sectes. Les schafiites et les azemites permettent l'imposition d'un terme pour la restitution de la chose prêtée, dans le contrat. Ce terme doit même être fixé quand le *mü'ir* a permis au *müste'ir* d'opérer des changements sur le *müste' or* (la chose prêtée).

8) Les mineurs et les fous ne peuvent pas consentir des contrats de prêt.

9) L'emprunteur (*müste'ir*) n'a pas le droit de sous-prêter le *müste'or* (chose prêtée) si le propriétaire (*mü'ir*) ne lui a pas accordé expressément ce droit.

Autres sectes. Les azemites permettent les sous-prêt de la chose prêtée, sans que l'emprunteur ait obtenu expressément ce droit du propriétaire.

§ 3. Pour la conclusion du contrat de prêt, il ne faut que la déclaration du *idjob we kabul* sans autres formalités; et comme c'est un contrat fondé sur la confiance, on n'exige point d'écrit.

Le contrat de prêt appartient à la classe des contrats non irrévocables, *'ekde joiz*, et peut, dès lors, être résolu à tout moment par la seule volonté de celui qui veut s'en détacher. Le consentement mutuel n'est pas nécessaire pour cette résolution. Quand, pour tirer un avantage de la chose, l'emprunteur a fait des impenses, il n'en est pas moins tenu de restituer la chose au propriétaire à sa première demande; mais celui-ci doit rembourser à l'emprunteur les dépenses faites par lui en pure perte par le retrait de la chose avant l'expiration du temps qui devait réaliser les avantages espérés par l'emprunteur.

S'il s'élève des contestations entre les parties relativement au contrat de prêt, l'emprunteur doit produire une preuve testimoniale dans les cas suivants :

1) Quand la contestation porte sur le point de savoir si la chose a été remise à titre de prêt, *arieh*, ou à titre de louage, *idjoreh*;

2) Quand le *mü'ir* prétend que le *müste'or* a péri ou a été détérioré par la faute du *müste'ir*.

Si, au contraire, le débat s'élève sur la valeur de la chose prêtée, périe ou avariée, l'emprunteur doit prouver par témoins le chiffre du dommage qu'il offre de réparer. Si le prêteur n'accepte pas ce chiffre, il est fixé par le juge d'après la valeur qu'avait la chose au moment où elle a péri ou a été avariée.

CHAPITRE IV.

Wedi'e, le dépôt.

Sources.

Neil ul-merom, 2ᵉ partie, p. 61. — *Bist bob*, p. 314. — *Sewol we djewâb*, p. 151. — *Keschf enwor*, p. 456. — *Helil idjoz*, p. 276. — *Ichtelof ul-erb'e*, p. 150.

Dulau, *Droit musulman*, p. 400.

Mouradgea d'Ohsson, partie VI, p. 150.

§ 1. *Wedi'e* ou *ido'e* est un contrat par lequel le propriétaire d'une chose quelconque la remet à une personne pour la garder et à la charge de veiller à la conservation de cette chose.

Le déposant s'appelle *müweddi'e* ;

Le dépositaire s'appelle *müsteudi'e* ;

La chose déposée s'appelle *weddi'et*.

§ 2. Règles concernant le *weddi'e* ou dépôt.

1) Consentement réciproque des deux contractants.

2) Le dépositaire n'a pas le droit de se servir de la chose déposée; s'il s'en sert, le contrat *wedi'e* se changera en contrat *arieh* ou en contrat *idjoreh* (contrat de prêt ou de louage), selon qu'il aura été ou non question dans le contrat d'une rétribution envers le propriétaire.

3) La chose mise en dépôt doit être restituée par le dépositaire à la première réclamation du déposant, à moins que cette chose ne soit l'objet d'un *ghesb*, c'est-à-dire d'une possession violente et injuste. (Voy. la section 2, chap. I, du livre *Ehkom*.)

4) Le dépositaire est tenu d'apporter tous ses soins à la conservation de la chose déposée, et le déposant est tenu de rembourser les dépenses nécessaires faites pour la conservation de cette chose par le dépositaire.

5) Le dépositaire doit donner ses soins à la conservation de la chose déposée, suivant les règles et les usages usités dans les lieux où le contrat de dépôt a été convenu, en prenant en considération l'essence et la destination de la chose.

6) La responsabilité de la conservation de la chose déposée atteint le dépositaire en deux cas, à savoir :

1° En cas de *tefrit*, c'est-à-dire de défaut de soins;
2° En cas de *ta'edo*, usage de la chose déposée.

Autres sectes. Chez les schafiites, le dépositaire est responsable, en tous cas, de la conservation de la chose déposée.

Il y a *tefrît*, quand le dépositaire a fait moins qu'il devait faire, c'est-à-dire qu'il n'a pas donné à la chose louée les soins qu'il aurait dû y apporter ; il y a *tä'edo*, quand le dépositaire a excédé ses pouvoirs, c'est-à-dire quand il a employé la chose dans son intérêt personnel, ou l'a prêtée à un tiers sans l'agrément du propriétaire.

Autres sectes. Les azemites permettent au dépositaire de remettre la chose déposée entre les mains d'une tierce personne, pourvu que ce soit dans le même but de dépôt.

7) Aucun musulman ne doit faire un dépôt entre les mains d'un mineur ou d'un fou. Mais si le mineur ou le fou fait un dépôt entre les mains d'une personne raisonnable, le contrat sera obligatoire pour ce dépositaire, qui répondra de toutes les suites.

§ 3. Il faut essentiellement, pour faire un valable contrat de dépôt, qu'il y ait consentement réciproque, *idjob we kabul*, mais il importe peu en quelles formes et par quelles paroles s'accomplira le *idjob we kabul*; il n'y a pas de formule sacramentelle. On n'exige pas de formalités judiciaires, parce que c'est un contrat fondé sur la confiance; il n'y a pas lieu à un écrit; le contrat est verbal et la déposition d'un unique témoin suffit pour en prouver l'existence. C'est un contrat de la classe des contrats *'ekde djoiz*, et par conséquent il peut être révoqué à tout instant, et par la seule volonté de l'un des contractants. Ce contrat est résolu par la mort de l'une des parties ou par la démence survenue à l'une ou à l'autre.

En cas de contestation sur la restitution de la chose déposée, s'il n'y a pas de témoins à produire, le dépositaire sera cru sur son serment; mais s'il reconnaît avoir reçu la chose déposée, en ajoutant qu'il l'a remise à un tiers avec l'agrément du propriétaire, il doit produire des témoins à l'appui de son exception.

Autres sectes. Les schaflites et les azemites se contentent, même dans ce cas, du serment du dépositaire, et n'exigent point de témoins.

CHAPITRE V.

Idjore, le louage.

Sources.

Neil ul-merom, partie II, p. 65. — *Bist bob*, p. 289. — *Keschf enwor*, p. 344. — *Helil idjoz*, p. 224. — *Ichtelofot ul-erb'e*, p. 161.
Dulau, *Droit musulman*, p. 358.
Mouradgea d'Ohsson, partie VI, p. 138.

§ 1. Le contrat *idjore* consiste dans la convention par laquelle une personne propriétaire d'une chose la remet, pendant un temps déterminé, à une autre personne pour en jouir et en tirer des avantages, — ou bien, une personne s'engage à rendre ses services à une autre et à travailler pour elle; — à charge, dans le premier cas, que celui qui est mis en jouissance de la chose louée en paye une redevance au propriétaire, et dans le second cas, que celui qui loue ses services et son travail à un autre, reçoive de celui-ci une rétribution.

Le droit musulman regarde comme louage des services personnels, toute commande faite à des artisans.

Le locateur s'appelle *müdjir* et le locataire *müsteedjir*.

§ 2. Les règles fondamentales de ce contrat sont les suivantes :

1) Le consentement respectif des deux contractants, *idjob we kabul*, est indispensable.

2) Les deux parties doivent avoir la capacité de contracter et de disposer de la chose. C'est pour cela que le contrat de louage est nul quand il est fait avec un enfant ou avec un fou.

Néanmoins, le contrat fait par un mineur avec l'agrément de son tuteur, est valable.

Autres sectes. Les choses appartenant au fonds d'une société ne peuvent, d'après les règles en vigueur chez les azémites, être louées qu'à des membres de la société, et non à des tiers qui n'en feraient pas partie.

3) La durée du louage et le montant du prix du loyer doivent être déterminés d'une manière expresse et exacte. Dans le louage des choses, le terme de la cessation doit être fixé; dans le louage des services, la libération dépend de la volonté des contractants.

Autres sectes. Les schafiites n'admettent comme délai le plus long, dans le louage des choses, que le laps d'une année. Les sunnites ne permettent de louer ses services personnels que pour trois ans à partir du contrat, afin d'empêcher qu'un musulman ne se mette ainsi en esclavage. Autrefois, chez les anciens Arabes, on pouvait engager ses services personnels pour une période de soixante-dix ans, prétexte pour vendre sa liberté.

Le prix du loyer ou du salaire doit être déterminé, si c'est possible, d'après le nombre, le poids ou la mesure,

Autres sectes. Chez les schafiites et les schiites il est admis que, lorsqu'il n'a pas été inséré de clause spéciale sur l'époque du payement du loyer ou du salaire, le débiteur doit payer d'avance la totalité du prix du loyer ou du salaire. Les azémites admettent les payements partiels.

4) Lors de la conclusion du contrat de louage, il faut déclarer expressément dans quel but seront employés les choses ou les services personnels loués. Si le locataire use contrairement à la convention, il répondra de tout le dommage résultant de son excès de jouissance envers le locateur.

5) Le locataire doit être mis en possession de la chose louée et dans la possibilité de s'en servir. Dès lors est nul le louage d'un esclave fugitif ou d'une chose perdue qui ne se retrouve pas.

6) Une chose ne peut être louée qu'autant que la jouissance qu'en fera le locataire ne sera pas prohibée par la loi. Ainsi, par exemple, est nul le contrat de louage d'une boutique dans laquelle on débiterait du vin ou d'autres choses dont la vente est prohibée.

7) Si le locataire ne retire aucun profit de la chose louée, il n'est pas dégagé de l'obligation de payer le loyer par lui promis ; mais si, sans détériorer la chose, il en retire des avantages exceptionnels, ces avantages sont pour lui, sans déduction possible de la part du locateur.

8) Le locataire est tenu de l'entretien des esclaves et des animaux qui lui sont loués.

9) Il est responsable de la conservation des choses louées ; néanmoins, il sera affranchi de cette responsabilité si ces choses viennent à périr ou à être avariées pendant le bail, sans sa faute, ou encore si ces faits s'accomplissent avant la mise en possession de ces choses. Mais si elles viennent à périr ou à se détériorer après l'expiration du temps du bail, sans que le locataire les ait restituées, ce retard le constitue en faute, et il répondra des conséquences préjudiciables envers le locateur.

10) Le locataire peut sous-louer la chose si le locateur ne lui a pas expressément refusé cette faculté dans le contrat. Néanmoins, le locataire principal reste responsable envers le locateur des faits et gestes du sous-locataire. La sous-location peut être faite pour un prix supérieur à celui que paye le locataire lui-même.

Autres sectes. Les azémites n'admettent pas que le locataire profite de ce bénéfice ; il doit l'employer en aumônes.

11) Une femme ne peut louer ses services comme nourrice qu'avec l'autorisation de son mari. C'est ici qu'il faut se reporter aux règles posées relativement au *rizo'e,* c'est-à-dire aux rapports de la nourrice avec les parents ou alliés du nourisson. (Voy. ci-dessus le livre '*Ekudot,* sect. 1, § 3, n° 11.)

12) L'artisan qui s'est engagé à faire dans son atelier un travail de son métier, doit l'achever et le livrer dans le délai fixé. S'il est en retard ou s'il fait un mauvais travail, il devra réparation de tout le dommage par lui causé.

Autres sectes. Les schaflites et les azémites ne rendent l'artisan responsable que lorsque, dans sa manière de travailler, il y a eu intention mauvaise et méchanceté.

§ 3. Le contrat de louage appartient à la classe des contrats irrévocables, *ekde lazim*. Le consentement réciproque, *idjob we kabul*, doit être exprimé dans la formule suivante : Le locateur dit : « Je t'ai loué telle et telle chose dans tel et tel but, » ou bien celui qui loue ses services personnels dit : « Je me suis » loué à toi dans tel et tel but. » Le locataire répond : « J'ai accepté à titre de louage. » Les stipulations sur la durée du contrat, sur le prix du loyer, sur le mode de jouissance, peuvent être constatées dans un écrit dressé par le kadi ou par la preuve labiale des témoins qui ont été présents.

MODÈLE D'UN CONTRAT DE LOUAGE.

J'atteste que j'ai rédigé ce contrat.

O

(Cachet du kadi.)

O Dieu !

Au nom de Dieu, le meilleur de tous les noms. Il a été loué d'après les règles du *Scher'e*, à partir du jour ci-dessus déterminé, pour une durée de cinq mois à tel ou tel (nom du preneur),

O

(Cachet du preneur.)

une maison avec toutes ses dépendances, et notamment le jardin fruitier y attenant, par un tel (nom du locateur).

O

(Cachet du locateur.)

lequel locateur est propriétaire légitime de la maison louée ; le prix du bail est de quatre-vingt *tuman* et de cinq mille cinq cents *dinare*. Il a été formellement convenu, d'après les règles du *Scher'e*, que le locataire de la maison payera mensuellement au propriétaire, et par à-compte égaux la somme convenue.

Pour corroborer ce contrat, il a été donné lecture du *sighe*.

Tel jour, tel mois, telle année.

Ont été présents et témoins :

Un tel.   Un tel.

O   O

(Cachet de ce témoin.) (Cachet de ce témoin.)

§ 4. Le contrat de louage n'est valable et légitime devant la justice, *scher'e*, que lorsque les parties contractantes ont observé toutes les règles qui précèdent ; il faut notamment que le consentement réciproque ait été exprimé par la forme sacramentelle.

En cas de contestation sur le payement du loyer de la chose, ou du salaire des services, le locateur est tenu de produire des témoins, le locataire est admis à prouver par son serment.

S'il s'élève une contestation sur ce qui a été commandé à un artisan, c'est celui-ci qui doit prouver par témoin ses allégations, parce que l'on doit présumer que celui qui a fait la commande savait mieux ce qu'il entendait commander que l'artisan auquel était faite cette commande.

Le contrat de louage rédigé d'après les règles du *scher'e*, est un contrat de la classe des irrévocables, *ekde lazim*, qui ne peut être résilié que par le consentement mutuel des parties, exprimé devant le tribunal *scher'e*, ou en présence de deux témoins.

Les parties contractantes qui veulent mettre fin au contrat avant l'expiration du délai convenu, doivent le déclarer et résilier alors ce contrat. Si cette dénonciation n'a pas eu lieu, le contrat est réputé continué aux mêmes conditions que celles du précédent.

Quand, pendant un louage de choses, une des parties contractantes vient à mourir avant l'expiration du laps convenu, le contrat n'est point résolu, mais les obligations actives et passives passent aux héritiers.

Autres sectes. Chez les azémites, le contrat de louage est résolu par la mort de l'une des parties contractantes.

En matière de louage des services personnels, après la mort du serviteur ou de l'artisan qui les avait loués, ses héritiers ont le droit de continuer ces services envers le *müdjir*, jusqu'à l'expiration du temps qui avait été convenu.

Le preneur n'a le droit de rendre la chose et de demander la résiliation du bail, que lorsqu'il découvre des vices et des avaries dans une chose qui lui avait été livrée comme étant sans défaut et en bon état. L'exercice de ce droit n'est pas subordonné à un délai déterminé ; mais le premier doit demander cette résolution dès qu'il a découvert ces vices cachés. S'il ne le fait pas et s'il continue à user de la chose louée, il perd le droit de la rendre avant la fin convenue du bail.

Les mêmes principes s'appliquent au louage des services

personnels, quand celui qui a loué ses services révèle dans la suite qu'il n'a pas la capacité ou l'aptitude suffisantes.

CHAPITRE VI.

Schirket, le contrat de société.

Sources.

Neil ul-merom, partie II, p. 49. — *Bist bob*, p. 306. — *Kesch enwor*, p. 277. *Sewol we djewob*, p, 112. — *Helil idjoz*, p. 191. — *Ichtelofot ul-erb'c*, p. 144.

Mouradgea d'Ohsson, partie VI, p. 61.

§ 1. *Schirket*, le contrat de société est celui par lequel deux ou plusieurs personnes, *scherik*, conviennent de mettre en commun des sommes d'argent ou des marchandises, pour faire des opérations dont le profit et la perte seront partagés entre les associés dans la proportion des droits de chacun sur le fonds social.

§ 2. Dans les divers traités des juristes sunnites et schiites, on trouve quatre espèces de *schirket :*

1) *Schirket ul-'enon*, le contrat de société ayant pour objet des choses de même espèce, particulièrement des marchandises, pour en faire le commerce. Ici se place aussi le contrat de société existant entre les fils d'un père défunt, relativement aux biens de la succession encore indivise, de même que le contrat de société entre deux ou plusieurs personnes, relativement à des marchandises achetées en commun et non encore partagées.

2) *Schirket ebdon we e'mol*, le contrat de société entre plusieurs personnes se livrant au même travail ou au même métier, pour partager par portions égales entre elles les gains de la collaboration.

3) *Schirket wedjuh*. Ce contrat contient les cas suivants :

a. Quand deux ou plusieurs personnes conviennent de partager par portions égales entre elles le gain provenant de la revente des marchandises que chacune d'elles a isolément achetées et revendues.

b. Quand deux personnes, dont l'une a une grande réputation dans le commerce et jouit de beaucoup de crédit, tandis que l'autre n'a ni nom connu, ni crédit, conviennent de mettre leurs capitaux en commun sous le nom de la première pour faire des opérations commerciales et en partager les bénéfices.

c. Quand, dans un contrat comme celui qui vient d'être cité, c'est l'associé non encore connu du public et sans crédit qui a le capital en espèces ou en marchandises, tandis que le commerce sera fait sous le nom de l'autre associé, sans que le premier puisse disposer du capital d'une manière illimitée.

4) *Schirket me 'owize*. C'est le contrat de société avec compensation réciproque, par lequel plusieurs personnes, sans mettre en commun leur capital ou une quantité de marchandises pour faire des entreprises communes, se lient par la convention de partager également entre elles le gain ou la perte qu'elles réaliseront chacune par les opérations qu'elles feront séparément.

§ 3. Pour la pleine validité d'un contrat de société, il faut accomplir rigoureusement les règles essentielles ci-après énumérées :

1) Consentement réciproque des parties contractanctes : *idjob we kabul*.

Celui qui veut prendre part à un contrat de société doit avoir des ressources.

Autres sectes. Les azémites admettent que l'on puisse s'associer par le contrat *me' owize*, sans être propriétaire d'un capital d'argent ou de marchandises.

3) Le capital en argent ou en marchandises avec lesquelles seront conduites les entreprises commerciales de la société, doit être fondu en un tout formant le fonds social, et dans lequel ne puissent plus être distinguées ni séparées les mises particulières de chaque associé.

Autres sectes. Cette règle ne concerne que le contrat *schirket ul-'enon*, lequel, d'après la doctrine des schafiites et des schiites, est regardé comme la seule espèce de *schirket* légalement valable. Au contraire, les azémites admettent toutes les espèces de contrats de société, et dès lors ils rejettent l'application de la règle qui vient d'être posée sous le n° 3 du paragraphe précédent.

Si les marchandises à verser par chacun des associés pour en faire le fonds social sont de nature différente, il faut pour que le *schirket* soit conforme au droit, que chacun des associés vendent à leurs coassociés une part égale des marchandises que ceux-ci ne possèdent pas, afin que toutes ces marchandises deviennent propriété commune au lieu de rester propriété particulière.

§ 4. Sont d'une importance moindre que celles qui viennent d'être posées, les règles suivantes, relatives au contrat de société :

1) Le gain doit être partagé proportionnellement à la mise sociale de chacun des associés. Toute déduction par laquelle un d'eux se procurerait une part plus grande dans les bénéfices que celle qui lui reviendrait en proportion de son apport social, est défendue et vicie de nullité tout le contrat.

Autres sectes. Les azemites permettent toute manière de partager le gain, pourvu qu'elle soit approuvée par tous les associés et qu'elle ait été l'objet d'une clause particulière.

2) Chaque associé a le droit de faire acte de disposition sur les choses composant le fonds social, s'il n'a pas été apporté des restrictions à ce droit dans le contrat.

3) Quand le contrat de société a été rédigé conformément aux prescriptions susdites du *scher'e*, et que toutes les règles essentielles ont été exécutées, il reste loisible aux associés de faire des clauses accessoires, notamment sur les points suivants :

Lequel des associés dirigera le commerce des marchandises ou le maniement des capitaux?

Jusqu'à quelle valeur fera-t-on l'exportation des marchandises?

Quelles espèces exportera-t-on?

Dans quels pays? etc., etc.

§ 5. Il n'y a pas de règles spéciales pour la rédaction du contrat de société devant la juridiction du *scher'e*. Le contrat écrit est rédigé par le kadi, et il peut résulter d'une convention verbale en présence de témoins.

MODÈLE D'UN CONTRAT DE SOCIÉTÉ.

Rédigé conformément à la vérité, en ma présence.

O

(Cachet du kadi.)

O Dieu !

Au nom de Dieu, le meilleur de tous les noms. Ont déclaré devant la justice religieuse, tels et tels,

O   O

(Cachets des contractants.)

que chacun d'eux, après avoir mis en un capital commun, cent dix *tuman*, conformément aux règles du contrat de société *schirket ul-'enon*, sont convenus d'établir avec ce capital, dans une boutique, un petit commerce, et de partager par égales portions entre eux tous les bénéfices de ce commerce, comme les pertes qui pourraient en résulter. Pour corroborer ce contrat, le *sighe* a été lu, tel jour, tel mois et telle année.

Étaient présents comme témoins :

Un tel.   Un tel.   Un tel.

O   O   O

(Son cachet.)   (Son cachet.)   (Son cachet.)

---

§ 6. Les schiites et les schafiites n'admettent comme conformes au droit et valables, de toutes ces espèces de contrats de société, que le *schirket ul-'enon*. Tous les autres sont, selon leur doctrine, *botil*, c'est-à-dire, nuls, et notamment le *schirket wedjuh*, parce qu'il repose sur la tromperie, et le *schirket ebdon we' emol*, ainsi que le *schirket me'owize*, parce que, dans ces deux derniers, il n'y a pas de fonds commun d'où l'on puisse faire sortir des gains de commerce.

Autres sectes. Les azemites admettent comme légitimes toutes les espèces de contrats de société. Par conséquent, le *schirket me'owize* est valable, pourvu que les opérations des associés soient conformes à la loi. La validité du *schirket-ebdon we 'emol* ne dépend pas de ce que les occupations ou les travaux des associés sont identiques. Enfin le *schirket wedjuh* peut aussi être rédigé pour fixer le partage du gain.

On ne prend en considération devant les tribunaux *scher'e* que les réclamations résultant du *schirket ul-'enon*. Tous les autres contrats de société sont de la compétence des tribunaux ecclésiastiques, qui jugent les procès qui en résultent.

Autres sectes. Les azemites admettent que tous les tribunaux sont compétents pour statuer sur les contestations sociales, quelle que soit l'espèce du contrat de société.

Le contrat de société appartient à la classe des contrats révocables, *'Ekde djoiz*, et peut être résolu, sans le consentement unanime des associés, sur la demande d'un seul, malgré le refus de tous les autres.

La mort ou la folie survenue à un des associés met fin au contrat de société.

A la dissolution de la société, tout ce qui compose le fonds social, les bénéfices des opérations de commerce et les pertes doivent être partagés; mais ce partage ne peut valablement être fait qu'en présence de tous les associés ou de leurs représentants.

CHAPITRE VII.

Mezoribe, le contrat de mandat (la commission commerciale).

Sources.

Neïl ul-merom, partie II, p. 52. — *Bist bob.*, p. 310. — *Swel we jewob*, p. 141. — *Keschf enwor*, p. 332. — *Helil idjoz*, p. 219. — *Ichtelofot ul-erb'e*.

Mouradgea d'Ohsson, partie VI, p. 65.

§ 1. Le *mezoribe* est un contrat par lequel une personne propriétaire d'un capital en espèces monnayées le remet à la disposition d'une autre personne, laquelle l'emploiera à faire le commerce, et le gain qui en résultera sera partagé entre ces deux personnes, après déduction des dépenses.

Autres sectes. Les azemites permettent que la valeur remise à *mezoibe* consiste en marchandises aussi bien qu'en espèces monnayées. Les schaites tiennent cela pour illégal.

Celui qui remet son argent à *mezoribe* s'appelle *sahibe mol ;* celui qui le reçoit s'appelle *'omil ;* le capital remis *res 'ul mol* ou *male keroz ;* et enfin le bénéfice résultant de l'opération commercial s'appelle : *ribh.*

§ 2. Ce contrat est régi par les règles suivantes :

1) Le *male keroz* doit consister en espèces sonnantes et en monnaie ayant cours dans les lieux où le *'omil* (le commis) se propose d'opérer. Il est défendu de remettre à *mezoribe* des créances et des lingots d'or ou d'argent.

Autres sectes. Chez les azemites, le *male keroz* peut aussi consister en marchandises.

2) Il faut assurer au *'omil,* à titre de salaire, une part du gain.

3) La part du gain assignée au *'omil* doit être exactement déterminée, et peut être assurée sur chaque portion du gain total.

4) Si le contrat *mezoribe,* avant qu'il en soit résulté un gain ou que les opérations aient commencé, est résilié sur la demande du *sahibe mol* ou à raison des vices du contrat écrit, celui-ci doit répondre de tout le dommage, et en outre payer au *'omil* le prix de ses peines, comme loyer de ses services, *idjret ul mithl,* au taux de ce loyer, tel qu'il existait à l'époque et dans le lieu de la confection du *mezoribe.*

5) Le *sahibe mol* est autorisé, dans la fixation du salaire, de déterminer le temps pendant lequel le *'omil* conservera son mandat. Il a également le droit de désigner les localités dans lesquelles le *'omil* pourra se transporter, ainsi que les personnes ou les peuples avec lesquels il trafiquera, ainsi que les marchandises dont il devra faire le commerce. Le *'omil* est tenu par ces conditions ; néanmoins, il est le maître de fixer l'étendue de ses opérations commerciales, et le *sahibe mol* n'a pas le droit de le contrecarrer dans ses dispositions.

Le *'omil* doit entreprendre tout ce qui peut servir à augmenter le capital ; néanmoins il est obligé, dans ses opérations, de suivre les règles et les usages existants sur la manière de faire le commerce dans le lieu de sa résidence.

Autres sectes. Les schafiites ne permettent pas d'imposer un terme final aux engagements dans le contrat *mezoribe*, car ce contrat deviendrait alors un contrat irrévocable, *'ekde lazim*. Ils n'admettent pas davantage que le *sahibe mol* puisse imposer au *'omil* dans quels pays, avec quelles personnes et avec quelles marchandises celui-ci devra faire le commerce.

6) Pendant les opérations, le *'omil* reçoit son entretien du *sahibe mol*, en ce sens qu'il vit sur le capital et ses accessoires. Il en est ainsi quand le *'omil* n'a pas de ressources personnelles : dans le cas contraire, s'il a des moyens d'existence, il ne peut prélever sur le *res 'ul mol* que la moitié de ses frais d'entretien.

Autres sectes. Chez les schafiites, le *'omil* ne reçoit aucuns moyens d'entretien du *sahibe mol*.

7) Le *'omil* ne peut céder son droit à une autre personne qu'avec l'assentiment du *sahibe mol*, et le successeur doit alors remplir toutes les conditions du contrat primitif.

8) Le *'omil* n'est pas responsable de la perte du capital ou des opérations dommageables, s'il n'a pas commis de faute.

9) En cas de mort du *'omil*, le *sahibe mol* ne peut élever des réclamations sur les choses qui se trouvent dans la succession du défunt qu'en prouvant clairement que celui-ci a fait avec lui un contrat *mezoribe*, que les effets délaissés par le défunt *'omil* ont été achetés avec l'argent avancé par le *sahibe mol*, et que l'argent trouvé en la possession du défunt provient du capital *res 'ul mol* ou *male keroz*. Si ces preuves ne sont pas fournies avec évidence, tout ce qui se trouve dans la possession du défunt appartient à ses héritiers.

§ 3. Lors de la rédaction du contrat, les parties contractantes doivent exprimer leur consentement réciproque, *idjob we kabul*, en paroles qui signifient clairement que l'une a eu la volonté de remettre son capital à *mezoribe*, et que l'autre a entendu le recevoir dans le même but.

LE CONTRAT DE MANDAT (MEZORIBE).

FORMULAIRE D'UN CONTRAT *mezoribe*.

Fait en vérité devant moi.

◯

(Cachet du kadi.)

O Dieu !

Au nom de Dieu, le meilleur de tous les noms. Le contenu du présent contrat est le suivant :

Tel ou tel

◯

(Cachet du *sahibe mol*.)

a remis de sa fortune propre et légitime quinze cents ducats de tel ou tel poids, à titre de *mezoribe*, à

Tel ou tel,

◯

(Cachet du *'omil*.)

homme versé dans le commerce et jouissant d'une bonne renommée dans le public. Cet homme devra, avec l'assistance de Dieu et conformément aux règles et prescriptions du *scheri'et*, faire le commerce, à la condition de ne pas quitter la ville de Schemachi. Sur les bénéfices réalisés par ces opérations de commerce, le *'omil* recevra un tiers, et les deux autres tiers appartiendront au *sahibe mol*. Cette convention a été arrêtée du consentement des deux parties, et il a été donné lecture du *sighe*, conformément aux règles du *scher'e*.

Ont été présents comme témoins :

Tel ou tel.   Tel ou tel.

◯   ◯

(Cachet de ce témoin.)   (Cachet du deuxième témoin.)

---

§ 4. Le contrat *mezoribe* produit ses effets dès que le *sahibe mol* a remis le *res ul-mol* au *'omil* qui l'a reçu. Devant les juges, ne sont valables que les contrats qui ont été convenus conformément aux règles ci-dessus. L'inexécution d'une des règles essentielles rend le contrat entièrement nul, *botil*.

En cas de contestation judiciaire sur l'existence du contrat *mezoribe*, ou sur la délivrance du capital d'argent au *'omil*, le *sahibe mol* doit prouver la vérité de ses allégations par des témoins, tandis que le *'omil* est admis à prouver les siennes par son serment.

Autres sectes. Les schafiites accordent aussi, dans ces procès, au *sahibe mol* la faculté de prouver par son serment.

S'il s'élève un différend sur le chiffre du bénéfice assuré au *'omil*, il doit le prouver par témoins.

Si l'argent versé pour les opérations du *mezoribe* ou les marchandises achetées avec cet argent sont perdus, ou si les opérations commerciales sont malheureuses, la responsabilité n'en reposera sur le *'omil* qu'autant qu'il sera en faute; il sera affranchi si ces pertes sont le résultat de force majeure ou de cas fortuit, à condition de prouver par serment ces accidents du hasard et de la force majeure.

Autres sectes. Les schafiites et les azemites imposent au *'omil*, quand il a reçu l'argent en présence de témoins, de prouver par témoins qu'il l'a restitué. Les schiites permettent, en pareille occurrence, au *'omil* de prouver cette restitution par serment.

Le *mezoribe* appartient à la classe des contrats révocables, *'ekdedjoiz*, et, dès lors, la résolution peut en être provoquée en tout temps par chacun des contractants, quand il n'y a pas eu dans le contrat des clauses pour en fixer la durée. A la cessation de la convention, la liquidation doit en être faite; s'il est arrivé que le *'omil* n'a pas pu achever une entreprise commencée et qui aurait produit un bénéfice si elle avait pu être terminée, il ne lui en est pas moins dû, par le *sahibe mol*, un salaire pour sa peine, comme dans le contrat de louage.

Le *mezoribe* cesse par la mort d'un des contractants, à moins que les héritiers n'optent pour la continuation du contrat et ne se soumettent à l'exécution des obligations y contenues.

CHAPITRE VIII.

Müzori'e, bail des fonds ruraux.

Sources.

Neil ul-merom, partie II, p. 55. — *Bist bob*, p. 295. — *Sewol we djevâb*, p. 148. — *Keschf enwor*, p. 343. — *Helil idjoz*, p. 222.

Mouradgea d'Ohsson, partie VII, p. 130.

§ 1. Le contrat *müzori'e* consiste à remettre un fonds de terre pendant un temps déterminé, pour le labourer et l'ensemencer, à une personne qui s'engage à en payer le fermage par une certaine quantité de blé au propriétaire de ce fonds, lors de la moisson.

Autres sectes. Abu Hanife déclare illégal le contrat *müzori'e*; ses disciples et successeurs, Abu Jusuf et Mahomet, le déclarent, au contraire, parfaitement légal. Le *müzori'e* est en usage en Transcaucasie parmi les adeptes de toutes les sectes.

Celui qui donne son fonds rural en *müzori'e* s'appelle *sahibe erz* ou *sahibe zemin*; celui qui reçoit ce fonds à cultiver et à ensemencer s'appelle *zori'e*, et le fonds s'appelle *mezri'e*.

§ 2. Voici les règles du *müzori'e* :
1) Le consentement mutuel *idjob we kabul* est essentiellement exigé.
2) On doit déterminer le terme du laps de temps pendant lequel sera faite la culture du *mezri'e*. On conseille de ne pas fixer un délai trop court, parce que le retour de l'époque de la moisson est incertain, et que le *zori'e* pourrait n'avoir pas le temps de faire la moisson du *mezri'e*.
3) On ne doit fixer pour la redevance à payer au *sahibe zemin* qu'une quote-part de fruits à prendre sur la récolte, telle que la moitié, le tiers ou le quart, et non une somme d'argent déterminée ni une quantité fixe de blé. Car dans ce dernier cas le contrat *müzori'e* serait changé, d'après les idées des juristes musulmans, en un contrat *idjore* (de louage).

On ne peut pas non plus convenir dans le *müzori'e* que le *sahibe erz* prélèvera pour sa redevance une part sur la récolte de tels ou tels fruits, et telle quantité déterminée sur les céréales.

4) Il faut que le *mezri'e* soit de nature à rendre des produits. Sous ce rapport, on exige que le fonds livré au *zori'e* soit dans un état qui lui rende possible d'en tirer un avantage; par exemple, si le fonds a été livré pour être labouré, il doit être susceptible de labourage et être pourvu de la quantité suffisante d'eau pour l'irrigation. D'ailleurs, les fonds de terre peuvent être l'objet du contrat *müzori'e*, sans être nécessairement destinés à la culture; par exemple, des prairies pour le pâturage des bestiaux, des terrains pour la confection de tuiles, etc. Dans ces cas, si, par suite de l'état des lieux où le contrat a été rédigé, les fonds n'avaient pas l'eau en suffisance, ce manque d'eau ne serait pas une cause de résiliation du contrat.

5) La description du *mezri'e* doit être exactement faite. Il faut que les deux parties le connaissent et l'aient vu. Si le *zori'e*, après avoir examiné les vices et les défauts du fonds, souscrit au contrat, il est tenu d'exécuter son obligation sans réplique.

6) Il faut dans le contrat *müzori'e* déterminer avec précision pour quel emploi le fonds est livré, et de quoi il sera ensemencé ou planté.

7) Il est permis de se réunir à trois ou plusieurs personnes pour conclure un contrat *müzori'e*, d'après les conventions duquel l'une de ces personnes livrera le fonds, l'autre fournira les semences, une troisième les ustensiles aratoires et les bêtes de somme, une quatrième enfin s'engage à diriger les travaux. Dans ce cas, il y a lieu de déterminer la part de chacun des partageants dans les revenus, conformément à la règle posée sous le n° 3 ci-dessus.

Autres sectes. On rencontre chez les schaflites et les azemites, sur le mode de partage entre les parties contractantes, les six espèces suivantes du contrat *müzori'e* :

a. L'une des parties fournit le fonds et les semences, l'autre ses services personnels et le reste.

b. L'un fournit le fonds, et les autres fournissent le reste.

c. L'un fournit son industrie, et les autres fournissent le reste.

d. L'un fournit le fonds de terre et les bêtes de travail, l'autre fournit le reste.

e. L'un fournit les semences, et l'autre fournit le reste.

f. Enfin, l'un fournit les semences et les bêtes de somme, et l'autre fournit le reste.

De ces six variétés du contrat *müzori'e*, les trois premières sont légitimes, mais les trois dernières sont prohibées.

8) La cession à un tiers du droit au *müzori'e*, de même que l'adjonction d'un ou de plusieurs tiers à l'exploitation du contrat, sont permis au *zori'e*, sans une autorisation spéciale du *sahibe erz*; néanmoins, celui-ci n'a jamais à décompter qu'avec le *zori'e*.

9) Le payement des charges et impôts publics, *cherodj*, reste une obligation du *sahibe erz*, s'il n'y a pas une clause contraire dans le contrat.

§ 3. Lors de la conclusion du contrat *müzori'e*, il faut la déclaration du consentement réciproque, *idjob we kabul*, en paroles intelligibles, quelle que soit la langue, mais avec la description du *mezri'e*, la durée du contrat et la fixation de la quotité du bénéfice à partager sur la récolte. — Les contrats *müzori'e* sont généralement rédigés par écrit, en présence de témoins.

FORMULAIRE DE CE CONTRAT.

En vérité, rédigé en ma présence.

(Cachet du kadi.)

O Dieu !

Au nom de Dieu, le meilleur de tous les noms. Le contenu du présent acte est le suivant :

Conformément aux prescriptions du *scher'e* et aux lois de la foi,

Tel et tel, tel et tel,

(Cachets des parties contractantes.)

ont fait ensemble la convention que le premier livre au second un fonds de terre dont celui-là est légitime propriétaire, avec l'eau nécessaire pour labourer et produire une récolte. Cette eau sera prise de la rivière de Pir Seïd. (Que Dieu, notre Seigneur, lui fasse miséricorde !)

Le fonds livré est situé dans tel ou tel lieu, et à telles et telles limites.

Les conditions spéciales de ce *müzori'e* sont les suivantes :

Le *sahibe erz* livrera le fonds, et le *zori'e* fournira les semences et les bêtes de somme pour la culture. Après la moisson complète du

> blé, faite avec l'aide de Dieu, elle doit être partagée entre les deux contractants, défalcation faite des impôts à payer à l'État et restitution également faite au *zori'e* des semences qu'il a avancées. Les contractants ont donné leur consentement à ce contrat et ont prononcé le *sighe* conformément aux prescriptions du *scher'e*, avec la clause que le contrat *müzori'e* continuera jusqu'à la moisson, et que nul des deux contractants n'aura le droit de résilier.
>
> Tel jour, tel mois, telle année.
>
> Furent présent comme témoins :
>
> Tel ou tel. Tel ou tel.
>
> (Cachet de ce témoin.) (Cachet de ce deuxième témoin.)

§ 4. Tout contrat *müzori e*, qui n'est pas fait en observant rigoureusement les règles posées ci-dessus dans le § 2, est nul, *botil;* et aucune des parties de ces contrats nuls ne peut réclamer d'indemnité.

La diminution des produits de la moisson ou l'abandon complet de la culture du *mezri'e*, par la faute du *zori'e*, donne au *sahibe erz* la faculté de réclamer, comme indemnité, le *idjret ul-mithl*, c'est-à-dire la valeur qu'il aurait retirée d'après l'usage des lieux, s'il avait loué son fonds.

En cas de destruction ou d'avarie de la moisson par des motifs non imputables au *zori'e*, comme, par exemples, la sécheresse, des accidents de la nature *ofeti semowieh*, tels que la foudre, la grêle, l'ouragan, le tremblement de terre et autres cas de force majeure, le *sahibe erz* perd le droit de réclamer le gain convenu.

S'il surgit un procès sur le terme ou la durée du contrat, c'est celui qui prétend à une plus longue durée qui est tenu de la prouver par témoins.

Mais s'il y a procès sur le montant de la part à la moisson, c'est celui qui a fourni la semence qui est cru sur son serment; la partie adverse est tenue de prouver son dire par des témoins. S'il est produit des deux côtés des témoins, l'opinion des juristes se divise : les uns disent que c'est le tirage au sort *kür'e* qui décidera, les autres disent alors qu'il faut admettre comme juste la déclaration du *zori'e*.

Enfin s'est-il élevé un procès sur le point de savoir si un fonds de terre a été remis à un tiers pour le cultiver à titre de prêt, à titre de louage ou à titre de *müzori'e*, et que d'aucun côté on ne puisse produire des témoins, le cultivateur de ce fonds est cru sur sa déclaration, et le propriétaire reçoit, comme en cas de louage, le *idjret ul-mithl*.

Si le *zori'e* s'est mis en possession du fonds de terre et l'a ensemencé sans l'agrément du propriétaire, ce *mezri'e* doit rester en la possession du *zori'e* jusqu'après la moisson, et celui-ci est tenu de payer le *idjret ul-mithl* au *sahibe erz*.

Le *müzori'e* appartient aux contrats irrévocables *'ekde lazim*, et ne peut dès lors, si toutes les règles ont été observées dans la rédaction, être résilié que par le consentement bilatéral des contractants; la mort de l'un d'eux ne met pas fin au contrat, qui dure jusqu'à l'expiration du délai stipulé.

En tout cas, le *sahibe erz* est autorisé, quand le *müzori'e* est résilié d'un commun accord, d'exiger le *idjret ul-mithl*.

CHAPITRE IX.

Musokat, remise d'un verger par le propriétaire à un tiers qui soignera les arbres et donnera une portion des fruits à ce propriétaire.

Sources.

Neil ul-merom, partie II, p. 57. — *Bist bob*, p. 289. — *Sewol we djevâb*, p. 148. — *Keschf enwor*, p. 339. — *Helil idjoz*, p. 222. — *Ichtelof ul-erb'e*, p. 160.

§ 1. On appelle *musokat* le contrat par lequel le propriétaire d'un verger en remet tout ou partie à un tiers, à la condition que celui-ci surveillera les arbres et remettra au propriétaire une portion déterminée de la récolte des fruits.

Autres sectes. D'après l'enseignement de Abu Hanife, le contrat *musokat* ne serait pas légitime, tandis qu'Abu Jusuf et Mohammed le déclarent permis; ce contrat n'est pas pratiqué dans les provinces russes transcaucasiques.

Celui qui livre en *musokat* le jardin ou le verger s'appelle *malik;* celui qui le reçoit s'appelle *'omil*, et le fonds du contrat, c'est-à-dire le jardin ou le verger, s'appelle *mehell*.

§ 2. On doit observer les règles suivantes dans le *musokat* :

1) Le consentement des deux parties, *idjob we kabul*, doit être exprimé en termes intelligibles par le *malik*, qui dira, ou bien : « Je t'abandonne tant ou tant d'arbres, que tu utiliseras » dans tel but, » ou bien : « Je t'abandonne le jardin pour en » faire l'usage conforme au *musokat*. » Et le *'omil* répond : *Kabiltü* « J'y consens. »

2) La possibilité de retirer de l'utilité du jardin ou des arbres est une condition essentielle. En conséquence ne peuvent être l'objet d'un *musokat* que des arbres qui produisent des feuilles dont l'*omil* pourra retirer une utilité, tels que le palmier, le mûrier, les arbres fruitiers, la vigne, etc.

3) Le temps pendant lequel durera le *musokat* doit être fixé à un laps assez long pour que le *'omil* puisse retirer du jardin ou des arbres l'avantage stipulé.

4) Le *'omil* est chargé de la surveillance du jardin et du soin des arbres. Le mode et la manière de cette surveillance se règlent sur les mœurs et les coutumes du pays où a été convenu le *musokat*. Le contrat sera entièrement illégal si le *malik* se réserve la surveillance du jardin. C'est lui qui doit fournir les ustensiles nécessaires à la conservation du jardin et des arbres, quand cette charge n'a pas été particulièrement imposée au *omil* par le contrat.

5) La rétribution contractuelle ne peut consister que dans une quote-part de la récolte et non dans une somme d'argent ou dans une quantité de fruits, car alors le *musokat* serait changé en *schirket*.

6) De même qu'il n'est pas défendu au *'omil* de partager avec un autre la charge de la surveillance du jardin, de même il a la faculté de s'associer avec des tiers pour partager la récolte entre eux.

7) Le *'omil* ne peut pas céder son droit à autrui sans l'agrément du *malik*.

8) En ce qui concerne les revenus et les impôts du jardin, *cherodj*, c'est le *malik* qui les acquitte s'il n'y a pas eu de convention contraire entre lui et le *'omil*. Mais quant au *zekat* ou à la dîme de la récolte, chacun doit supporter cette dépense dans la proportion de sa part aux fruits.

9) Lors de la signature du contrat, il n'est pas permis d'y insérer que le *'omil* pourra planter des arbres fruitiers dans un

lieu déterminé du jardin, et assigner dans la récolte des fruits une part déterminée au *malik*. Si celui-ci permet au *'omil* de planter des arbres, les fruits appartiendront exclusivement à celui-là. S'il n'y a pas de permission, et que nonobstant cette défense le *'omil* a planté des arbres, il est tenu, à la première réquisition du *malik*, de déterrer ces arbres et de les enlever.

§ 3. Relativement à la conclusion du contrat *musokat*, et de ses règles de rédaction, il est à remarquer que lors même qu'il devrait être rédigé par écrit, cela n'arrive pas habituellement, et le contrat est le plus souvent labial et arrêté en présence de témoins.

§ 4. Il n'y a de légalement valables que les contrats *musokat* rédigés conformément aux règles ci-dessus.

En ce qui concerne le rapport du *malik* avec le *'omil*, à la cessation du contrat, celui-ci est responsable envers celui-là de toute perte et de tout dommage dont la cause lui est imputable. Mais, il n'y a pas lieu à dommages intérêts, quand ce sont des accidents de la nature qui les ont produits.

Le *malik*, au contraire, est responsable envers le *'omil*, quand il a fait avec celui-ci un *musokat* sur un *mehell* appartenant à une tierce personne, et en laissant le *'omil* dans l'ignorance de cette circonstance.

Si le possesseur non légitime d'un jardin l'a donné à titre de *musokat*, et que le véritable propriétaire de ce jardin ne veut pas maintenir ce contrat au *'omil* sous les mêmes conditions, ce dernier a le droit d'exiger du faux *malik* avec lequel il a contracté, le *idjret ul-mithl*, c'est-à-dire, le salaire de son travail et de ses services.

Dans le cas où le *'omil* n'exécuterait pas ses obligations, le *malik* a le droit de confier, à la place du *'omil*, la surveillance du jardin à une tierce personne aux frais du *'omil* récalcitrant.

S'il s'élève un procès à raison d'une mauvaise surveillance du jardin ou de la perte des fruits par la faute du *'omil*, le *malik* est tenu, à l'appui de ses prétentions, de produire des témoins, tandis que le *'omil* n'est tenu qu'à prêter serment.

§ 5. Le contrat *musokat* cesse par l'expiration du délai de durée convenu, et la prolongation par la volonté d'une seule des parties, est contraire à la loi. Il appartient à la classe de contrats *ekde lazim* ou irrévocables, c'est-à-dire, qu'il ne peut être résolu ou continué que par le consentement réciproque des deux contractants. Que si le *malik* brise unilatéralement le contrat, ou si ce contrat est annulé comme contraire à la loi, le *'omil* a droit, dans les deux cas, au *idjret ul-mithl*, c'est-à-dire à une indemnité pour son travail et ses services personnels.

CHAPITRE X.

Sibk we remoyeh, des contrats de pari à la course et de tir à l'arc.

Sources.

Neil ul-merom, partie II, p. 80. — *Bist bob*, p. 302. — *Keschf enwor*, p. 829. — *Helil idjoz*, p. 480.

§ 1. *Sibk we remoyeh* sont des jeux de société et des divertissements permis aux Musulmans, pour se perfectionner par de pareils exercices et par des tours d'adresse qui doivent leur donner la supériorité dans les combats contre les infidèles. Il y a lieu de distinguer les idées suivantes : *Sibk*, c'est le fait même du pari à la course ; — les coureurs s'appellent *sobik* ; — le prix promis au vainqueur s'appelle *sebek*.

Remoyeh, c'est l'acte même du tir à l'arc ; — les tireurs s'appellent *remi* ; — et le prix promis au vainqueur s'appelle également *sebek*.

§ 2. Pour la course, il faut suivre les règles suivantes :
1) Libre adhésion des concurrents ;
2) Fixation du *sebek* qui doit être présent à la course. S'il n'est que promis, il faut qu'un des concurrents réponde du payement ;
3) Délimitation certaine du champ de course, c'est-à-dire, indication précise du point de départ et du point d'arrivée. — Celui dont le cheval atteint avec sa tête (ne fût-ce que de la longueur des oreilles) le point de l'arrivée avant tout autre cheval, est proclamé vainqueur ;

4) On ne peut employer à la course que les animaux autorisés par la loi : les chevaux, les chameaux, les éléphants, les ânes, les mules et les mulets.

Autres sectes. Les schaflites et les azemites permettent la course sur des taureaux.

Est prohibé le pari de course entre les hommes courant eux-mêmes, ou faisant voler des oiseaux, ou dirigeant des bateaux sur l'eau. Sont particulièrement prohibés aux Musulmans les paris concernant les combats des bêtes, parce que de pareils contrats ont été usités dans la famille du patriarche Loth [1].

5) Il faut qu'il soit possible à celui qui s'engage dans une course d'aller jusqu'au bout, c'est-à-dire, qu'il ait une saine constitution corporelle, et aucun empêchement physique.

§ 3. En ce qui concerne le *remoyeh*, ou tir à l'arc, il est exigé :

1) La détermination du but ou de la cible, sur lesquels seront tirées les flèches ;

2) Fixation de la distance entre ce but et les tireurs ;

3) Egalité complète des arcs et des flèches, sous le rapport de la longueur, de la circonférence et du poids ;

4) Fixation du nombre des flèches à tirer et de celui qu'il faudra en mettre dans la cible ;

5) Fixation du prix à recevoir par le vainqueur.

§ 4. Le *sibk we remoyeh* fait partie des contrats irrévocables qui ne peuvent être résiliés que par le consentement réciproque des contractants. Ils sont valables et approuvés par la loi, à condition d'observer les règles posées ci-dessus.

---

[1] Dans les pays musulmans, on tient pour méprisables, inconvenants et illégitimes, tous les faits qui se sont passés dans la famille de Loth, et généralement parmi les habitants de Sodome. On blâme même leurs jeux de société et leurs divertissements. De là vient le mot de *luti*, employé par les Perses et les Tatares pour désigner les bouffons et les fous.

CHAPITRE XI.

Wekolet, le contrat de mandat.

Sources.

Neil ul-merom, partie II, p. 67. — *Bist bob*, p. 279. — *Keschf enwor*, p. 281. — *Helil idjoz*, p. 193. — *Ichtelof ul-erb'e*, p. 145. Dulau, p. 402.
Mouradgea d'Ohsson, partie VI, p. 167.

§ 1. On appelle *Wekolet* le contrat par lequel une personne confie à une autre la conduite de certaines affaires, ou l'accomplissement de certaines commissions. Le mandataire s'appelle *wekil*; le mandant *müwekkil*.

§ 2. Le *wekolet* est régi par les règles suivantes :
1) Le consentement mutuel, *idjob we kabul*, doit être exprimé en termes clairs et intelligibles, bien que la simple exécution du mandat par le mandataire, sans même que le mot *kabul* ait été prononcé, constitue suffisamment la déclaration du consentement de ce mandataire;
2) Les deux parties doivent être majeures, en pleine possession de leurs facultés intellectuelles et maîtresses de disposer de leurs biens. En cette matière, les enfants au-dessous de dix ans ne peuvent agir qu'avec l'autorisation de leurs tuteurs, et les esclaves ne peuvent accepter une procuration qu'avec l'agrément de leurs maîtres. Une des femmes peut bien être chargée du mandat de dénoncer le divorce à une autre femme, mais elle ne peut pas recevoir le mandat de consommer son propre divorce. Il est cependant admis que l'esclave donne une procuration valable à celui qu'il chargera de lui procurer son affranchissement;

Autres sectes. Chez les schaïites et les azemites, on admet que les enfants au-dessous de dix ans peuvent recevoir mandat de payer le *zekat*, de remettre une offrande à qui elle est destinée, de rendre sa chose au propriétaire, et de déclarer aux étrangers qu'ils peuvent entrer dans la maison. D'après la doctrine de ces deux sectes, les esclaves peuvent être mandataires, dans la rédaction des contrats de mariage, pour représenter les futurs maris, mais non les femmes fiancées. Les azemites admettent les femmes à être mandataires, aussi bien à la rédaction du contrat de mariage que dans l'acte du divorce.

3) Les personnes nommées mandataires doivent être désignées nettement et clairement, pour éviter des doutes et des erreurs. Il n'est pas permis de donner mandat à un absent, pas plus que l'on ne peut en donner un sous la condition qu'il ne sera valable que si telle condition prévue par le contrat vient à s'accomplir.

4) Ce n'est que pour le contrat de mariage et de divorce, qu'il est expressément exigé que les personnes qu'on revêt d'un mandat, soient *'adil*, c'est-à-dire, sages et sans reproches : pour tous les autres cas, les mauvaises qualités des mandataires, fussent-ils de mœurs dépravées ou renégats de leur religion, ne seraient point un empêchement au mandat, pourvu que les conditions imposées aux deux points ci-dessus soient remplies

Si le mandant charge une personne indigne de son mandat, c'est à lui à supporter les suites de son imprudence.

Autres sectes. Chez les schafiites et les azemites, on n'exige dans aucun cas, d'une personne que l'on investit d'une procuration, qu'elle soit nécessairement de bonne vie et mœurs.

On ne doit retirer le mandat à son mandataire que lorsque celui-ci est l'ennemi mortel de la partie adverse.

Autres sectes. D'après les règles des azemites, celui qui a contre le mandataire de son adversaire la moindre inimitié, est en droit de récuser ce mandataire ; néanmoins, ce droit ne peut être exercé qu'autant que le mandant est dans la possibilité, et non empêché par la maladie, de remplacer son mandataire récusé, par un nouveau.

Les gens considérables et haut placés, *eshabi murewwet we erbobe'izzet*, ne dirigent généralement pas leurs affaires par eux-mêmes, mais par l'intermédiaire de mandataires.

5) Le pouvoir conféré aux mandataires, peut être limité et rigoureusement déterminé, ou bien il peut être laissé à leur avis et à leur appréciation. Dans le premier cas, le mandataire s'appelle *wekil efrod*, dans le second cas, *wekil mütlek*. Si deux

mandataires sont nommés pour la même affaire, ils sont tenus d'opérer en commun.

6) Une condition du mandat, c'est que l'objet ne soit pas réprouvé par la loi. Dès lors, on ne peut pas donner à un autre le mandat d'acquitter les obligations qui, d'après les préceptes de la religion, sont intimement personnelles à chacun, par exemple, un Musulman ne peut pas faire dire sa prière par un mandataire, procéder à sa purification par un mandataire, etc. De pareils mandats sont illégaux. On peut néanmoins donner un mandat valable à un tiers, pour remplacer le mandant dans l'accomplissement du devoir religieux de laver le cadavre d'un parent défunt. Quant aux autres actes de la vie civile, il est permis de les faire par voie de mandataire, par exemple, le divorce, le payement de la composition en cas de meurtre, et autres cas semblables. Le châtiment (*hedd*) infligé à une personne ne peut pas être subi par un mandataire.

7) La substitution d'un mandataire ne peut se faire qu'avec l'agrément du *müwekkil*, de même que l'adjonction d'un aide par le *wekil*, pour exécuter ensemble le mandat.

8) Le *wekil* est autorisé, en acceptant le mandat du *müwekkil*, de stipuler dans le contrat un salaire à lui payer par celui-ci.

§ 3. Pour ce qui concerne les formalités du contrat, il n'est exigé que la présence de deux témoins mâles. Dans les affaires importantes on dresse ordinairement le contrat par écrit; dans les affaires de peu d'importance, le contrat se fait par paroles et sans écrit, et il suffit pour la légalité et l'efficacité de la convention que le *wekil* la prouve par la déposition de deux témoins.

LE CONTRAT DE MANDAT (WEKOLET).

FORMULAIRES DE PROCURATIONS.

N° 1.

En vérité, rédigé en ma présence.

○

(Cachet du kadi.)

O Dieu !

Au nom de Dieu, le meilleur de tous les noms. Suivant les préceptes du *scher'e*, un tel a nommé un tel,

○   ○

(Cachets des contractants.)

mandataire avec pouvoir illimité de dénoncer le divorce à la femme du mandant, conformément aux règles du *scher'e*.
Fait tel jour, tel mois, telle année.
Furent présents et témoins :

Tel homme.   Telle femme.   Tel homme.

○   ○   ○

(Cachet.)   (Cachet.)   (Cachet.)

N° 2.

En vérité, passé devant moi.

○

(Cachet du kadi.)

O Dieu !

Au nom de Dieu, le meilleur de tous les noms. Conformément aux prescriptions du *scher'e*, tel ou tel

(Cachet du mandant.)

○

a constitué pour son mandataire tel ou tel,

○

(Cachet du mandataire.)

avec un pouvoir illimité, dans telle ou telle affaire.

Le mandataire est autorisé à opérer dans cette occurrence d'après sa propre détermination et ses appréciations personnelles. Les formalités exigées par les règles du *scher'e* ont été accomplies tel jour, tel mois, telle année.
Étaient présents comme témoins :

Tels ou tels.

(Sont apposés les cachets des témoins.)

§ 4. Les tribunaux ecclésiastiques n'admettent comme valables que les contrats de mandat convenus en présence de deux témoins et conformément aux règles posées dans le § ci-dessus. Le *wekil* qui transgresse les limites de son mandat ou qui n'accomplit pas les affaires dont il est chargé, est tenu envers le *müwekkil*, de l'indemniser de toute perte et dommage en résultant, de même qu'il doit répondre du tort qu'il ferait au *müwekkil*, en abandonnant son mandat ou en ne faisant pas ce qu'il devait faire dans un temps déterminé.

En cas de contestation relativement au contrat de mandat, le *wekil* est tenu de produire des témoins, dans les cas suivants :

a. Sur le différend relatif au point de savoir s'il y a eu réellement mandat conféré. En ce qui concerne particulièrement le contrat de mariage, il est de règle que lorsque ce contrat a été convenu par un mandataire, et que le *müwekkil* veut postérieurement rompre le contrat et ne pas l'exécuter, le *wekil*, doit, s'il ne peut pas produire des témoins, affirmer sous serment que le mandat lui a été donné, et dans ce cas le contrat de mariage est annulé. Néanmoins, si le *wekil* est d'une excellente réputation et d'une conduite morale et sans reproche, on ne permet pas, par exception, au *müwekkil* de se dégager par son serment, mais il est tenu, s'il persiste à ne pas consommer le mariage, de donner à la femme la lettre de divorce et de lui payer la moitié du *mehr* contractuel.

Autres sectes. Les schafiites et les azemites n'admettent pas cette exception, et exigent que, même dans ce cas, le *müwekkil* soit admis à prêter serment.

b. Sur le différend relatif à l'objet ou au but du mandat.

De son côté, le *müwekkil* est tenu de produire des témoins, dans les cas suivants :

a. Quand il accuse le *wekil* d'avoir transgressé les limites de son contrat, de ne l'avoir pas accompli, ou d'avoir agi avec fraude et tromperie.

b. Ou quand il lui impute la perte ou la mauvaise gestion de l'affaire faisant l'objet du mandat.

§ 5. Le contrat de mandat appartient à la classe des contrats révocables, *'ekde djoiz*, et peut être résolu par la volonté unilatérale de l'un des deux contractants. Le contrat cesse en outre quand l'un des deux vient à mourir ou devient fou. Le mandat reste en vigueur jusqu'à signification de celui qui veut y mettre fin, à sa partie adverse.

TROISIÈME SECTION.

Obligations pour sûreté des contrats.

CHAPITRE Ier.

Rehen, le droit de gage.

Sources.

Neil ul-merom, partie II, p. 34. — *Bist bob*, p. 244. — *Sewol we djewâb*, p. 1. — *Keschfenwor*, p. 238. — *Helil idjoz*, p. 165. — *Ichtelofot ul-erb'e*, p. 133.

Dulau, p. 333.

Mouradgea d'Ohsson, partie VI, p. 158.

Macnaghten, *Princip.*, etc., chap. p. 14, 20, p. 347, p. 352, 356, 369.

§ 1. *Rehen*, le contrat de gage est celui en vertu duquel le débiteur remet à son créancier pour sûreté de la créance de celui-ci, ou plutôt encore comme preuve de cette créance, une chose avec engagement de la restituer après payement de la dette.

On appelle *rahin*, le débiteur qui donne la chose en gage; —*mürtehin*, le créancier qui la reçoit;—*merhun*, l'objet du gage.

§ 2. Le droit musulman ne connaît le droit de gage que sous la forme du simple nantissement, lequel, après la tradition obligatoire de la chose engagée au créancier, produit en faveur de celui-ci un droit réel. L'antichrèse et l'hypothèque n'existent que comme formes accessoires du nantissement, et ont toujours pour fondement des contrats spéciaux sur des droits d'hypothèque et d'antichrèse [1]. Le Koran ne parle que du droit de nantissement, et dans le peu de mots que voici : « *Si vous êtes en voyage, sans secrétaire, au lieu d'un écrit, prenez des gages.* » (Traduction du docteur Wahl, et du docteur Ullmann, chap. *el-bekereh*, verset 283.) — Dans la suite, cette lacune a été comblée par la coutume, les décisions judiciaires, et les solutions des *müdjtchides*.

Le nantissement du droit musulman n'est pas non plus, comme dans les systèmes du droit occidental, un moyen de sûreté du payement de la dette, mais il ne doit être simplement qu'une preuve de l'existence de celle-ci. La remise du gage au créancier ne libère dès lors aucunement le débiteur de son obligation de payer sa dette, car la dette ne s'attache pas exclusivement au gage ; elle charge bien plutôt la conscience du débiteur, s'il ne paye pas, jusqu'à sa mort. Le nantissement ne remplace donc pas la dette, et ne donne au créancier que le droit de se faire payer sur le prix de l'objet engagé, lors de la mort du débiteur ou de son insolvabilité justement constatée.

§ 3. Pour que le contrat *Rehen* soit légal et valable, on exige qu'il soit fait conformément aux règles suivantes :

1). La tradition, entre les mains du créancier, de la chose mise en gage ;

---

[1] Macnaghten enseigne, dans le chapitre « *of debts and securities,* » p. 74, d'après le traité hanéfite *Vekayah*, que l'idée essentielle de l'hypothèque est complétement inconnue dans le droit musulman, parce que la tradition de l'objet du gage est considérée comme condition essentielle du contrat de gage. Dulau et Pharaon, dans leur *Droit musulman*, sont du même avis ; ils disent à la page 333 : « Les pays de l'islamisme ne possèdent pas encore le régime hypothécaire. Le crédit, ce grand moteur des sociétés civilisées, est encore à sa naissance dans presque tout l'Orient ; il n'est donc pas étonnant qu'on n'ait pas su voir que les immeubles, outre leur valeur réelle, pouvaient avoir une valeur de convention bien autrement importante. Perron, au contraire, dans sa traduction du livre malékite de *Chalil Ibn-Ishak*, chap. XV, paraît ne pas admettre cette opinion, puisqu'il mentionne l'hypothèque sur les immeubles, et distingue expressément l'hypothèque du nantissement (t. III, p. 515-517, 525, 545, 556). En tout cas, le droit musulman n'a dans sa langue juridique aucune expression technique pour rendre l'idée de l'hypothèque, car le seul mot employé, *rehen*, a son étymologie dans le mot qui signifie la preuve, définition que donne le *Keschf enwor*, p. 238.

2) La prohibition imposée par une clause spéciale au créancier de s'arroger la propriété du gage, même en cas de non-payement de la part du débiteur ;

3) Il n'est pas permis de convenir que l'efficacité du droit de gage sera renfermée dans un terme fixe, c'est-à-dire qu'il n'est pas licite de faire une stipulation aux termes de laquelle le gage ne vaudrait comme tel que jusqu'à l'échéance d'un certain terme, et plus tard ne serait plus considéré comme gage, mais devrait être restitué au débiteur.

En ce qui concerne les parties contractantes et l'objet du nantissement, il y a lieu d'appliquer au contrat les règles générales des contrats. En conséquence :

4) Celui qui veut donner une chose en nantisssement, doit être propriétaire absolu de cette chose et avoir la capacité de disposer de ses biens. Il faut que cette chose soit de celles dont la loi permet la vente et la jouissance.

Enfin, il faut que les formalités prescrites par la loi en matière de contrat de nantissement soient accomplies.

a. La tradition du gage est une condition essentielle du contrat. On exige, en ce qui concerne la chose engagée, le *teslim* et le *Ikboz*, c'est-à-dire que ladite chose soit livrée par le débiteur et acceptée par le créancier, auquel cas et après l'accomplissement de cette condition, la coutume permet aux contractants de faire des stipulations spéciales, relatives à la chose engagée, et notamment d'y fonder une convention d'hypothèque ou d'antichrèse.

Autres sectes. Relativement à la condition de la tradition de l'objet engagé, les schafiites admettent qu'il suffit que le créancier ait déclaré qu'il l'avait reçu, quand même cette tradition n'aurait pas été réellement faite; parce que, d'après les règles de cette secte, le créancier peut à son choix exiger la tradition par le débiteur de la chose engagée, ou la laisser entre les mains de ce débiteur. Les azemites et les schiites exigent, au contraire, que la chose soit livrée par le débiteur et acceptée par le créancier, et accordent alors au débiteur le droit de se réserver, par une clause spéciale, de retirer lui-même ou par un mandataire la chose engagée, qui rentrera dans ce cas entre ses mains grevée d'hypothèque.

b. Le gage n'est, comme on l'a déjà fait observer, qu'une preuve de l'existence de la créance ; l'objet engagé reste conséquemment la propriété du débiteur, et le créancier n'a que le droit, en cas de mort ou d'insolvabilité du premier, de se faire payer par préférence aux autres créanciers, sur le prix du gage. En tous cas, le débiteur est tenu, à l'échéance du terme, de payer sa dette; s'il ne s'exécute pas, le *Hakim-Scher'e* lui ordonne de vendre le gage, à quoi il peut être forcé par des moyens de contrainte et notamment par l'emprisonnement.

Autres sectes. D'après la doctrine des schafiites et des schiites, il faut absolument, pour la légalité de la vente du gage, que le débiteur donne son adhésion, tandis qu'au contraire, suivant les règles des azemites, il est réservé à l'autorité compétente, à laquelle le créancier doit s'adresser dans ce cas, d'ordonner la vente du gage, sans prendre l'adhésion du débiteur. La même procédure a lieu dans les cas où le débiteur est absent lors de l'échéance du terme de payement, ou bien a cessé de vivre. Comme, chez les schiites, ainsi qu'on vient de le dire, la légalité de la vente du gage est rigoureusement subordonnée à l'adhésion du débiteur, même au cas où celui-ci refuserait de payer sans être insolvable, — les jurisconsultes de cette secte ont eu recours à une vente simulée de la chose que le débiteur se propose seulement de mettre en gage. Le droit musulman permet en effet la vente à terme, c'est-à-dire avec la clause que les deux contractants auront le droit d'annuler le contrat dans le laps d'un certain délai. Ce droit s'appelle *chiore scherut*. (Voy. ci-dessus le chapitre I de la section II du *Tedjoret*, § 8, n° 3.) En empruntant du créancier une somme quelconque, le débiteur vend sa chose pour la somme avancée, en se réservant le droit de résilier la vente dans un délai déterminé, qui est celui du payement de la dette. Dans ce cas, si le payement n'est point exécuté, le contrat de vente est rendu valable, et le gage devient la propriété du créancier.

c. La défense de restreindre l'effet [1] du gage à un temps déterminé résulte également de la nature de cet acte juridique. Puisque le gage ne doit être qu'un moyen de preuve de l'existence de la créance, il s'ensuit qu'il doit rester entre les mains du créancier jusqu'au payement de la dette.

d. La loi exige des parties contractantes qu'elles aient la capacité de disposer de leurs biens : elle frappe de nullité les contrats de gage consentis par la femme sans le consentement du mari, par le mineur sans l'adhésion du tuteur, de l'esclave sans la volonté du maître. Le débiteur surtout doit être propriétaire absolu de la chose engagée.

Autres sectes. Les schafiites permettent néanmoins la mise en gage d'une chose empruntée dans le but d'être engagée, et cette secte estime qu'il

---

[1] Ces contrats de vente simulés sont très-usités en Transcaucasie et en Perse.

est légal d'engager une portion de chose, par exemple un champ dans un domaine, un bras dans un esclave, une jambe dans un cheval, sous la condition que l'objet entier passera dans la possession du créancier. Les schafiites permettent immédiatement au débiteur d'engager une chose indivise avec des copropriétaires sans l'assentiment de ceux-ci, même dans le cas d'impartageabilité de cette chose, sans cependant que chaque copropriétaire perde ni son droit de propriété et de disposition, ni son droit de libre jouissance ur sa part dans la chose. Au surplus, on voit facilement que des affaires de ette nature ne sont réalisables que quand la tradition n'a pas été expressément exigée. — En opposition avec les idées de la secte schafiite, les schiites et les azemites ne permettent la mise en gage d'une chose dont la propriété est indivise, que lorsque la part du débiteur peut être détachée du tout et livrée au créancier.

e. N'est permise la mise en gage d'une chose, que lorsque la vente et la jouissance de cette chose sont autorisées par la loi. — La chose doit de plus rester dans les mains du créancier jusqu'au payement : mais le débiteur perd le droit d'en disposer. Elle ne peut donc être aliénée qu'avec le consentement du créancier ; l'esclave mis en gage peut néanmoins être affranchi, sans le consentement du créancier, si le débiteur lui confère la liberté par testament *tedbir*, ou par contrat de rachat *ketobet*.

Il est d'ailleurs permis au débiteur par une convention accessoire au contrat de céder au créancier, pendant la possession de celui-ci et sans que son droit sur la chose engagée ne reçoive aucune atteinte, certains avantages attachés à cette chose, par exemple, l'usufruit, le louage, et le sous-nantissement de cette chose. Ce qui constitue évidemment une sorte d'antichrèse.

Autres sectes. Sous le rapport de la mise en gage des femmes esclaves, il est à remarquer que les sunnites ne permettent point au créancier d'avoir avec elles des relations charnelles. Ces relations sont défendues, lors même que le maître en aurait expressément donné l'autorisation au créancier. Si le créancier cohabite avec une esclave en gage, même du consentement du maître, ce créancier n'encourra pas moins une peine correctionnelle *te'zir* ou *tadib* ; mais si le maître n'a pas donné ce consentement, le créancier sera soumis à toute la rigueur de la loi, et frappé de la peine *hedd*. Dans le premier cas, si la femme esclave accouche, l'enfant naîtra libre ; la paternité retombera sur le créancier, mais la mère sera restituée au débiteur ; dans le second cas, l'enfant naîtra illégitime et esclave. Dans tous les cas, le créancier ayant eu ce commerce avec une femme esclave, est toujours tenu d'indemniser le maître de cette esclave de la diminution de valeur que lui a causée cette cohabitation.

f. Le créancier doit veiller à la conservation du gage, et tant qu'il l'a en sa possession, il répond des dommages dont cet objet pourrait être atteint. — Par contre le débiteur doit donner ses soins à l'entretien de la chose en gage; néanmoins les peines et les frais occasionnés pour la sûreté et la conservation de cette chose, sont à la charge du créancier. La raison pour laquelle le débiteur doit donner ses soins à l'entretien de la chose engagée, c'est que les fruits produits par cette chose lui appartiennent, et qu'en général, celui qui retire les fruits d'une chose, doit supporter les frais nécessaires à l'entretien de la chose frugifère.

§ 3. En ce qui concerne les formalités judiciaires, — le *Rehen* étant un contrat réel, dans lequel la tradition de la chose donne une suffisante sûreté aux deux parties, — il suffit pour la validité de ce contrat, qu'il y ait *idjob we kabul*, c'est-à-dire la simple déclaration du consentement réciproque. Le Koran, chap. II, verset 282, dit : « Quand le contrat se fait en présence « de témoins et par échange, il n'est pas nécessaire que vous « le couchiez par écrit. » Le contrat principal par lequel la chose mise en gage est remise à la disposition du créancier, n'est point un contrat littéral; néanmoins, les clauses accessoires par lesquelles on crée des droits d'hypothèque ou d'antichrèse, doivent être rédigées par écrit ou arrêtées en présence de témoins, parce que ce sont des contrats consensuels.

§ 4. Le contrat *Rehen* appartient à la classe des contrats révocables *'ekde djoiz;* dès lors il n'est pas nécessaire, pour y mettre fin, que le consentement réciproque des parties se réunisse, mais il suffit de la volonté unique du débiteur, libre de payer sa dette à tout moment et rentrant ainsi dans la possession de sa chose engagée. Au reste, à l'échéance du terme de payement, le contrat de gage peut être renouvelé par le consentement des deux parties et le terme du payement peut être fixé à nouveau délai.

Le droit musulman, se plaçant à son point de vue fondamental d'où il ne voit dans le gage que le moyen de prouver l'existence de la dette, permet au débiteur, dès qu'il a payé la dette pour laquelle il avait donné un gage, de se faire rendre l'objet de ce gage, sans que le créancier puisse le retenir pour une dette qui aurait été contractée entre la première dette garantie par le contrat de gage et le moment du payement de cette dette.[1]

§ 5. Dans les procès en matière de contrat de gage, la pratique exige du créancier, conformément aux préceptes généraux de la procédure, des cautions dans les cas suivants :

1) Quand il y a litige sur l'importance de la dette pour laquelle le gage a été constitué ;

2) Quand il y a contestation sur le point de savoir si c'est à titre de gage, de dépôt ou de louage que la chose a été remise aux mains de celui qui la détient ;

3) Quand il s'agit de décider, lesquelles des choses livrées, les unes ont été remises en gage et les autres en dépôt.

Le débiteur doit produire des témoins :

1) Quand il accuse le créancier d'avoir détourné ou détérioré la chose reçue par lui en gage ;

2) Quand il y a discussion sur l'importance du dommage causé par la faute du créancier dépositaire.

3) Quand le créancier nie avoir donné au débiteur le consentement et la permission de vendre l'objet du dépôt.

CHAPITRE II.

Zemon, le cautionnement.

Sources.

Neil ul-merom, 2ᵉ partie, p. 45. — *Bist bob,* p. 260. — *Sewol we djewab,* p. 16. — *Keschf enwor,* p. 269. — *Helil idjoz,* p. 186. — *Ichtlofot ul-erb'e,* p. 142.

Dulau, p. 407.

Mouradgea d'Ohsson, parte VI, p. 152.

§ 1. Le droit musulman consacre trois espèces de cautionnement :

---

[1] Cette disposition n'est pas d'accord avec celle du droit romain (L. uni., c. VIII, 27), ni avec celle du droit français (Code Napoléon, art. 2082); mais on la trouve dans le droit russe (*Swod* des lois civiles, art. 1412) et dans le *Landrecht* prussien, part. I, tit. XX, art. 171.

Zemon; — Hewole; — Kefole. Le *zemon* est le contrat par lequel une personne s'engage envers le créancier de payer la dette d'une tierce personne, dans le cas où celle-ci ne se serait pas acquittée à l'époque de l'échéance.

Le *hewole* est le contrat par lequel une dette est mise à la charge d'un autre débiteur, qui sera seul responsable du payement envers le créancier.

Enfin, le *kefole* est le contrat par lequel une tierce personne s'engage envers le créancier, à rechercher et à ramener le débiteur qui, à l'échéance du terme de payement de sa dette, se cacherait ou refuserait de se présenter en personne.

Le *kefole* est de deux espèces :

1) *Mütleke*, quand la caution n'a pas fixé dans le contrat, à quelle époque elle s'engageait à représenter le débiteur ;

2) *Muwekkete*, quand le délai pour rechercher et représenter le débiteur contumace avait été expressément déterminé.

D'après la nature des motifs qui peuvent décider les personnes à se porter cautions, ces contrats peuvent être :

a. *Teberru'en*, c'est-à-dire des engagements faits pour l'amour de Dieu, soit par pitié pour le débiteur, soit par un sentiment de piété.

b. *Mauzunen* ; on appelle ainsi ces contrats faits sur la prière du débiteur.

En ce qui concerne les parties contractantes dans le cautionnement, on les appelle : dans le *zemon* :

Zomin, la caution ; — *mezmun'enhü*, le débiteur ; — *mezmun 'aleihi*, le créancier.

Dans le *hewole* :

Mühol, la personne qui s'oblige à payer ; — *mühil*, la personne qui a fait passer sur le mühol, l'obligation de payer la dette ; — *müholün 'aleihi*, le créancier.

Dans le *kefole* :

Kofil ou *kefil*, la personne qui s'est engagée à rechercher et à ramener le débiteur contumace ; *mekful* ou *mekful bihi*, le débiteur ; — *mekfulun leh*, le créancier.

§ 2. Règles générales.

1) Il est exigé pour les contrats de cautionnement : la majorité des parties contractantes ; pleine possession de ses facultés intellectuelles ; le droit de disposer de sa personne et de ses biens.

2) La caution n'est engagée envers le créancier que jusqu'à l'échéance du terme de payement, et seulement en cas de refus de payer de la part du débiteur.

3) Il n'est permis à la caution de stipuler un salaire que dans le cas du *mauzunen*, c'est-à-dire quand la caution s'est engagée à la prière du débiteur; mais non dans le cas du *teberru'en*, où le contrat s'est fait « *pour l'amour de Dieu*. »

4) La caution *teberru'en* ne peut avoir lieu que quand il n'y a aucun doute ni aucune contestation sur la créance du créancier, mais que le débiteur se dit libéré.

Autres sectes. Les azemites admettent le cautionnement relativement à des contrats non encore conclus, c'est-à-dire quand quelqu'un déclare à un autre que si celui-ci prête à crédit à telle ou telle personne, il veut en devenir caution. Cette sorte de cautionnement s'appelle *zemone gheir wodjib*.

5) Un cautionnement ne peut être constitué que dans les contrats et les affaires civiles.

Autres sectes. Les azemites permettent de se porter caution par des expressions générales, sans fixer la somme jusqu'à laquelle s'élèvera la dette, et avec la déclaration qu'elle répondra du payement de toutes les dettes de telle ou telle personne. Un cautionnement de cette espèce s'appelle *zemone gheir wodjib*. Chez les schaflites et les schiites, cette espèce de cautionnement est considérée comme illégale.

§ 3. Règles spéciales.

a. Relativement au *zemon*.

1) La déclaration du consentement du créancier et de la caution est absolument exigée : on ne demande pas celle du consentement du débiteur.

Autres sectes. Les schaflites estiment même que la déclaration du consentement du créancier n'est pas nécessaire.

2) Si le créancier laisse passer le terme sans faire payer le débiteur, le créancier doit attaquer la caution, et n'a plus le droit d'exiger le payement du débiteur lui-même.

3) Le cautionnement convenu pendant la durée d'une maladie qui s'est terminée par la mort de la caution est consacré par la loi, si cette caution était, lors de la conclusion du contrat, en plein usage de ses facultés intellectuelles. Quand après

un contrat de cette sorte, l'obligation de payer incombe à la caution, on ne peut, pour acquitter cette obligation, prélever que le tiers de la masse héréditaire du défunt.

b. Relativement au *hewole*.

1) Il faut la déclaration du consentement de toutes les trois parties contractantes.

2) Après la déclaration de ce triple consentement, le créancier n'a pas le droit de poursuivre le *mühil*, mais il est obligé de diriger ses poursuites contre le *mühol*.

3) Le *müholün 'aleihi*, n'a le droit de résilier le contrat *hewole* que dans le cas où il a la conviction et la possibilité de prouver, par témoins, la tromperie qui aurait été employée lors de la convention, c'est-à-dire que le *mühol* se serait posé mensongèrement comme une personne solvable, en état de payer la dette du *mühil*.

c. Relativement au *kefole*.

1) Est nécessaire la déclaration du consentement du *mekfulun leh* et celui du *kofil*, c'est-à-dire du créancier et de la personne qui a garanti la réapparition du *mekful*, ou qui s'est engagée à le ramener lors de l'échéance de sa dette.

2) De deux *kofil*, le créancier peut en choisir un, et se contenter de son cautionnement.

3) Le *kofil* peut, avec le consentement du créancier, céder son engagement à une autre personne.

4) On doit dans le contrat *kefole* déterminer le lieu dans lequel le *kofil* devra représenter le *mekful*.

Autres sectes. Quand le *kofil* n'est pas parvenu à représenter le *mekful* au terme fixé, ou avant l'expiration du délai de grâce qui lui aurait été accordé, le *kofil*, d'après la doctrine des azémites, doit être mis en prison jusqu'à ce que le *mekful* se siste ou soit arrêté. Les schaflites et les azémites enseignent que le *kofil* n'est responsable sur ses biens, envers le *mekfulun leh*, que lorsqu'il a déclaré que s'il ne représente pas le *mekful* au terme du payement, il garantira personnellement la dette de ce dernier. Si le *mekful* meurt avant d'être arrêté, ou si le contrat a imposé le cautionnement personnel, les schaflites et les schiites n'imposent pas au *kofil* l'obligation de payer la dette du *mekful*, tandis que les azémites la lui imposent. Quand le *mekful* se trouve dans un lieu d'où l'on puisse l'apercevoir, il suffit, dans les règles du contrat *kefole*, que le *kofil* désigne au *mekfulun leh* ce lieu où se trouve son débiteur.

§ 4. Parmi les règles relatives aux contrats de cautionnement, il y a lieu de remarquer, que le *kefole* est ordinairement labial en présence de témoins, mais que le *zemon* et le *hewole* doivent être rédigés par écrit.

FORMULAIRE D'UN CONTRAT *zemon*.

En vérité, devant moi, convenu.

O

(Cachet du kadi.)

O Dieu !

Au nom de Dieu, le meilleur de tous les noms. Le contenu de cet acte est le suivant :

Deux cent cinquante *tuman*, provenant de l'avoir propre et légitime de tel et tel,

O

(Cachet du créancier.)

ont été prêtés à tel;

O

(Cachet du débiteur.)

lequel s'engage à restituer cette somme, avec la grâce de Dieu, après l'expiration de six mois, à dater du jour ci-dessous déterminé.

Pour l'exact payement de la somme ci-dessus prêtée, tel ou tel

O

(Cachet de la caution.)

se constitue caution, à la condition que, dans le cas où l'emprunteur ci-dessus dénommé ne payerait pas sa dette à l'échéance du terme (Dieu veuille nous en garder!), la caution prendrait sur lui l'obligation de la payer. Cet accord a été arrêté entre le créancier et la caution, d'après les règles du *scher"e*; en conséquence le créancier aura le droit, après l'expiration du délai, de s'en prendre à la caution pour le payement de sa créance.

Passé tel jour, tel mois, telle année.

Ont comparu comme témoins :

Tel ou tel.   Tel ou tel.   Tel ou tel.

O   O   O

(Son cachet.)   (Son cachet.)   (Son cachet.)

FORMULAIRE D'UN CONTRAT *hewole*.

En vérité, devant moi convenu.

○

(Cachet du kadi.)

O Dieu !

Au nom de Dieu, le meilleur de tous les noms. Le contenu de ce contrat est le suivant :
Aga Werdi, fils de tel et telle....,

○

(Cachet de ce créancier.)

a remis à titre de prêt, de son bien propre et légitime, la somme de deux cents *tuman*,
En vérité, à Aga Kurban, fils de tel et telle.....

○

(Cachet du débiteur.)

Mais Aga Werdi doit lui-même une aussi grosse somme, c'est-à-dire deux cents *tuman*,
A Hadji Hassan, fils de tel et telle.....

○

(Cachet de Hadgi Hassan.)

Ces trois personnes ont comparu devant le tribunal *scher'e*, et ont fait sans contrainte la déclaration suivante :
Aga Werdi : qu'il transporte à son débiteur Aga Kurban, d'après les règles du *hewole*, l'obligation de payer sa propre dette envers Hadgi Hassan.
Aga Kurban : qu'il accepte cette obligation de payer.
Et Hadji Hassan : qu'il adhère à ce contrat.
Après que les trois contractants ont eu déclaré leur consentement, d'après les règles du *scher'e*, le tribunal, en vertu de ce contrat *hewole*, donne au *müholün-'aleihi* le droit de s'en tenir exclusivement au *mühol* pour le payement de sa créance.
Fait tel jour, tel mois, telle année.
Ont assisté comme témoins :

Tel ou tel.	Tel ou tel.	Tel ou tel.
○	○	○
(Son cachet.)	(Son cachet.)	(Son cachet.)

§ 5. En justice ne sont valables les contrats de cautionnement que ceux qui ont eu lieu conformément aux règles ci-dessus posées.

S'il s'élève une contestation sur le point de savoir si la dette qui a été cautionnée existe réellement, on s'en rapporte au créancier, car, s'il n'y avait pas de dette principale, il ne saurait exister une caution.

Les contrats *zemon* et *hewole* prennent fin par le payement de la dette fait par le débiteur ou la caution; mais le contrat *kefole* cesse en sus par la mort du *mekful bihi* et du *kofil*.

QUATRIÈME SECTION.

Acquisition de la propriété à titre gratuit.

CHAPITRE Ier.

Hibe, la donation.

Sources.

Neil ul-merom, partie 2e, p. 77. — *Bist bob*, p. 230. — *Sewol we djewâb*, p. 51. — *Kesch enwor*, p. 386. — *Helil idjoz*, p. 241. — *Ichtelof ul-erb'e*, p. 168.

Dulau, p. 388.

Mouradgea d'Ohsson, partie VI, p. 289.

Macnaghten, p. 50 et p. 197.

§ 1. *Hibe* est le contrat par lequel une personne donne à une autre gratuitement en pleine propriété, une partie de sa fortune.

Le donateur s'appelle *wohib*; — le donataire *mauhubün leh*; l'objet de la donation *mauhube*, ou *mauhubün 'enhü*.

§ 2. Il y a trois sortes de donations :

1) Entre parents,

2) Entre non-parents ;

3) Entre maîtres et esclaves, ainsi qu'entre créanciers et débiteurs.

Le contrat *hibe* de la première espèce est de la classe des irrévocables, *ekde lazim*, et par conséquent on exige, pour le faire et pour le défaire, le consentement réciproque des parties.

Autres sectes. Les schafiites ne sont pas de cet avis sur l'immuabilité de ce contrat, et permettent notamment aux parents de révoquer à toute époque la donation faite par eux au profit de leurs enfants.

Le contrat *hibe* de la première espèce, n'est pas un contrat irrévocable ; il n'est que de la classe des *'ekde djoiz*, et ne passe dans celle des *'ekde lazim* que lorsque le *mauhubün 'enhü* (la chose donnée) a été aliénée au profit d'une tierce personne par le *mauhubün leh* (le donataire).

Enfin, quant au contrat *hibe* de la troisième espèce, il n'est pas nécessaire que le *mauhubüm leh* déclare son acceptation. Ce contrat ne comprend essentiellement que des objets du livre *Eïko'ot*, auquel appartiennent, entre autres sujets, l'affranchissement d'un esclave et la libération d'un débiteur du payement de sa dette. Quelques jurisconsultes mentionnent encore deux autres espèces de donations : *Hibe bil'-ewez* et *Hibe be schert ul'-ewez*, qui cependant ont plutôt le caractère de contrats commerciaux que celui de donations.

Le *hibe bil'-ewez* exige que le *wohib* (le donateur) reçoive en retour de la chose donnée, une chose de valeur à peu près égale. Dès lors, ce contrat devient immuable, et il faut alors, pour le résilier, la volonté réciproque.

Le *hibe be schert ul'-ewez* (considéré surtout par les schiites comme illégal) est un contrat par lequel le *wohib* consent, dans la donation, que le *mauhubün leh* (le donataire) accomplisse certaines conditions, ou lui donne en retour une autre chose. Avant l'exécution de ce contrat, c'est-à-dire, avant la tradition de l'acceptation de la chose donnée, il n'est qu'un contrat *'ekde djoiz*.

§ 3. Pour la validité d'un contrat de donation, il est exigé :

1) Dans les donations des deux premières espèces, la déclaration d'un consentement réciproque, *idjob we kabul* ;

2) Que le *wohib*, lors de la conclusion du contrat, soit majeur et sain d'esprit, et qu'il ait le droit de disposer de sa personne et de son bien. Le *wohib* ne peut donner qu'une chose qui lui appartienne en toute propriété, et la donation est nulle si la chose est indivisible. On peut donner toutes sortes de choses, sans en limiter la quantité, et tout Musulman peut transmettre tout son bien par donation à qui bon lui semble, sauf l'exception prévue ci-dessous par le n° 6 ;

3) Que le *mauhube* (objet de la donation) soit remis au *mauhubün leh* (donataire) et que celui-ci l'ait accepté. Les donations faites en faveur des mineurs, sont acceptées par les parents comme tuteurs naturels, et à défaut de parents, par les tuteurs datifs. Une tradition formelle n'est pas exigée dans le cas où le donataire vit sous la garde et protection du donateur.

4) Dans les donations des parents à leurs enfants, il est recommandé de ne pas faire au profit de l'un un avantage au préjudice de l'autre. Cette recommandation n'est pas dans le Koran : elle résulte d'un *hedith* du prophète, qui, ayant entendu un de ses contemporains dire en sa présence qu'il avait le projet de donner à l'un de ses fils plus qu'à l'autre, Mahomet, se redressant de toute sa hauteur, lui répondit : « que lui, Ma« homet, ne voudrait pas être présent à une pareille action. »

5) L'objet de la donation doit être en place et le *wohib* doit en être en possession corporelle au moment de la conclusion du contrat. C'est pourquoi le *wohib* ne peut faire donation d'une créance qu'à la personne qui en est débitrice, et non pas à une tierce personne.

6) Quand le *wohib* fait un contrat de donation, pendant une maladie, cet acte conserve toute sa validité après la guérison ; mais si le *wohib* meurt de la maladie dans le cours de laquelle il a consenti le contrat, les héritiers ont le droit de garder au moins deux tiers de la succession et d'en laisser au *mauhudün leh* au plus un tiers ;

7) Il n'est pas permis, quand la donation est contrat irrévocable, de la faire sous condition ou à terme.

Autres sectes. On a vu que néanmoins les sunnites permettent la donation conditionnelle *hibe be scherte 'ewez*. (Voy. ci-dessus le n° 2.)

8) Le *mauhubün leh* (donataire) doit être exactement désigné.

S'il y a plusieurs donataires d'une même chose, la part de chacun doit être clairement déterminée, soit lors de la rédaction du contrat, soit lors de la livraison de la chose.

§ 4. On ne rédige par écrit que les donations ayant pour objet des choses d'une sensible valeur. Pour les autres, il suffit d'une convention labiale, mais faite en présence de témoins.

FORMULAIRE D'UN CONTRAT *hibe*.

En vérité, convenu devant moi.

(Cachet du kadi.)

O Dieu !

Au nom de Dieu, le meilleur de tous les noms. Le contenu de cet acte est le suivant :
Il s'est présenté devant le tribunal du *scher'e*, tel ou tel, fils de tel ou tel,

(Cachet du *wohib*.)

lequel a déclaré que, sain d'esprit et en parfaite santé, il a donné à tel ou tel, en réalité et irrévocablement,

(Cachet du *mauhubün leh*.)

une boutique de mercerie avec un fonds de terre et les appartenances, situés dans tel lieu, limités de telle et telle manière, d'après les règles du *scher'e* et les préceptes de la secte des imamites.
Pour ce don, le *wohib* a reçu cinq mille deux cents *dinar*, sur lesquels le *mauhubün leh* déclare s'être entendu avec le *wohib*. Tous deux ont prononcé le *sighe* prescrit par le *scher'e*. Le *wohib* renonce d'une manière absolue au droit de rompre le contrat, même dans le cas d'une tromperie flagrante, et garantit le *mauhubün leh* contre toutes les suites qui pourraient résulter d'un contrat de donation irrégulièrement rédigé. Après la rédaction de ce contrat, le donataire est obligé de prendre en sa possession et sous sa garde la chose donnée.
Fait tel jour, tel mois, telle année.
Furent présents comme témoins :

Tel ou tel. Tel ou tel. Tel ou tel.

(Son cachet.) (Son cachet.) (Son cachet.)

§ 5. Sont légitimes et valables les contrats de donation qui ont été arrêtés en observant les règles posées ci-dessus.

En cas de contestation sur les points de savoir quel était l'objet de la donation, et quand le donataire en a pris possession, le donateur sera admis au serment.

Le contrat de donation devenu irrévocable *'ekde lazim*, ne peut être résilié que par le consentement réciproque des deux parties; néanmoins cette résiliation ne peut absolument point être faite, dans les sept cas qui vont être énumérés.

Ils ont été concentrés dans une espèce de distique que l'on a formé avec les lettres initiales des mots qui désignent les cas où n'a pas lieu la résiliation, et que l'on a résumés dans les deux vers suivants:

We mone' un min er-redju'i fil-hibe,
Ya sahibi hürufin zeme'e chizkeh!

ce qui veut dire que les cas où la révocation n'est pas permise sont indiqués par les lettres initiales: re-me-é-chu-z-ke-h.

Et voici maintenant, suivant le traité de Reıns, écrit d'après la doctrine azemite, l'explication de ces lettres initiales:

1) La lettre initiale *ziodeti*. C'est le cas où après avoir été reçue par le donataire, la chose donnée prend entre ses mains un accroissement, par exemple quand des arbres sont plantés dans un jardin qui n'en avait pas au moment de la donation, ou quand de nouvelles contructions sont ajoutées à la maison donnée, et autres cas semblables ;

2) La lettre *maut*, dans le cas où le *wohib* est mort ;

3) La lettre *'ewez*, dans le cas où le *wohib* a reçu quelque chose en retour de son don ;

4) La lettre *chiridgi*; quand la chose donnée est passée en mains tierces par donation ou autre contrat consentis par le donataire ;

5) La lettre *zeudje* ; quand le don a été fait entre époux ;

6) La lettre *kurbet*, quand la donation contient la clause *kurbeten ilallahi*, c'est-à-dire, que la libéralité a eu pour motif le pieux désir de plaire à Dieu ;

7) La lettre *heloket*, quand la chose donnée est perdue, ou anéantie, ou que l'esclave a été affranchi.

CHAPITRE II.

Wesiyet, le testament.

Sources.

Neil ul-merom, partie II, p. 82. — *Bist bob,* p. 322. — *Keschf enwor,* p. 433. — *Helil idjoz,* p. 265. — *Ichtelof ul-erbé,* p. 187.

Dulau, p. 98-107 ; 260-270.

Mouradgea d'Ohsson, partie V, p. 294-306, 310-319.

Macnaghten, p. 53-55 ; p. 241-249.

§ 1. On appel *Wesiyet* le contrat par lequel une personne lègue à sa mort, en propriété à une autre personne, une partie de son avoir. On appelle le testateur, *musi,* le légataire *musi leh,* et l'objet du legs *musi beh.*

§ 2. 1) La condition exigée le plus rigoureusement pour la validité d'un testament, c'est l'indication claire et exempte de tout doute et de toute controverse, relativement aux choses léguées dans le testament ; l'obscurité et l'équivoque en pareille matière, lorsque le testament est inintelligible même pour des personnes cléricales, est une cause de nullité. Si la chose est désignée dans son espèce, mais sans fixation déterminée de sa quantité, le *musi leh* doit recevoir, d'après l'opinion de quelques juristes, un sixième de la chose léguée, et d'après l'avis d'autres juristes, un huitième seulement et même un dixième.

La légalité et la validité d'un testament ou d'un legs ne sont pas dépendantes de la condition que l'objet de la libéralité existe au moment de l'exécution du testament ; il suffit que cet objet ait existé à l'époque de la confection du testament et jusqu'à la mort du testateur.

2) Il faut que la chose donnée par le testament ne soit pas prohibée par la loi. Ainsi, un testament qui contiendrait des legs de vin, de sang, de porcs, ou d'autres choses déclarées impures par la loi, serait radicalement nul.

3) La chose léguée doit être remise au *musi leh,* avec tous

les accessoires. Ainsi, par exemple, le legs d'un sabre comprend celui du fourreau.

4) On ne peut disposer, au préjudice de ses plus proches parents, au profit de personnes étrangères à la famille, que d'un tiers de toute sa succession ; les deux autres tiers restent aux héritiers légitimes, alors même qu'ils auraient, du vivant du testateur, donné librement leur consentement à un legs dépassant le tiers.—Que si le testateur a disposé d'un tiers au profit d'un légataire et d'un sixième au profit d'un autre légataire, et si les héritiers refusent de délivrer plus d'un tiers, le légataire de ce tiers le recevra intégralement et le legs du sixième sera nul ; ce légataire du sixième ne recevra rien.

Autres sectes. Les azémites admettent que dans le cas où il a été disposé en faveur de personnes étrangères de plus d'un tiers, les parts respectives doivent être réduites en proportion de la valeur de chacune, de manière à ne pas excéder le tiers, mais sans réduire aucun légataire à ne rien recevoir.

Il n'est pas permis à un père de déshériter complétement un de ses fils, mais il est généralement licite, de léguer à des parents plus éloignés au préjudice de parents plus rapprochés.

5) Les testaments sont exécutoires au décès du testateur (si les legs ne dépassent pas, comme on vient de le dire au n° précédent, le tiers de la succession); les legs doivent être délivrés, même avant le partage de la succession entre les héritiers, mais seulement après le payement des dettes héréditaires.

6) Chaque légataire peut disposer en pleine propriété de la chose qu'il a acquise par testament.

7) Il n'y a pas obligation de payer ni le *zekat*, ni le *chüms* sur les biens délaissés par un défunt.

§ 3. Au regard du *musi* (le testateur) voici les règles qui le concernent :

1) Il doit être majeur. Les enfants qui n'ont pas encore atteint leur dixième année, ne peuvent tester à aucune condition.

Autres sectes. Les schaflites permettent de tester aux enfants, sans fixation d'âge, s'ils sont moralement en état de comprendre l'importance de cet acte.

2) Il doit avoir la jouissance complète de ses facultés in-

tellectuelles. Dès lors, sont repoussés par la loi, les testaments des aliénés, des faibles d'esprit, des suicidés, si le testament de ces derniers a été fait dans l'intervalle de temps qui a pu s'écouler entre le coup mortel et la mort elle-même.

Autres sectes. Les testaments faits par des personnes atteintes de grave maladie et qui ont perdu la parole, mais qui peuvent par des signes manifester leur volonté, sont déclarés légitimes par les schafiites, et non légitimes par les azemites.

3) Il doit être libre; et l'esclave ne peut pas valablement tester, sans le consentement de son maître.

4) Il doit avoir la propriété et la possession du *musi leh* (chose léguée).

§ 4. En ce qui concerne le *musi beh* (le légataire), on doit observer ce qui suit :

1) Déclaration d'acceptation de l'objet légué. Elle peut être faite aussi après la mort du *musi* (le testateur).

2) Signalement exact de la personne instituée légataire par le testament. Le *musi leh* doit être une personne réellement existante *maudjud*; elle doit être vivante au moment de la confection du testament, et désignée dans cet acte de manière que les héritiers n'aient pas de peine à la reconnaître. Il est permis de faire un legs en faveur d'un enfant qui est encore dans le sein de sa mère. Le testament fait en faveur d'une personne morte avant la confection de cet acte, ou au profit d'une personne qui a disparu et dont l'existence est incertaine, ne produisent aucun effet, parce que de tels institués ne peuvent exprimer leur acceptation du legs, ni par eux-mêmes, ni par des mandataires.

3) Si une personne accepte l'esclave qui lui est donné en propriété par testament, ou dont les services personnels lui sont légués par cet acte, cette personne (*musi leh*) contracte l'obligation de le soigner, de le vêtir et de le nourrir.

§ 5. En ce qui concerne la rédaction même du testament, que cette rédaction soit écrite ou simplement labiale, il faut la présence de deux témoins mâles; il n'y a pas, sous le rapport de l'efficacité, la moindre différence entre le testament écrit, et le testament verbal.

FORMULAIRE D'UN TESTAMENT.

En vérité, rédigé en ma présence.

O

(Cachet du kadi.)

O Dieu !

Au nom de Dieu, le meilleur de tous les noms. Le contenu du présent acte est le suivant :

A comparu devant la justice *scher'e*, et en présence de quelques témoins probes et croyants, tel ou tel, fils de, etc.,

O

(Cachet de ce testateur.)

majeur et parfaitement sain d'esprit, et a déclaré, en accomplissant toutes les formalités exigées par le *scheri'et* pour légitimer l'expression des dernières volontés :

1) Je possède en propriété un capital de cinq cents ducats, qui actuellement, en vertu de billets légalement reconnus, se trouvent chez tel ou tel ;

2) Je suis également propriétaire d'une maison à deux étages, dans laquelle je demeure en ce moment avec ma famille. Ces biens devront, après ma mort, être partagés suivant la règle *mo ferez ullah*, c'est-à-dire suivant les ordres de Dieu, et d'après la règle *resme werothet*, qui détermine, en vertu du *scher'e*, le rang de mes héritiers qui sont en tout au nombre de cinq, deux fils, deux filles et une femme.

J'ordonne par le présent testament que le tiers de mon argent comptant sera employé aux frais de mon inhumation et aux distributions d'aumônes en mémoire de moi ; mes héritiers se partageront entre eux les deux autres tiers de mes espèces.

Je nomme pour *wesi* (tuteur) de mes enfants et de leur fortune, mon frère germain (tel ou tel), et je lui adjoins mon plus jeune frère en qualité de *nazir*[1]. Ces deux personnes doivent accomplir leurs devoirs d'après les règles du *scher'e* et d'après les prescriptions de la sainte secte des imamites. D'après les mêmes règles du *scher'e*, je me réserve, pendant le reste de ma vie, le droit de révoquer le présent testament ; mais après ma mort il doit avoir la force légale et immuable ; car il est écrit au chapitre II du Koran : « Celui qui, après avoir accepté la » volonté testamentaire d'un défunt, ne la remplit pas, pèche devant le » Très-Haut, et il en répondra dans la vie future. »

Fait tel jour, tel mois, telle année.

Furent présents comme témoins :

Tel ou tel.   Tel ou tel.   Tel ou tel.

O   O   O

(Son cachet.)   (Son cachet.)   (Son cachet.)

---

[1] Le *nazir* est le surveillant des biens des pupilles et l'exécuteur des ordres du *wesi*, sous la direction de celui-ci. (Voy. ci-dessous § 7, n° 3.)

§ 6. Les testaments sont en général légitimes et valables, quand ils ont été rédigés conformément aux règles ci-dessus posées. Si le testateur a fait plusieurs testaments relativement au même *musi beh,* c'est le dernier en date qui seul sera valable.

Dans toutes les contestations sur des points de légitimité et d'efficacité des testaments, il est de règle que ceux qui les suscitent et qui font naître le procès, doivent produire des témoins.

Cependant, si les héritiers alléguaient qu'en faisant la délivrance du legs attribué à des personnes étrangères, ils étaient dans l'ignorance du fait que ce legs dépassait le tiers de toute l'hérédité (voy. § 2 ci-dessus, n° 4), ils seront admis à prêter le serment pour prouver leur réclamation.

Le *wesiyet* est, tant que le testateur est en vie, un contrat non irrévocable *'ekde djoiz,* qu'il lui est permis de renverser à toute époque pour changer ses dispositions. Mais après la mort du *musi,* si le testament a été rédigé conformément aux règles, et si le *musi leh* a déclaré son acceptation, ce contrat devient irrévocable *'ekde lazim,* et ne peut point être révoqué par l'héritier du testateur.

Autres sectes. Les schafiites admettent le *musi leh* à se dégager complètement des liens du testament, non-seulement pendant toute la vie du *musi,* mais encore après sa mort, et malgré l'acceptation faite depuis le décès.

§ 7. Des tuteurs.

D'après les lois musulmanes, il y a :

1) Les tuteurs naturels, *weli,* par le droit de la parenté du sang. Ce droit n'appartient qu'au père et au grand père. La mère n'est point *weli,* mais le testament du mari peut lui déférer la tutelle.

2) Les *wesi,* tuteurs nommés par testaments ;

3) Les *keiyüm*, tuteurs nommés par l'autorité quand il n'y a ni *weli* ni *wesi.*

A côté du tuteur testamentaire et du tuteur nommé par l'autorité, il peut être rétabli un *nazir,* surveillant, dont la fonction consiste à soigner les biens du pupille sous l'administration du tuteur. Il exécute les ordres de ce tuteur. Les tuteurs naturels *weli* ne sont soumis, ni à une nomination, ni à une confirmation; ils prennent l'administration du patrimoine pupillaire sans autre institution ou investiture que celle qui résulte de la parenté du sang.

Le droit de nommer un tuteur, *wesi*, par testament n'appartient qu'au père et au grand-père. Si la mère nomme quelqu'un à la tutelle de ses enfants, un tel tuteur n'aura le droit d'administration, que sur un tiers des biens de ces enfants.

Autres sectes. Les azémites accordent aussi aux autres parents de nommer par testament une personne étrangère aux fonctions de *wesi* pour administrer les biens donnés par eux au mineur, alors même que le père ou l'aïeul de ce mineur vivraient encore [1].

Le souverain ou le *hakim scher'e* nomme les tuteurs, *keiyüm*, quand il n'y a ni *weli*, ni *wesi*; c'est aussi par un *keiyüm* qu'on remplace le *wesi*, quand celui-ci agit comme un homme immoral et irréligieux.

Autres sectes. Chez les azémites, le tuteur qui fait des actes publics d'irréligion n'est pas complètement destitué de la tutelle, mais on lui adjoint pour l'administration un autre musulman, homme sage et prudent.

Si le tuteur devient fou, gravement malade, ou prodigue, l'autorité ou le *hakim scher'e* lui retire la tutelle et nomme un *keiyüm* jusqu'à guérison ou correction [2].

On ne doit nommer tuteur qu'un majeur, adepte de l'islamisme, en pleine jouissance de ses facultés intellectuelles, d'une conduite sage et réglée et d'une bonne réputation.

Autres sectes. Chez les azémites, on ne doit pas non plus admettre à la tutelle et à l'administration du patrimoine pupillaire un homme ne pratiquant pas la religion; mais s'il a été, dans le principe, digne d'être nommé, et qu'il ait été institué par le kadi, son refroidissement religieux ne sera pas une cause de destitution, mais il y aura lieu, comme on vient de le dire, à l'adjonction d'un autre musulman, pieux croyant.

Un esclave ne peut être nommé ni *wesi*, ni *keiyüm*, sans le consentement de son maître.

[1] D'après Hammer, *Geschicht des Osmanischen reischs*, IV, p. 449, on ne nomme pas seulement aux mineurs un *wesi*, tuteur ou patron, mais aussi aux faibles pour les protéger contre les forts.

[2] Dans les provinces russes transcaucasiennes, les kadis doivent en pareils cas prévenir les autorités qui ont à confirmer les choix faits par eux.

Les femmes ne peuvent être instituées tutrices, que lorsqu'il n'y a pas d'hommes aptes à remplir une tutelle et qu'elles connaissent les règles du *scher'e*.

La nomination d'un *wesi* doit être faite en présence de deux témoins qui doivent apposer leur cachet sur l'acte écrit.

Les personnes nommées tuteurs par le testament doivent déclarer qu'elles consentent à accepter la tutelle : elles doivent faire la déclaration de refus du vivant du testateur; après sa mort, l'obligation d'accepter est inévitable.

Quiconque est nommé *keiyüm*, est obligé d'accepter cette charge. S'il est nommé deux personnes pour la tutelle, elles peuvent administrer en commun, ou se partager les différentes branches de l'administration.

Si le tuteur n'est point en état de remplir seul ses fonctions, le souverain ou le *hakim scher'e* lui donnera en aide une autre personne [1].

Le tuteur ne peut pas déléguer son office à une autre personne sans l'assentiment du *hakim scher'e*.

Le tuteur doit aux biens confiés à son administration, les mêmes soins qu'à ses propres biens ; il est responsable, s'il a négligé de prendre les mesures convenables, du dommage et de la perte occasionnés par sa faute.

Le tuteur a le droit de payer ses propres dettes avec les ressources du patrimoine pupillaire, à charge de restituer à la cessation de la tutelle avec dommages-intérêts, s'il y a lieu.

Autres sectes. Les schiites et les azemites permettent aux tuteurs d'acquérir pour eux-mêmes certaines choses du patrimoine pupillaire, quand cette mutation de propriété procure un bénéfice au mineur. — Les schafiites n'accordent en aucun cas ce droit au tuteur.

Les tuteurs n'ont aucun droit à un salaire pour leur office et leurs peines. Le kadi est chargé de la haute surveillance des tutelles en général et de l'activité des tuteurs en particulier [2].

Les tuteurs sont tenus de rendre un compte exact de leur

---

[1] Cette disposition n'est plus appliquée dans les provinces transcaucasiennes où le gouvernement russe a établi des tribunaux de cercles. (Kreisgerichte.)

[2] Dans les provinces russes transcaucasiennes, cette attribution n'appartient plus au kadi, mais aux tribunaux de cercles.

administration du patrimoine pupillaire. Pendant la minorité du pupille, on ne leur demande pas de compte, à moins que le *hakim seher'e* ou le *kadi* ne viennent à être informés de la négligence et de la mauvaise administration du tuteur.

A sa majorité, le pupille a le droit de demander à son ex-tuteur un compte exact de toute sa gestion, et en cas de contestation, le tuteur doit justifier tous ses actes devant le tribunal.

Autres sectes. Chez les azemites, dans de pareilles contestations, on admet le tuteur à prêter le serment pour justifier la vérité de ses déclarations.

CHAPITRE III.

Wäkf, la consécration.

Sources.

Neil ul-merom II, p. 71-76. — *Bist bob*, p. 235-240. — *Kesch enwor*, p. 377-386; 522-536. — *Helil idjoz*, p. 236-241; 283-286. — *Ichtelof ul-erb'e*, p. 167.
Macnaghten, p. 69.

§ 1. *Wäkf* est un contrat par lequel une personne consacre une chose qui lui appartient à la jouissance et à l'avantage d'une autre personne, qui n'acquiert néanmoins pas le droit de disposer de cette chose.

La consécration est dite *wäkf ewlod* quand elle a lieu pour le bien des enfants, et *wäkf 'om*, quand elle est faite pour le bien public ou pour des actes agréables à Dieu. A la première espèce de consécration, se rattache le *wäkf ibn*, fait spécialement pour les biens des fils, et qui était autrefois très-usité en Crimée.

La personne qui consacre sa chose s'appelle *wokif;* l'objet consacré s'appelle *maukuf;* et la personne pour le bien de laquelle la consécration se fait s'appelle *maukufün aleihi.*

§ 2. Pour que ce contrat soit valable, il faut la déclaration du consentement réciproque, *idjob we kabul*, la livraison de l'objet consacré, *teslim*, et l'acceptation de cet objet, *ikboz*.

Le *wokif* doit en termes exprès (p. ex. *wäkf kerdem*, « j'ai consacré ») déclarer qu'il a consacré tel ou tel objet à telle ou telle jouissance.

Le *maukufün'aleihi* doit exprimer son acceptation de l'objet consacré par ce mot : *Kabültü* (je consens). Néanmoins, il suffit de la simple prise de possession de cet objet par le *maukufün aleihi*, dont le consentement d'accepter est alors tacitement présumé. L'acceptation du *maukuf* peut être faite indistinctement par le *maukufün aleihi* ou par son fondé de procuration. La consécration *wähf'om*, qui est faite pour le bien public ou pour des actes agréables à Dieu, doit être acceptée par l'*Iman*, et s'il n'y en a pas, par le *kakim scher'e*[1].

Autres sectes. Les schafiites et les azemites n'exigent pas dans le *wäkf'om* la déclaration du consentement d'accepter.

On ne peut consacrer que des choses dont la jouissance n'entraîne pas la consommation. Est donc conséquemment inadmissible la consécration de matières alimentaires, de fruits, de vêtements ouvrables, etc. Les schafiites et les schiites permettent la consécration des choses mobilières; les azemites la prohibent, d'après une solution de Abu Hanife, le fondateur de leur secte; nonobstant cette opinion, la majorité des juristes azemistes la permettent. De même, on ne peut pas consacrer les choses qui sont réputées par la loi, impures et prohibées, par exemple le vin, le porc, les statues et les livres obscènes blessant les dogmes de la religion musulmane, les choses acquises injustement, etc. — Il en est de même des choses dont le *maukufün'aleihi* ne pourrait pas se mettre en possession, tel qu'un esclave fugitif. — La femme esclave qui a procréé des enfants par son maître, ne peut pas être consacrée.

Le *maukuf* doit, pour éviter des doutes et des erreurs, être déterminé d'une manière précise. Ainsi et par exemple le cheval que l'on veut consacrer doit être produit et présenté à deux témoins. Il faut que la destination de la chose à consacrer, la-

---

[1] Dans les provinces russes transcaucasiques, l'acceptation dans ces cas là est réservée au kadi ou à d'autres personnes ecclésiastiques plus élevées.

quelle destination doit être autorisée par la loi, soit déclarée. Ainsi, il ne serait pas permis de consacrer un bâtiment dans lequel des infidèles voudraient faire leurs prières et accomplir leurs pratiques religieuses, — ou bien, dans lequel on se livrerait à des plaisirs défendus par la loi ou par les convenances, tels que les jeux, les danses, les libations de boisson, etc.

Il est défendu de consacrer une chose pour le bien des infidèles.

Autres sectes. Les schafiites et les azemites tolèrent la consécration en faveur des infidèles, si ceux-ci ne sont pas en guerre avec les musulmans.

Un caractère spécial du *wäkf*, c'est qu'il est défendu de fixer un terme pour la cessation de ce contrat : il est fait pour une durée illimitée, *dewôm*. Il résulte de là qu'un esclave consacré ne peut jamais être affranchi, et que le fonds de terre déclaré *maukuf*, reste inviolable, quand même les bâtiments surbâtis viendraient à s'écrouler.

Le *maukuf* ne peut être ni vendu, ni mis en gage, ni donné à titre gratuit, ni faire l'objet du *mehr* ou *sedak* (voyez ci-dessus le livre *'Ekudot,* au chap. du *nikoh* (du mariage), lettre b., section I); en un mot, aliéné d'aucune manière, à moins que le *maukufün 'aleihi* ne prouve devant le tribunal *scher'e*, par des preuves éclatantes, que si le *maukuf* n'est pas aliéné, non-seulement il sera gravement avarié, mais qu'il sera complétement détruit. En pareil cas, le tribunal autorise la vente.

Autres sectes. Les schafiites ne permettent la vente du *maukuf* que lorsque cet objet est un animal dont la chair peut servir de nourriture et qui créverait si on ne le vendait pas.

Le contrat *wäkf* doit être convenu sans condition *tendjiz :* exceptionnellement, la loi autorise la condition que si le *wokif* tombe dans la misère, il aura le droit de demander la résiliation du contrat dans son intérêt.

Autres sectes. Les schafiites et les azemites n'admettent pas même cette condition comme légale.

Le droit de disposer du *maukuf* appartient au *maukufün aleihi*, c'est-à-dire à celui pour le bien duquel a été fait le contrat *wäkf*; mais quand la consécration a été faite pour une jouissance commune, le *maukuf* ne doit pas servir à l'usage exclusif d'une personne, pas même du *wokif*, qui ne doit se réserver qu'une part mesurée dans son privilége.

Une esclave consacrée ne peut se marier qu'avec un esclave, pour qu'elle n'acquière pas la liberté, et le *mehr* assigné par son mari à cette femme appartiendra à celui à l'avantage duquel a été faite la consécration. Les enfants nés d'un pareil mariage sont esclaves du *maukufün 'aleihi*; mais si l'esclave ne se marie pas et procrée néanmoins des enfants par sa cohabitation avec un musulman, ce commerce est criminel, mais les enfants naissent libres.

§ 3. Pour que le contrat *wäkf* soit valable, il faut que le *wokif* soit majeur, capable de disposer de ses biens, parfaitement sain d'esprit et non affecté d'une grave maladie.

Autres sectes. Les schaflites et les azemites permettent la conclusion du contrat *wäkf*, même pendant une grave maladie du *wokif*; mais dans ce cas, le malade ne peut consacrer que le tiers de son bien.

On ne peut consacrer que les choses sur lesquelle a un droit incontestable de propriété.

§ 4. Au regard du *maukufün aleihi*, on exige :

1) Qu'il existe réellement et qu'il puisse comparaître. On ne peut donc rien consacrer au bien de personnes déjà décédées ou non encore nées ou absentes. Néanmoins, il est permis, en consacrant une chose à une personne déterminée, d'étendre ce bienfait aux enfants qui naîtront de cette personne.

2) Qu'il soit nettement désigné. Si la consécration a été faite en faveur de toute une société, chaque associé a le même droit de jouissance sur la chose consacrée. Si dans le contrat de » consécration, il a été dit par le *wokif* « que son *wäkf* s'adresse » à tous les musulmans; » — ou « que le *maukuf* est destiné à » tous les mahométans; » chaque fidèle de la croyance islamique, à quelque secte qu'il appartienne, a droit à la jouissance de la chose consacrée. Quand le *wäkf* est fait dans l'intérêt des voisins; *hemsoye, djor* ou *djiron*, le droit de jouissance s'étend à toutes les personnes qui habitent dans un rayon

de 40 *aresch* (40 aunes) autour du *maukuf* ou autour de l'habitation du *wokif*. Cette appréciation de distance n'est pas absolue, et dépend en grande partie des usages locaux, *urf*.

3) Qu'il soit de condition libre et propriétaire. Ainsi, un esclave ne peut pas être *maukufün 'aleihi*.

Autres sectes. Les schafiites et les azemites accordent cette capacité à l'esclave, mais c'est le maître qui aura la jouissance du *maukuf*. D'après l'opinion de quelques juristes sunnites et schiites, c'est l'esclave qui aura personnellement cette jouissance, dès que le maître ne se sera pas opposé à l'acceptation par cet esclave.

4) Qu'il ait soin des animaux et des esclaves qui lui seraient consacrés et qu'il les entretienne convenablement.

§ 5. Pour la confection du contrat *wäkf*, il faut, outre la présence de deux témoins, que les parties contractantes prononcent le *sighe*, et que cette formalité accomplie soit constatée par écrit sur ce qu'on appelle *wäkf nome*, c'est-à-dire l'*instrumentum* du contrat. Le *sighe* se formule ainsi :

Wäkfen sähihen, amen!

cela veut dire : « je fais par cet acte une « fondation légale. »

A ces mots du *wokif*, le *maukufün 'aleihi*, doit répondre :

Beheithü lo ibo 'ü we lo yürhenü we lo yürethü femen beddellehü bäde mo semi'ehu fä-innemo ithmehü 'alelläzine jübed delunehu!

ce qui signifie :

« Il est consacré, à la condition qu'il ne pourra ni être
» vendu, ni mis en gage, ni donné par succession; celui-là pê-
» chera donc qui, connaissant l'existence de la consécration,
» ne respectera pas les règles du *wäkf*. »

§ 6. Le contrat *wäkf* devient par l'acceptation du *maukuf*, un contrat irrévocable *'ekde lazim*, et ne peut être révoqué que dans les cas ci-dessus indiqués.

Autres sectes. Les schafiites et les azemites n'admettent dans aucun cas la révocation de ce contrat.

§ 7. A propos du contrat *wäkf*, il y a quelques observations à faire sur les aumônes *sedeke*. La distribution des aumônes est une action favorisée par la loi musulmane, *emre scher'ei*.

Il y a deux sortes d'aumônes :

1) *Sedeke mafruze;* c'est celle qui est faite en exécution d'un vœu.

2) *Sedeke mendube;* c'est celle qui se fait accidentellement, par l'impulsion d'un bon cœur.

On ne doit faire des aumônes *mendube* qu'à des descendants de la race de Beni-Haschim, et de celle du prophète Mahomet.

Les aumônes occultes sont préférables à celles que l'on fait en public : le musulman doit cependant ne point faire ses aumônes en secret, si cette manière de les faire attire sur lui de la part de personnes malveillantes, des soupçons et de méchants bruits.

Autres sectes. Les schafiites et les azemites considèrent comme préférables les aumônes *mendube*, faites secrètement. Ils étendent cette opinion aux aumônes *mafruze*.

Pour que les aumônes soient conformes à la loi, il faut :

1° *Idjob we kabul*, c'est-à-dire consentement bilatéral de celui qui fait l'aumône et de celui qui la reçoit.

Autres sectes. Les azemites et les schafiites n'exigent pas cette condition.

2° *Ikboz*, acceptation de l'aumône.

Autres sectes. Les schafiites et les azemites n'exigent cette condition que pour l'aumône *mafruze*.

3° *Niyyet we kurbet*, que l'aumône soit faite par sentiment de piété, par impulsion du cœur, et par le désir de faire le bien.

CHAPITRE IV.

Sukno we hibs, remise d'une chose par le propriétaire à une personne pour qu'elle en jouisse à vie ou à terme.

Sources.

Neil ul-merom, partie II, p. 76. — *Bist bob*, p. 233.

§ 1. Ces contrats sont confondus par les sunnites avec le *wäkf* et le *arieh*. Mais d'après la doctrine des schiites que je considérerai uniquement dans ce chapitre, ces deux contrats ont des différences qui méritent d'être traitées séparément [1].

Le *sukno* est un contrat par lequel une personne remet une chose qui lui appartient, à une autre personne, pour que celle-ci en jouisse, mais sans que celle-là se dépouille de son droit de propriété.

Le *hibs* est un contrat qui produit les mêmes effets que le *sukno*, mais qui ne peut être convenu que par piété et par des motifs agréables à Dieu. Il diffère du *wäkf* en ce que, dans ce contrat, le *wokif* abdique son droit de propriété, tandis qu'il n'en est pas de même dans le *hibs*.

Les contrats *sukno* et *hibs*, sont dits : *'ümri*, quand quel-

---

[1] Dulau et Pharaon, dans leur *Droit musulman*, p. 270-273, traitent du contrat *hobus* comme étant très-usité en Afrique parmi les adeptes de la secte malékite. Le mot *hobus* a évidemment son étymologie dans sa racine *hibs*, et néanmoins, en comparant les deux contrats, on les trouve essentiellement différents. Suivant la doctrine schiite, le propriétaire de la chose ne l'aliène pas dans le *hibs*, mais il en donne seulement la jouissance ; et d'après la doctrine malékite, au contraire, suivant ce que disent Dulau et Pharaon, le propriétaire transporte, dans le contrat *hobus*, son droit de propriété à l'imam ou à la mosquée, et ne se réserve pour lui et ses descendants, que le droit de retirer les fruits de la chose.

Dans l'ouvrage de Halil Ibn Ishak, traduit par Perron, t. V, p. 24-63, il n'est pas question d'un contrat pareil à celui que présentent Dulau et Pharaon, sous le titre de *hobus*. D'après Perron, le *hobus* serait le même contrat que le *wäkf*, et les deux dénominations seraient synonymiques. D'après la doctrine schiite, le *hibs* a, avec le *wäkf*, un trait caractéristique commun : c'est que ces deux contrats ne sont convenus que sous l'impulsion d'un vif sentiment de piété, tandis que cette idée est étrangère aux autres contrats qui peuvent avoir quelque analogie avec eux : tels que le *arieh*, contrat de prêt ; *hibe*, la donation ; *wesiyet*, le testament, et même le *sukno*.

qu'un remet la jouissance d'une chose à une autre personne jusqu'à la mort de l'une ou de l'autre.

Rekebi ou *wäkti*, quand la jouissance est fixée par un terme certain et déterminé.

Celui qui remet la chose et en confère la jouissance, s'appelle *malik*; celui qui la reçoit dans le contrat *sukno*, s'appelle *sokin*, et dans le contrat *hibs*, il s'appelle *hobis*.

§ 2. Dans le *sukno* et dans le *hibs*, on exige le consentement mutuel *idjob we kabul*, et dès que le *sokin* ou le *hobis* a pris possession de la chose, les contrats deviennent irrévocables, *'ekde lazim*.

La jouissance de la chose reçue n'appartient qu'au *sokin* ou au *hobis* et à ses proches parents. Ils n'ont pas d'autre droit que cette jouissance; ils ne peuvent ni donner, ni louer, ni aliéner cette chose. Le propriétaire a le droit de la vendre à tout instant; mais dans le contrat de vente, il faut déclarer que la chose a été cédée après avoir passé par l'un ou l'autre des contrats *sukno* ou *hibs*, et l'acheteur n'est pas en droit de résilier ces contrats avant l'expiration du laps de temps fixé à leur existence. Le consentement réciproque doit être échangé en présence de témoins; on conseille de faire un acte écrit, mais on ne suit pas généralement ce conseil, et ces contrats sont peu usités dans les provinces russes transcaucasiennes.

§ 3. Les contrats *sukno* et *hibs* expirent avec le délai que les parties ont assigné à leur durée. Que si ce délai a été fixé à la mort du propriétaire, *malik*, et que le *sokin* ou le *hobis* viennent à mourir avant lui, leurs héritiers jouissent de la chose jusqu'au décès du *malik*.

Ces contrats étant irrévocables, ne peuvent être résiliés que par le consentement réciproque.

CINQUIÈME SECTION.

Contrats de procédure.

Sühl, la transaction.

Sources.

Neil ul-merom, partie II, p. 48. — *Bist bob*, p. 266. — *Sewol we djewâb*, p. 51-111. — *Keschf enwor*, p. 261-269. — *Helil idjoz*, p. 182. — *Ichtelof ul-erb'e*, p. 140.
Mouradgea d'Ohsson, partie VI, p. 235.

Le *sühl* est un contrat qui a pour but de terminer les plaintes et les procès.

La personne qui s'entremet entre les parties litigantes pour les arranger, s'appelle *müslih*; le demandeur s'appelle *müsolih*; le défendeur *müsoleh leh*; et l'objet de la contestation sur laquelle portera la transaction, *müsoleh 'enhü*.

Le consentement de deux plaideurs à terminer par transaction, est plus méritoire, au dire du prophète, que le jeûne et la prière.

La transaction est aussi appelée *seiyid el-ehkom*, ce qui veut dire, l'écrit par excellence. Les gens du clergé disent que de tous les contrats, la transaction est le meilleur et le plus agréable à Dieu : *Es-sülhü cheir ül-ümuri*. La réussite d'une transaction est considérée comme un acte si agréable à Dieu, que chacun a le droit de se mêler aux parties, mais seulement dans le but de les décider à faire la paix.

Autres sectes. Les schafiites défendent toute transaction quand le débiteur nie absolument l'existence de sa dette. Les schiites et les azemites l'admettent au contraire, même dans ce cas.

La transaction exige pour sa validité le consentement bilatéral; elle fait partie des contrats irrévocables *'ekde lazim*, d'où résulte que son efficacité ne peut pas être paralysée après la déclaration de l'*idjob we kabul*.

Les personnes engagées dans un procès sont maîtresses de nommer un arbitre-juge, *münsif*, et si elles sont d'accord sur le choix de cet arbitre ou de plusieurs arbitres, la décision de cet arbitre, ou de ces arbitres, s'ils sont unanimes, est inattaquable, même pour cause de tromperie.

Les arbitres ont droit de réclamer un salaire pour leur travail.

SIXIÈME SECTION.

De la banqueroute et de la saisie des biens.

CHAPITRE Ier.

Eflos, la banqueroute.

Sources.

Neil ul-merom, partie II, p. 40. — *Bist bob*, p. 257. — *Sewol we djewâb*, p. 36. — *Keschf enwor*, p. 251. — *Helil idjoz*, p. 174. — *Ichtelofot ul-erbe'*, p. 137.
Mouradgea d'Ohsson, t. VI, p. 104.

§ 1. Le droit musulman appelle *eflos* ou *müflis* la position d'un débiteur qui, non-seulement n'a pas de quoi payer ses dettes, mais qui manque de ce qui est exigé par les besoins les plus pressants de la vie.

Le débiteur ainsi devenu insolvable, s'appelle *müfelles*; — les créanciers exigeant le séquestre, *kerz chohon*; le reste d'actif pour satisfaire les créanciers, *ghuremo*, et les dividendes qu'ils en retirent *gherim*.

La déclaration de l'impossibilité de payer d'un débiteur émane du *hakim scher'e*[1], quand on vient lui adresser des

---

[1] En Transcaucasie, cette déclaration est dans les attributions des autorités russes.

plaintes contre ce débiteur qui, malgré l'échéance de ses dettes, ne les paye pas. A la réception de ces plaintes, le *hakim scher'e* doit immédiatement rechercher si les réclamations sont fondées et légitimes, et se convaincre que les termes sont échus sans que le débiteur ait payé, et que tout son avoir n'est effectivement pas suffisant pour couvrir son passif.

Observation. D'après l'opinion du müdjtehiden Hadgi Seid Bagir de Ispahan, le *hakim scher'e* doit, pour se procurer la conviction de l'insolvabilité réelle du débiteur avant de le déclarer en état de banqueroute et de frapper son actif de séquestre, lui adjoindre un surveillant chargé de contrôler ses dépenses, de ne le quitter ni jour ni nuit, et de ne le nourrir lui et sa famille que des aliments rigoureusement nécessaires. Ce surveillant doit en outre remettre aux créanciers le surplus des rentrées, en payement de partie de leurs créances, et suivre ce régime jusqu'à ce qu'il en résulte la preuve évidente de l'insolvabilité du débiteur.

Celui qui est encore en état de satisfaire ses créanciers, ne doit pas être déclaré insolvable et par suite constitué en état de banqueroute.

S'il ne refuse de les payer que par entêtement, on le mettra en prison jusqu'à complet payement.

§ 2. Quand le *hakim scher'e* a acquis la conviction qu'il ne reste pas au débiteur de ressources suffisantes pour payer toutes ses dettes échues, il le déclare insolvable, ordonne le séquestre des choses qui restent au failli (*hedjr*; voy. le chap. suivant) pour en empêcher la dilapidation, et en remet l'administration jusqu'à la répartition entre les créanciers, aux mains d'un curateur par lui nommé.

Autres sectes. Chez les azemites et les schafiites, le *hakim scher'e* doit, même quand les ressources du débiteur sont suffisantes pour payer ses dettes échues, ordonner le séquestre à la requête des créanciers, pour empêcher le mauvais emploi des ressources restantes. L'apposition de la saisie doit être faite en présence de témoins, et ensuite portée à la connaissance du public par des crieurs qu'on appelle *djortschi*.

Le *hakim scher'e*, n'a pas, avant que les créanciers ne lui aient présenté requête aux fins de saisie, et avant qu'il n'ait acquis la conviction que les termes de payement sont expirés sans fruit, le droit de déclarer le débiteur insolvable et de mettre son bien sous saisie.

Tant qu'un individu n'a pas été déclaré *müfelles,* banqueroutier, et que ses biens n'ont point été saisis, il peut en disposer à son gré, et payer de préférence et complétement telles ou telles dettes.

Le porteur d'une créance, dont le terme de payement n'est pas échu, ne peut pas faire saisie sur les biens de son débiteur, bien qu'il ait la conviction que ce débiteur ne sera pas en mesure de le payer à l'échéance du terme.

Quand un débiteur déclare lui-même son insolvabilité et en administre la preuve, s'il est tombé dans cet état par un malheur imprévu, il a droit à la pitié de tout fidèle musulman, d'après la règle : *el müflisü fi emon üllah,* ce qui veut dire : « Le débiteur insolvable est sous la protection de Dieu. »

Après que la masse de la banqueroute a été placée sous séquestre, les créanciers ont le droit de déférer au débiteur le serment qu'il n'a rien détourné de son actif. Dès que le séquestre est mis, le débiteur n'a plus le droit d'en disposer et ne peut faire aucun contrat qui pourrait porter préjudice aux créanciers; mais il conserve celui de faire des contrats qui auraient pour résultat de lui reconstituer des ressources, comme recevoir par succession, par donation, par testament, etc.

On fait entrer dans la masse séquestrée tout ce qui survient au failli par des acquisitions subséquentes et jusqu'à la fin du concours des créanciers; mais, il n'est pas permis à ceux-ci, de faire travailler le *müfelles* pour augmenter la masse au delà de ce qui est suffisant pour les désintéresser.

On ne doit pas retenir dans la masse les choses qui ne s'y trouvent qu'à titre précaire, par exemple à titre de gage, *rehen;* de dépôt, *wedi'e;* à titre de prêt, *arieh;* à titre de commission, *mezoribe.*

On doit de même exclure de la masse la maison d'habitation du failli, si elle ne contient pas des appartements excessifs et superflus, — les esclaves nécessaires au service, — les vêtements indispensables — et les ustensiles du ménage.

Dès que le débiteur a été déclaré insolvable, il n'a plus le droit de payer tel créancier par préférence à tel autre; c'est au *hakim scher'e* qu'il appartient de déterminer le rang des créanciers à payer. Le failli n'a plus le droit d'emprunter et n'y peut pas être contraint, quand même il le voudrait pour dégager sa masse du séquestre. L'emprisonnement du failli, ainsi que la durée de la contrainte par corps, doivent être déterminés par jugement.

Le débiteur a droit à des aliments sur la masse de la faillite, depuis le moment du séquestre jusqu'à la liquidation. L'effet du séquestre est de conférer à tous les créanciers le même droit d'être payé, mais en proportion du chiffre de leurs créances. Ils doivent exécuter les obligations contractées par le débiteur, s'ils veulent en retirer les avantages, par exemple les baux, les mandats, etc.

C'est le kadi qui procède à la liquidation. Avant cette opération, il a dû vendre, en présence des créanciers, au bazar, les choses susceptibles de se détériorer. L'acquéreur ne peut enlever la chose par lui achetée que contre payement comptant du prix.

Lorsqu'après la distribution du prix on signale la découverte d'une dette du *müfelles*, non déclarée, mais dont la sincérité est clairement prouvée, la distribution est révoquée et le kadi recommence son opération.

Il n'y a pas de terme extinctif pour cette production tardive, parce que, comme on l'a dit ci-dessus, le droit musulman ne reconnaît aucune espèce de prescription.

Quand une personne a vendu une chose à un failli, quoi qu'elle eut connaissance du séquestre mis sur les biens de son acheteur, elle conserve contre le *müfelles* après la liquidation, son action en payement du prix.

Si ce vendeur n'avait pas connu la déclaration de faillite et le séquestre, il peut, selon l'avis de quelques juristes mahométans, se mettre en rang avec les autres créanciers et obtenir le payement de son prix de vente au marc le franc ; il peut même, d'après l'opinion d'autres juristes, s'il corrobore par serment son allégation d'ignorance de la faillite, revendiquer et se faire restituer la chose vendue et non payée.

Après la liquidation entre les créanciers, le failli est déchargé de tout engagement antérieur envers eux, et reprend la libre disposition de sa personne et des biens qu'il pourra ultérieurement acquérir.

Autres sectes. Chez les schafiites et les azemites, les créanciers conservent, après la liquidation, le droit de se faire payer intégralement sur les biens acquis depuis par le failli. Mais il est conseillé de faire remise au débiteur du solde de son passif.

CHAPITRE II.

Hedjr, le séquestre.

Sources.

Neil ul-merom, partie II, p. 43-45.— *Bist bob*, p. 251-260. —*Keschf enwor*, p. 259-261.—*Helil idjoz*, p. 178-182.—*Ichtelofot ul-erb'e*, p. 137-140.
Dulau, p. 107-110.

Le *hedjr* est, d'après le *scher'e*, la décision par laquelle une personne est privée de l'administration de ses biens. On appelle *mehdjur* celui dont les biens sont frappés de cette saisie. On la rencontre, comme on l'a vu ci-dessus au § 7 du chap. II *wesiyet*, du testament, soit dans les mains du *weli*, tuteur légitime, soit dans celles du *wesi*, tuteur testamentaire. On la trouve encore dans les cas suivants :

1) *Kudeki*, sur les biens des mineurs ;

2) *Diwanegi*, sur les biens des aliénés ;

3) *Sefih*, sur les biens des idiots et des prodigues ;

4) *Mülkiyet*, sur les biens des esclaves ; c'est le maître qui en est régisseur ;

5) *Merez maut*, sur les biens d'une personne dangereusement malade ;

6) *Fülüs*, sur les biens d'un insolvable.

LE LIVRE EIKO'OT.

Le livre *Eiko'ot* contient tous les contrats qui n'exigent pas nécessairement le consentement réciproque des contractants, mais qui reposent bien plus sur la volonté d'un seul des contractants et sur le propre vœu résultant d'une conviction intime de celui qui s'engage.

Dès lors, n'est pas nécessaire dans les contrats du livre *Eiko'ot*, la déclaration de l'*idjob we kabul*, et les règles relatives à ces contrats se bornent à l'autonomie des contractants, à l'assistance des témoins et à l'observation de quelques formalités comme par exemple la prononciation du *sighe*, ainsi qu'on le verra ci-dessous relativement à chacun de ces contrats.

Les contrats du livre *Eiko'ot* se partagent, d'après leur essence, en quatre classes :

1° Les contrats relatifs à la vie de famille ; et là dessous, les chapitres : du divorce, — de l'injure, — du serment de continence, — de l'anathême ;

2° Les relations naissant de l'esclavage : ici se trouvent les chapitres : de l'esclavage en général, — de l'affranchissement par le maître, — par la loi, — par disposition testamentaire, — par rachat, — de la reprise des esclaves fugitifs, — du commerce avec une esclave et des enfants qui en sont issus ;

3° Les règles de procédure ; dans lesquelles il y a le chapitre relatif à l'*aveu* et au serment ;

4° La partie relative aux vœux et aux expiations.

PREMIÈRE SECTION.

Droit de famille.

CHAPITRE Ier.

Telok, le divorce.

Sources.

Neil ul-merom, p. 121-132.—*Bist bob*, p. 403-409.—*Keschf enwor*, p. 541-607.— *Helil-idjoz*, 329-356.—*Ichtelof ul-erb'e*, p. 196-204.

Dulau, p. 52-61; 68-70.

Mouradgea d'Ohsson, V, p. 197-215.

Macnaghten, p. 59-60.

§ 1. Le divorce *Telok* est le contrat par lequel le mariage se dissout.

Le mari, qui prend l'initiative du divorce, s'appelle *mütellik*; la femme contre laquelle le divorce est poursuivi, *mütelleke*.

En matière de divorce, d'après le droit musulman, il y a quatre nuances à distinguer :

1) *Telok boin*, qui dissout pour toujours le mariage;

2) *Telok ridj'ei*, quand le mari conserve le droit de renouer le mariage après un certain délai;

3) *Chül'e*, acte préalable au divorce, quand celui-ci est demandé par la femme au mari qui s'y refuse;

4) *Müborot*, acte également préalable au divorce, et qui est basé sur une obligation de dommages intérêts, mais cependant après qu'il y a eu réunion entre le mari et la femme.

§ 2. Il y a lieu à *tolok boin* et par conséquent à une dissolution définitive du mariage, dans les cas suivants :

1) Dans les mariages où le mari ne cohabite pas du tout avec sa femme;

2) Dans les mariages où la femme d'un âge trop tendre ou trop avancée, n'a pas encore ou n'a plus ses menstrues;

3) Dans les mariages où le divorce a été dénoncé à la femme pour la troisième fois, après que le mari avait deux fois renoué le mariage d'après les règles du *telok ridj'ei;*

4) Dans les cas où le *chül'e* ou le *müborot* ont été définitivement déclarés (voy. *infrà*);

5) Dans les cas où le *zehor* ou le *ila* (voy. ci-dessous) ont été prononcés.

Par l'exercice du *telok boin*, le mariage est immédiatement dissous, et son rétablissement n'est possible qu'en se conformant à toutes les règles établies pour la célébration, c'est-à-dire en faisant un nouvel acte de mariage [1].

§ 3. Le *telok ridj'ei* est au contraire, comme on l'a déjà fait observer, cette espèce de divorce dans laquelle le mari conserve la faculté de renouer le mariage sans le nouvel assentiment de la femme, qui est obligée de se soumettre au mari sans réplique.

L'acte par lequel le mariage est renoué, s'appelle *ridj'et*, et peut consister soit en paroles, soit en actions, comme notamment en un baiser, en un acte de copulation maritale et même par un simple attouchement manuel du corps de la femme.

Autres sectes. Les schafiites n'admettent le *ridj'et* que par une manifestation orale de volonté; mais les azemites admettent comme les schiites qu'un simple acte suffit pour constituer le *ridj'et;* — et ils se rallient en outre à l'opinion des schafiites, qui déclarent le mari qui se livre à la copulation avec la femme avant d'avoir accompli le *ridj'et* par parole ou action, coupable d'un fait contraire à la loi, et sans soumettre ce mari ni à une peine criminelle *hedd*, ni à une peine correctionnelle *tä'ezir*, mais en l'obligeant à payer à la femme le *mer ul-mithl*, c'est-à-dire une indemnité correspondante au don matutinal.

Si le *ridj'et* s'est effectué par paroles, la preuve testimoniale en est admise : s'il résulte d'un simple fait, la femme est crue sur son affirmation.

En tout cas, le rétablissement du mariage, après la déclara-

---

[1] Les causes qui amènent la dissolution à tout jamais d'un mariage, et sans qu'il soit permis de le renouveler, se trouvent dans le livre 'Ekudot, sect. 1re, chap. I, § 4, dans le livre *Eiko'ot*, chap. 4, § 3.

tion du *telok ridj'ei*, est subordonné à un certain temps[1], après l'expiration duquel le lien entre les époux ainsi divorcés ne peut plus avoir lieu que par la rédaction formelle d'un nouveau contrat de mariage.

Dans le cours de ce délai, le mari peut sans entraves renouer le mariage. La femme est absolument obligée de rentrer au domicile conjugal; si elle résiste à l'ordre du mari, celui-ci peut la citer en justice, et enfin, si cette femme persiste dans sa désobéissance, son mari pourra la faire emprisonner. — Le mari jouit de ce droit, lors même qu'il aurait déclaré le *telok ridj'ei* pour la deuxième fois. Mais si cela s'est fait une troisième fois avec la même femme, le mari ne peut plus renouer mariage avec elle que dans le cas où celle-ci, s'étant, après l'expiration de l'*iddeh*, mariée avec un autre, a été répudiée par ce nouveau mari. Les esclaves n'ont le droit de déclarer le *telok ridj'ei* qu'une seule fois. Le maître qui a procréé des enfants *umme weled*, avec un esclave, ne peut déclarer le *telok ridj'ei* que deux fois.

Autres sectes. La manifestation à trois fois différentes de l'intention de divorcer par l'acte *ridj'et* peut être, chez les sunnites, cumulée dans une seule et même manifestation en ce que, ou bien le mari déclare trois fois coup sur coup qu'il veut divorcer, ou bien qu'il dénonce trois fois et à divers intervalles le *ridj'ei*. Les schiites, au contraire, exigent qu'entre chaque déclaration du *ridj'ei*, il s'écoule un certain intervalle de temps, et sont d'avis que lors même que le mari aurait dénoncé trois fois coup sur coup le *ridj'ei*, cela ne compterait néanmoins que comme une fois.

Si le mariage a ainsi été rompu neuf fois et rétabli avec la même femme, il ne peut l'être une dixième fois.

§ 4. Règles sur le *telok boin* et le *telok ridj'ei*.

Il ne peut être question de divorce qu'au regard des femmes qui ont contracté un mariage permanent *nikoh doim;* il n'y a pas lieu à divorce dans le mariage transitoire *nikoh müt'e*.

Autres sectes. Néanmoins, cela n'est observé que chez les schiites.

La déclaration de divorce est entièrement abandonnée à la volonté du mari, qui n'est tenu de déduire aucun des motifs

---

[1] Voy. ci-dessus dans le livre '*Ekudot*, sect. Ire, chap. 1, *nikoh*, du mariage, le § 5, traitant de l'*iddeh* et de l'*istibro*.

qui l'y déterminent. On verra plus loin quelques cas dans lesquels le *hakim scher'e*, ou celui qui est investi de l'administration, peuvent forcer le mari à déclarer le divorce. En ce qui concerne la femme, la dénonciation du divorce est obligatoire pour elle suivant les règles du *scher'e;* mais le mari est obligé de lui rendre tout ce qui lui appartient et de lui payer le don matutinal stipulé. Il y a une exception à cette règle dans le *chülé* et dans le *müborot*, ainsi que cela sera expliqué ci-après, s'il n'a pas été antérieurement réglé.

Après la dissolution du mariage par le divorce *telok ridj'ei*, la femme, après l'expiration du délai de l'*iddeh*, a le droit de se remarier.

Quant aux enfants, il est de règle chez les schiites qu'après le divorce, ces enfants restent toujours au père, excepté le seul cas du temps destiné au *rizo'e*. (Voy. ci-dessus au livre '*Ekudot*, chap. I; *Nikoh*, § 8, lettres β et γ.)

Autres sectes. Les schaflites et les azemites accordent la garde des enfants à la mère, néanmoins pendant un certain temps, pour les filles jusqu'à l'époque de leur menstruation, et pour les mâles jusqu'à l'âge de sept ou neuf ans.

En ce qui concerne les qualités subjectives des époux divorçant, il est exigé :

1) *Belugh;* majorité de l'époux qui dénonce le divorce;

2) *'Ekl;* santé physique et morale de la part des deux parties.

Pour les fous et les imbéciles, c'est leur tuteur naturel *weli*, ou s'ils n'en ont pas, le hakim scher'e, et même le sultan, c'est-à-dire le souverain, qui dénonce le divorce. Au contraire, il est défendu de dénoncer le divorce quand on est en état d'ivresse, de grave maladie ou de défaillance *bihusch*.

Autres sectes. Les sunnites autorisent, à la vérité, la demande en divorce par des personnes en état d'ivresse et de grave maladie; néanmoins elle n'est pas conseillée chez eux, parce qu'en pareil cas (notamment en cas de grave maladie ou de condamnation à mort, ou de départ pour la guerre), on pourrait soupçonner le mari de vouloir priver la femme de sa part dans la succession.

3) *Kesd*, les scènes violentes dans le ménage, et la demande du divorce;

4) *Ichtior*, la volonté libre et non contrainte de celui qui provoque le divorce.

Autres sectes. Les schaflites et azemites accordent cependant à l'imam d'employer la coercition, *ikroh*, pour opérer le divorce; mais un pareil ordre de l'imam (auquel il faut nécessairement obéir) ne peut jamais être envisagé que comme un acte du *Ridj'ei*, et non comme le troisième acte.

5) Que la femme soit pure, *heiz* et *nefos*, c'est-à-dire qu'elle n'ait pas ses menstrues et qu'elle ne soit pas enceinte. — Condition qui n'est point exigée pour le cas où le mari est absent.

§ 5. En déclarant le divorce, il y a observer ce qui suit :
1) Il faut prononcer le *sighe* en langue arabe et articuler nettement la déclaration de divorce.

Le *sighe* peut être, par exemple, formulé de la manière suivante *tellektüki* : « Je t'ai déclaré le divorce, » ou bien *enti tolik*, « tu es divorcée, » ou enfin et plus brièvement : *tolik*[1]. Il en serait de même du mot *n'äm*, qui veut *oui*, et qui serait prononcé par le mari en présence de deux témoins et en réponse à la question s'il a déclaré le divorce à sa femme. Le muet formule le *sighe* par des signes ou par écrit.

Le *sighe*, répété plusieurs fois en même temps, ne vaut jamais que comme un seul acte de *telok ridj'ei*.

Autres sectes. Les schaflites et les azemites admettent chaque déclaration immédiatement subséquente, pour une dénonciation particulière de divorce, d'où il suit que chez eux trois déclarations du divorce *redj'ei* peuvent être faites cumulativement.

2) La présence de deux témoins *güwoh*. Ce doivent être deux personnes connues et irréprochables, attestant qu'elles ont toutes deux en même temps entendu prononcer le *sighe*. Le témoignage de deux ou de plusieurs personnes, qu'elles ont entendu le mari prononcer le *sighe*, mais sans que deux de ces témoins déclarent l'avoir entendu ensemble, n'aurait aucun effet et le divorce ne serait pas valable.

3) La déclaration précise du mari devant témoins ou en justice, avec laquelle de ses femmes, il entend divorcer.

[1] Le traité *Kesch enwor*, p. 559, contient environ quatre-vingts formules différentes du *sighe* pour la dénonciation du divorce.

4) Le *telok* ne peut pas être conditionnel, en ce sens qu'il ne sera valable qu'autant que telle ou telle circonstance se réalisera ; mais il peut être à terme, en ce sens que l'on convient que le *telok* produira son effet à partir d'un certain moment indiqué à l'avance, par exemple, la déclaration du mari devant le tribunal, qu'il a dénoncé le divorce à sa femme, et que celle-ci doit venir tel ou tel jour du mois prochain pour y répondre.

Autres sectes. Les schafiites et azemites admettent que le *telok* soit subordonné à telles conditions qu'il conviendra aux époux, lors même que ces conditions ne seraient pas conformes aux règles du *scher'e* ou à la saine raison, ou enfin aux coutumes du pays. C'est ainsi, par exemple, qu'ils considèrent comme inefficace la déclaration d'après laquelle le divorce *ridj'ei* ne pourrait être fait que sous la condition de ne pas renouer le mariage, d'où il résulte que le droit au *ridj'ei* ne peut pas se perdre, malgré cette condition.

5) La fixation d'un *'iddeh*, c'est-à-dire d'un certain délai avant l'expiration duquel le mari pourra suspendre l'exécution de sa demande en divorce et rétablir le mariage. Pendant le cours de ce délai, la femme reste dans la complète dépendance du mari, et ne peut sans le consentement de celui-ci, ni s'éloigner de la maison ni rien faire qui sorte du cercle de ses occupations journalières[1].

Autres sectes. Quelques jurisconsultes sont cependant d'avis que les femmes ont le droit, pendant l'*iddeh*, de quitter la maison conjugale sans le consentement du mari, pour faire les pèlerinages obligatoires *heddje wodjib*.

Le temps de l'*iddeh* est pour les femmes de condition libre de trois *keru'è*[2], c'est-à-dire l'espace de trois menstrues, et pour les femmes esclaves, de deux *keru'e*. L'époque réelle de la menstruation, quand elle est contestée, se détermine par la simple affirmation de la femme. Si les menstrues ne se sont

---

[1] Sur l'entretien des femmes pendant l'*iddeh* et après le divorce, conférez le chapitre du mariage *nikoh*, ci-dessus, dans le livre *'Ekudot*.

[2] L'étymologie du mot *keru'e* a donné lieu à diverses explications et à une grande quantité de dissertations de la part des ulémas. L'imam Abu Schafi pense que *keru'e* signifie le commencement de la purification mensuelle, *heiz*, tandis que l'imam Schafe est d'avis qu'il faut entendre par *keru'e* le laps de temps entre deux purifications, *tühr*. Les schiites se rangent à cette interprétation schafiite.

point encore déclarées chez une femme qui est cependant en âge de les avoir, l'*iddeh* est fixé à trois mois, ce qui a lieu aussi à l'égard des femmes irrégulièrement réglées.

Chez les femmes enceintes, l'*iddeh* dure jusqu'à l'accouchement. La mort du mari avant l'expiration de l'*iddeh* ne détruit pas la convention *telok*. La femme est obligée de respecter l'*iddeh* d'après les règles du *telok*, et ne peut pas se guider d'après celles qui régissent l'*iddeh* après la mort du mari. (Voy. le chap. sur le mariage.)

Du reste, l'époux survivant à celui qui meurt pendant le '*iddeh*, ne perd pas ses droits à la succession du prédécédé.

§ 6. *Chül'e*. Le divorce provoqué par la femme.

Le *chül'e* a lieu à la demande de la femme et moyennant le payement d'une indemnité au mari. Cette demande n'a pas besoin d'être expressément formulée : elle peut être accueillie par le mari sans dénonciation par la femme, et résulter de cela seul qu'une femme déclarerait : « qu'elle a l'intention de se » remarier avec un autre homme qui sera meilleur que le sien » actuel. »

Voici les règles concernant le *chül'e* :

1) La proclamation du *sighe* qui a lieu dans les termes suivants : « Je te donne le *chül'e*, pour que tu obtiennes le divorce. »

Les personnes qui ont reçu de l'éducation le disent en arabe :

Chül'e tüki 'elo kezo feenti tolekun.

Il est permis de le dire en d'autres langues.

Quand le *sighe* a été prononcé, la femme manifeste son assentiment et propose au mari le divorce avec offre de lui payer en argent une indemnité. Quand la femme a manifesté sa proposition de divorcer, le mari doit encore l'accepter, et cela consomme le divorce.

En ce qui concerne le *sighe*, on suit les règles indiquées en matière de *telok boin*, c'est-à-dire qu'il doit être fait en présence de deux témoins, et il doit être clairement établi avec laquelle des femmes il y a divorce.

2) Les conditions exigées par la loi pour le *chül'e* sont les mêmes pour le mari, qu'en matière du *telok*, savoir :

a. *Belugh*, majorité.

b. *'Ekl*, sanité d'esprit.

Autres sectes. D'après les schafiites, les personnes ivres ou faibles d'esprit peuvent consommer le *chül'e*.

c. *Ichtior*, libre volonté.
d. *Kesd*, impulsion intime.
3) A l'égard de la femme, il faut pour le *chül'e* :
a. Que le mariage soit permanent, *nikoh doim*.
b. Que la femme ne dépende pas d'autrui, et qu'elle ait capacité de disposer de la somme qui revient au mari à titre d'indemnité.
c. Qu'elle se soit purifiée de ses menstrues, *heiz*, et de ses relevailles, *nefos*.

Autres sectes. Les schafiites sont d'avis contraire, et admettent que la femme puisse déclarer le *chül'e* pendant sa menstruation.

d. Que la femme, depuis la disparition de ses règles, n'ait plus reçu les approches du mari.
4) La stipulation par le mari d'une indemnité *fidie*. Elle peut consister en toute sorte de choses, pourvu qu'elles ne soient pas *herom*. La *fidie* doit être exactement déterminée.
5) Un *'iddeh*. La révocation du divorce *chül'e* pendant le cours de l'*'iddeh* ne peut avoir lieu que du consentement de la femme : cependant l'acte conjugal n'est licite, soit pendant soit après les délais de l'*'iddeh* qu'après qu'un nouveau contrat de mariage a renoué l'union des époux.

§ 7. *Müborot*. Le divorce par consentement mutuel.

Le *müborot* diffère du *chül'e* en ce que le premier s'accomplit par le consentement mutuel des époux, et qu'en ce cas jamais la *fidie* ne peut dépasser l'importance du don matutinal.

Autres sectes. Les schafiites et azemites ne font pas du *müborot* une espèce spéciale de divorce ; mais ils le confondent avec le *chül'e*, parce que celui-ci peut aussi avoir lieu par le consentement mutuel des époux.

CHAPITRE II.

Zehor, l'outrage par paroles.

Sources.

Neil ul-merom, p. 132-137. — *Bist bob*, p. 419-421. — *Kesch enwor*, p. 627. — *Helil-idjoz*, p. 358-60. — *Ichtelof ul-erb'e*, p. 305-07.

Mouradgea d'Ohsson, t. V, p. 234-237.

§ 1. *Zehor*, l'outrage, consiste de la part d'un mari à dire à une de ses femmes « qu'elle est pour lui comme le dos de sa » mère. » Ces mots adressés par une femme à son mari, n'équivaudraient pas à une injure. Le mari qui a prononcé le *zehor*, prend le nom de *müzohir*, et la femme qui en a été l'objet s'appelle *müzohere*.

§ 2. Pour pouvoir citer en justice le mari à raison de l'outrage *zehor*, il faut :

1) Prouver par la déposition de deux témoins que le mari a effectivement prononcé et adressé à sa femme les paroles du *zehor*, c'est-à-dire qu'il a dit : « qu'elle est pour lui comme » (c'est-à-dire pas plus que) le dos de sa mère. » Si le mari n'a dit que sa femme ne lui est que comme sa sœur ou sa tante, il n'y a pas là d'injure ; il va également de soi qu'il n'y a pas de *zehor* si le mari n'a fait que plaisanter ou par simple forme de conversation.

Autres sectes. Chez les schafiites, l'assimilation de la femme à la sœur, ou à toutes autres parentes maternelles avec lesquelles le mariage est prohibé, constitue le *zehor*.

2) Que le mari qui a prononcé le *zehor* soit majeur, sain d'esprit, maître de lui et qu'il ait agi avec intention.

3) En ce qui concerne la femme contre laquelle a été proféré le *zehor*, il faut auparavant que le mari ait eu commerce avec elle, — qu'elle soit purifiée de *heiz* et *nefos*, — et qu'après l'expression du *zehor*, elle n'ait plus eu de relations conjugales avec le mari.

§ 3. Quand le *zehor* a été prononcé, le mari ne peut plus entrer au lit de cette femme avant d'en avoir acheté le droit par l'acquittement du *keforet*.

Cet acquittement du *keforet* a lieu conformément à la décision du juge spirituel, et consiste dans l'affranchissement d'un esclave, dans un jeûne de deux mois et en distribution d'aumônes proportionnées à la fortune du mari (Les livres *scher'e* posent comme règle la distribution de moyens d'existence à soixante pauvres : V. l'art. du *keforet*). Si le *keforet* n'est point imposé par une décision judiciaire, le hakim scheré fixe un délai pour s'en acquitter, lors même que le mari aurait renoué des relations avec la femme postérieurement au *zehor*[1]. Si le mari laisse passer ce délai sans s'exécuter, la femme peut demander le divorce et dans ce cas, il n'y a plus lieu au *keforet*.

La cohabitation du mari avec la femme contre laquelle le *zehor* a été prononcé avant l'acquittement du *keforet* (jusque-là il lui est défendu de la toucher ou de lui donner un baiser), soumet ce mari à un deuxième *keforet*, et il est condamné à plusieurs *keforet*, s'il a prononcé le *zehor* contre plusieurs de ses femmes où s'il retombe en récidive.

Autres sectes. Les schafiites et azemites regardent la cohabitation du mari avec la femme contre laquelle il a prononcé le *zehor* comme un crime susceptible d'un châtiment pénal, si cette cohabitation a eu lieu avant l'acquittement du *keforet*, et le payement postérieur ne peut pas l'effacer.

[1] En Transcaucasie, c'est le kadi au lieu du *hakim scher'e*. Malgré la rareté de ces cas, l'auteur de ce livre en a vu plusieurs pendant son séjour à Schemachi.

CHAPITRE III.

Ilo, le serment d'abstinence.

Sources.

Neil ul-merom, t. II, p. 137-38. — *Bist bob*, p. 421-23. — *Keschf enwor*, p. 624-27.— *Helil idjoz*, p. 356-58.—*Ichtelofot ul-erb'e*, p. 204.

Mouradgea d'Ohsson, t. IV, p. 216.

§ 1. Le *ilo* est un acte par lequel le mari s'engage, sous la foi du serment, à ne point exiger de sa femme, l'accomplissement du devoir conjugal. Le mari qui a fait ce serment prend le nom de *halif*, et sa femme celui de *mähluf*.

§ 2. Relativement à cet acte, il y a à observer :
1) Le *ilo* doit porter sur une période d'au moins quatre mois, puisque d'après la loi, le mari a le droit de ne cohabiter avec sa femme, qu'une fois tous les quatre mois.

Autres sectes. Les azemites admettent un délai moindre que quatre mois et non au-dessous de deux mois, mais seulement au regard des femmes esclaves. Les schaflites et les schiites ne font pas de différence entre les femmes libres et les femmes esclaves.

2) Le mari qui fait ce serment doit être majeur, sain d'esprit et le prêter de son propre mouvement et avec une sérieuse intention.
3) Le *sighe* du serment *ilo* ne peut être fait qu'au nom de Dieu, *wallah*, *billah*, et doit contenir la déclaration explicite de la part du mari qu'avec telle femme, il jure ne plus vouloir, pendant tel délai, avoir aucun commerce.

§ 3. Si cette affirmation a lieu et si la femme y acquiesce par son silence, le mari n'a plus le droit pendant ce temps d'exiger de sa femme la cohabitation. Mais si la femme n'est pas d'avis d'acquiescer à ce serment, on recourt au hakim scher'e qui fixe un délai de quatre mois, à l'expiration duquel le mari est tenu, ou bien de divorcer ou bien de traiter sa femme maritalement et de payer le *keforet*. Dans le premier cas, si le mari ne s'abstient pas de sa femme pendant le délai fixé, il peut y être contraint par la force; dans le dernier cas, le mari est tenu de payer le *keforet-yemin*, qui consiste à affranchir un esclave, à distribuer des vivres à dix pauvres ou à jeûner pendant trois jours.

CHAPITRE IV.

Le'on, l'anathème.

Sources.

Neil ul-merom, t. II, p. 139. — *Bist bob*, p. 423. — *Keschf enwor*, p. 639. — *Helil idjoz*, p. 362. — *Ichtelofot ul-erb'e*, p. 307.

Mouradgea, t. V, p. 223.

§ 1. *Le'on*. On appelle ainsi l'anathème qu'au nom de Dieu le mari prononce contre sa femme en lui imputant une conduite déréglée ou la naissance d'un enfant qui n'est pas de lui. Le mari s'appelle *mülo'in*, la femme *mülo'ene*.

§ 2. Règles sur le *le'on* :
1) Il est fondé sur le Koran, vers. 6 et 9 du chap. XXIV, et a lieu dans les cas où un mari intimement et pleinement convaincu de l'infidélité de sa femme, n'en peut point administrer de preuve testimoniale, soit parce qu'il n'a pas de témoins du tout, soit parce qu'il n'a pas les quatre qui sont exigés par le Koran pour pouvoir accuser et convaincre une femme d'adultère. (Voy. ci-dessous le livre *ehkom* au chap. IV, *schehodet*, le témoignage.)
2) L'anathème *le'on* ne peut être prononcé que sur de véhéments soupçons du mari, par le mari seul, et seulement à raison des débordements de la femme, ou à raison de la naissance d'un enfant adultérin. Le mari ne le pourrait pas à raison des débordements de la femme antérieurs à son mariage.

3) Le mari pour prononcer cet anathème, doit être majeur, sain d'esprit et croire sincèrement que sa femme est coupable.

Autres sectes. Les schafiites et les schiites n'admettent le *le'on* que dans les mariages contractés d'après toutes les règles du *scher'e*, tandis que les azémites l'admettent dans toute espèce de mariage.

4) Le *sighe* doit être prononcé en langue arabe devant la justice, en présence de témoins, devant le peuple rassemblé, c'est-à-dire publiquement. On admet que les maris de la basse classe prononcent le *sighe* autrement qu'en arabe.

On exige de plus que le *hakim scher'e*[1] soit à sa place dans la mosquée, le dos tourné au *keble*, ayant à sa droite le mari debout et la femme à la droite du mari. Le *hakim scher'e* est tenu, avant que le mari ne prononce l'anathème, d'avertir les deux époux et de s'efforcer de les détourner d'en venir à cette extrémité.

5) Le *sighe* consiste dans les paroles suivantes :

Eschedu billah enni lemin es-sodikin fimo remeituho !

« Je proteste devant Dieu que ce dont je l'accuse est la vérité ! »

Autres sectes. Les schafiites exigent que le *hakim scher'e* prononce lui-même le *sighe* et que le *mùlo'in* répète ses paroles mot pour mot.

Le mari répète ce serment quatre fois et ajoute ensuite l'anathème :

La'net ullah 'aleie in Küntu min el-Kozibin !

« Que la malédiction de Dieu m'atteigne si je ne dis pas la
» vérité ! »

Sur ce, la femme, si elle se croit innocente, prononce quatre fois de suite le *sighe* suivant :

Eschodü billuh ennehü lemin el-Kozibin !

« J'atteste devant Dieu qu'il ne dit pas la vérité ! »

---

[1] En Transcaucasie, le kadi.

Et elle termine par cette malédiction :

Ghezeb illahi 'aleie in Kone min es-sodikin!

« Que la colère de Dieu tombe sur moi s'il dit la vérité ! »

§ 3. Les conséquences du *le'on* sont les suivantes :

1) Le mari qui accuse sa femme d'inconduite, doit, comme on l'a fait observer, avoir des motifs graves ; s'il n'a pas de témoins et s'il ne veut pas prononcer l'anathème, il doit s'abstenir de l'accuser, sinon il encourt une peine, *hedd*. De même est punie une femme contre laquelle le mari a prononcé l'anathème et qui n'a pas répliqué, avouant ainsi sa faute. Ces peines sont spirituelles, il en sera question au livre *Ehkom* ci-dessous.

2) Le mariage est à tout jamais dissous.

3) Si les deux époux ont prononcé le *sighe*, les enfants dont le mari prétend ne pas être le père sont remis à la mère avec laquelle ils restent, sans néanmoins perdre leurs droits à la succession du mari.

Autres sectes. Chez les schafiites il est de règle que quand le mari se repent d'avoir prononcé l'anathème ou reconnaît avoir eu tort, il échappe à la peine et réacquiert le droit de reprendre les enfants ; mais la femme reste toujours pour lui *herom*, prohibée.

4) Le *le'on* anéantit tout droit de succession entre les époux.

DEUXIÈME SECTION.

Droit de l'esclavage.

(Ici appartiennent en général tous les contrats relatifs à l'esclavage, et notamment les chapitres : De l'état de servitude en général, *bendegi;* — De l'affranchissement par la volonté du maître, *'etk;* — De l'affranchissement par la loi, *ozod schuden scher'en*, — par convention testamentaire, *tedbir;* — Affranchissement à prix d'argent, *ketobet;* — De la poursuite des esclaves fugitifs, *djüole*, — et enfin, Des relations charnelles avec une esclave et des enfants qui en sont issus, *istilod.*)

CHAPITRE Ier.

Bendegi, l'esclavage en général.

Sources.

Neil ul-merom, t. II, p. 140. — *Bist bob*, p. 426. — *Helil idjoz*, p. 532. — *Ichtelofot ul-erb'e*, p. 298.

Mouradgea d'Ohsson, t. VI, p. 2-59.

Macnaghten, p. 65-69-311-326.

Il n'y a en état d'esclavage que les infidèles faits prisonniers de guerre, de sorte que les chrétiens, les juifs et les païens même qui habitent les pays mahométans et qui y payent leur capitation *djezie*, ne peuvent pas être réduits en esclavage [1].

Néanmoins, il est actuellement d'usage général d'avoir dans presque tous les pays mahométans, des nègres esclaves qui n'ont point été faits prisonniers de guerre, mais qui ont été réduits à cet état par la ruse ou par la violence.

Et c'est ainsi que, contrairement aux principes fondamentaux de l'islamisme, des enfants et des adultes de condition libre sont vendus comme esclaves.

---

[1] Dans les provinces transcaucasiennes russes habitées par des peuplades mahométanes, le nombre des esclaves est très-restreint; ce sont, presque sans exception, des nègres appelés *bende* on *kul*. Dans le Daghestan, on les nomme *Djeghar*.

Ces actes de la part des Musulmans restent d'ailleurs illégaux et ne peuvent pas être protégés par le droit.

La propriété des esclaves outre l'acquisition directe par la captivité de guerre, peut être acquise de trois manières : par vente, par donation et par succession, et il est de règle, quant à la vente, que les esclaves peuvent être vendus en familles ou par individus séparés.

Autres sectes. Les schafiites et les azemites permettent à la vérité, dans la vente des esclaves, de séparer le frère du frère, la fille de la mère, et en général les enfants des parents ; mais ils conseillent de ne pas le faire. (Voy. le chap. *Du commerce.*)

Ne peuvent point être acquis comme esclaves :
1) La mère, — 2) tous les ascendants du côté maternel ; — 3) le père, — 4) tous les ascendants du côté paternel, — 5) les fils, — 6) tous les descendants des fils, — 7) les sœurs, — 8) les tantes du côté maternel, — 9) les oncles maternels, — 10) les filles des frères, — 11) les filles des sœurs, — 12) les descendants du père, — 13) tous ceux qui sont parents aux mêmes degrés par l'allaitement.

Autres sectes. Chez les schafiites et les azemites la parenté par l'allaitement *rizo'e* n'est point un empêchement.

Quand des esclaves qui étaient en la possession d'infidèles passent à l'islamisme contre leur gré, les maîtres peuvent être forcés de vendre ces esclaves à des mahométans contre payement du prix courant dans la province.

Quoique tout infidèle, majeur et sain d'esprit puisse aliéner sa liberté, il faut cependant pour cela la ratification du *hakim scher'e* ou du souverain du pays. Si cette ratification a eu lieu, celui qui s'est vendu ne peut plus à son gré sortir d'esclavage [1].

Autres sectes. Les schafiites et azemites n'admettent pas comme valable même la vente que ferait de sa liberté un infidèle.

Les esclaves sont dans le domaine plein et illimité du maître et

---

[1] Sur la vente des esclaves mâles et femmes, voy. le livre *'Ekudot*, sect. 2, chap. 1, *Tedjoret*.

comptent parmi ses choses mobiliaires *mülk*. Le maître est dès lors autorisé à les employer à toute espèce de travaux et d'occupations en rapport avec leurs forces et leurs aptitudes. Le maître peut être puni s'il maltraite un esclave, s'il lui impose des travaux au-dessus de ses forces, s'il le charge de commissions illégales, s'il abuse d'une jeune esclave mineure ; mais tous ces excès ne donnent pas droit à l'affranchissement. Ils n'ont pas de volonté à eux, et ne peuvent dès lors, sans l'assentiment du maître, conclure aucune affaire civile ou contracter.

Quoique l'esclave ne devienne pas libre par le seul fait d'embrasser l'islamisme, néanmoins l'orthodoxie musulmane est une condition indispensable de l'affranchissement.

Autres sectes. Les schafiites et les azemites ne tiennent pas cette condition pour indispensable.

Les enfants d'une esclave sont la propriété de son maître, excepté ceux qu'il a lui-même procréés avec elle. Ceux-ci sont de condition libre, comme on le verra plus bas.

Autres sectes. Pour la reconnaissance de la filiation de pareils enfants, les schafiites et les azemites exigent que le maître ait avoué sa paternité.

Si une esclave appartient par indivis à plusieurs maîtres, les enfants issus d'elle sont également l'objet de la copropriété, à moins que les copropriétaires n'aient fait une convention spéciale à cet égard.

Quand de deux époux l'un est libre et l'autre est esclave, les enfants issus de ce mariage sont libres et sont attribués à celui des époux qui est de condition libre. Il y a exception dans ce cas, lorsque le maître d'un esclave ou d'une esclave n'a consenti au mariage de celui-ci ou de celle-là qu'à la condition que les enfants qui en naîtront seront sa propriété.

Autres sectes. Les schafiites enseignent que les enfants issus du mariage de deux personnes dont l'une est libre et l'autre esclave, suivent la condition de la mère. Les sunnites admettent aussi les conventions en pareil cas. Au contraire, les sunnites estiment que tous les enfants nés d'une esclave et d'un père autre que le maître, deviennent la propriété de celui-ci, quand même le père serait de condition libre. Ces enfants sont appelés *honezade*. Si une femme libre épouse un esclave (avec le consentement du maître), les enfants issus de ce mariage sont esclaves, suivant l'avis des azemites, à moins que leur état n'ait été l'objet de conventions. Enfin les enfants nés du commerce d'un esclave avec une esclave non mariés, sont illégitimes et appartiennent au maître de la mère.

Sur les actes des esclaves et l'imputabilité en matière civile et criminelle, on trouve le détail dans les sujets afférents de cet ouvrage.

CHAPITRE II.

'Etk, affranchissement volontaire par le maître.

Sources.

Neil ul-merom, t. II, p. 140-141; 24-26. — *Bist bob*, p. 426-36.
— *Helil idjoz*, p. 532-38. — *Ichtelofot ul-erb'e*, p. 298.
Dulau, p. 14.

L'affranchissement d'un esclave est une action agréable à Dieu. Le prophète promet à quiconque rendra la liberté à un esclave musulman, une récompense proportionnelle dans la vie future. Voici la tradition des *hedith* admise par toutes les sectes de l'islamisme [1] :

Mene'teke rekebeten mu'mineten e'tek allah teala bi kulli üzwin üzwen lehü min en-nor!

« Le Dieu tout-puissant délivrera des tourments éternels de
» l'enfer quiconque affranchit un esclave croyant, en proportion
» du nombre qu'il affranchira; — les parties du corps de celui
» qui leur donne la liberté seront sauvées du feu éternel. »

Le maître qui affranchit son esclave s'appelle *mü'tik*. Il est indispensable, pour la validité de l'affranchissement, que l'esclave soit la propriété entière du maître, que celui-ci en ait la libre disposition, que l'affranchissement soit librement consenti par le maître et avec la direction mentale de faire un acte

[1] Cet *Hedith* m'a été communiqué par Djobir Ibn Abdullah.

agréable à Dieu. Il faut de plus, que l'esclave qui va être affranchi, et qu'on appelle *mü'tek* ou *'etik*, soit un musulman croyant.

Autres sectes. Les sunnites n'exigent pas cette dernière condition.

Voici le *sighe* que doit prononcer le maître qui veut conférer à son esclave le bienfait de la liberté :

Ente hürrün.

Ou bien :

Ente 'etikün Kurbeten ila-llah !

Ce qui signifie : « Tu reçois la liberté pour plaire au Très-Haut ! »

CHAPITRE III.

De l'affranchissement légal.

Sources.

Neil ul-merom, t. II, p. 140. — *Bist bob*, p. 426-36. — *Helil idjoz*, p. 532-38. — *Ichtelofot ul-erb'e*, p. 298.

L'affranchissement que la loi *scher'e* prononce, sans le consentement du maître, est la conséquence de certains actes ou circonstances qui engendrent directement l'affranchissement, ou qui confèrent à l'esclave le droit de l'exiger judiciairement, conformément aux prescriptions du *scher'e*.

A cela se rapporte notamment ce qui suit :

1) L'affranchissement des enfants nés du commerce d'un maître avec son esclave et reconnus par lui. Ils sont libres de plein droit et jouissent des droits qui ont été expliqués plus en détail au livre *ekudot*, au chapitre du mariage.

2) Les esclaves qui ont eu des enfants de leur maître, *umme weled*, acquièrent leur liberté à la mort du maître, si un de ses enfants vit encore à cette époque. (Voy. *infrà* le chap. *istilod*.)

3) De même acquièrent leur liberté les femmes esclaves qui,

avec le consentement du maître ont épousé un homme libre, de même que les enfants qui en sont issus sont libres, à moins de convention contraire.

Autres sectes. Les schafiites et les azemites n'imposent pas la nécessité d'affranchir, au maître qui permet à son esclave d'épouser un homme libre.

4) Les enfants des esclaves qu'un maître a prêtées à un tiers pour cohabiter avec elles, sont libres de plein droit. (Voy. au livre *ekudot*, le chap. *Du mariage avec les esclaves.*)

5) Si le maître accorde en présence de témoins la liberté à une partie du corps de son esclave, par exemple au pied ou à la main, cette liberté s'étend à toute la personne qui devient libre. Cet acte s'appelle *seroyet*, l'irradiation. De même quand un esclave appartient à deux maîtres dont l'un l'affranchit, l'autre ne peut pas s'opposer à cette manumission, sauf son action en dommages et intérêts contre son copropriétaire. L'esclave, dans les deux cas relatés, a le droit de faire prononcer sa liberté en justice.

Autres sectes. Cette action en dommages-intérêts n'est admise par les schafiites, contre le copropriétaire affranchissant, qu'autant qu'il est riche. Dans le cas contraire, le copropriétaire n'a d'action en réparation que contre l'esclave lui-même. Chez les azemites, au contraire, le propriétaire affranchissant ne répond pas sur ses propres ressources de l'indemnité réclamée à ses copropriétaires refusant de consentir à l'affranchissement; ceux-ci n'ont d'action que contre l'esclave lui-même, dans le cas où ils ne préféraient pas lui conférer l'affranchissement, chacun pour sa part.

6) L'esclave atteint de la lèpre *beres* ou *djüzom*, peut exiger sa liberté.

7) Quand un esclave, par suite de certaines circonstances, est resté pendant quelque temps en état de liberté, il devient définitivement libre. C'est ce qui a lieu par exemple, dans le cas où un esclave mahométan, fait prisonnier par des mécréants, y est resté plus ou moins longtemps; revenu par la fuite au pays musulman chez son ancien maître, il conserve une liberté qu'il avait acquise par sa captivité, vu qu'un mécréant ne peut pas avoir pour esclave un mahométan.

CHAPITRE IV.

Tedbir, affranchissement par acte de dernière volonté.

Sources.

Neil ul-merom, t. II, p. 141. — *Bist bob*, p. 436. — *Helil idjoz*, p. 538. — *Ichtelofot ul-erb'e*, p. 298.

L'affranchissement *tedbir* résulte d'un acte de dernière volonté et commence à la mort du testateur. Il peut être révoqué tant que le maître n'est pas décédé.

Autres sectes. Suivant les azemites, le *mütedebber*, c'est-à-dire l'esclave légataire de sa liberté, ne peut plus être vendu par son maître, à moins que celui-ci ne se soit réservé ce droit dans la déclaration du *tedbir*. Chez les schafiites, ce droit de vente et de révocation du legs est illimité.

Celui qui veut se lier par le *tedbir* doit être majeur, sain d'esprit et propriétaire absolu de l'esclave ; il doit aussi être libre dans son consentement *ichtior* et n'obéir qu'à sa propre impulsion *kesd*.

Aucun esclave ne peut être affranchi par *tedbir*, si le maître n'a le pouvoir absolu d'en disposer, comme par exemple l'esclave *maukuf* qui est consacré à certaine personne ou à un certain but, ou l'esclave donné en gage avant le payement de la dette.

Autres sectes. Quand la fortune d'un individu ne consiste qu'en esclaves, qu'il affranchit en masse le *tedbir*, et qu'après sa mort ses héritiers s'opposent à cet affranchissement qui les ruine, chaque esclave n'acquiert, chez les azemites, qu'un tiers de sa liberté, et il doit payer aux héritiers la valeur des deux autres tiers.

Chez les schafiites, au contraire, c'est le tiers des esclaves qui devient complétement libre, de telle sorte que sur six esclaves affranchis par *tedbir*, deux seulement deviennent libres, et c'est le sort qui en décide.

L'engagement *tedbir* résulte ou du testament, ou d'une déclaration verbale faite en présence de témoins; le *sighe* a lieu dans les termes suivants :

Ente hürrün bä'de wefoti !

« Je te donne la liberté après ma mort. »

Il doit être dit dans le *sighe*, auquel des esclaves la liberté est conférée.

Autres sectes. Si cette désignation n'est pas tout à fait précise, il est laissé aux héritiers, suivant l'avis des schafiites et des azemites, le choix de l'esclave auquel la liberté sera accordée par ce *tedbir*.

CHAPITRE V.

Ketobet, rachat de l'esclave.

Sources.

Neil ul-merom, t. II, p. 143. — *Bist bob*, p. 440. — *Helil idjoz*, p. 540.

Ketobet ou *mükotebe*, est le contrat par lequel le maître s'engage à rendre la liberté à l'esclave qui promet, dans un certain temps déterminé, de lui payer l'indemnité convenue.

Celui qui se lie par *ketobet* doit être majeur, sain d'esprit et propriétaire absolu de l'esclave.

Il n'y a que l'esclave appartenant au culte mahométan qui puisse obtenir sa liberté au moyen du *ketobet*.

Lors du contrat, le maître doit exprimer son consentement d'accepter le *ketobet* et l'esclave le sien de payer l'indemnité.

Le maître doit prononcer le *sighe* suivant :

Kotebtüke 'elo elfi dinarin!

« Je t'ai donné le *mükotebe* moyennant 1000 dinars ! »

Immédiatement on fixe l'époque à laquelle devra être payée la somme ou l'époque à laquelle devra être terminée la quantité de travail dont on sera convenu. L'esclave doit déclarer qu'il s'oblige à se mettre en mesure de payer au terme fixé la somme mentionnée dans le *sighe* ou de faire pour le maître les travaux convenus.

Il n'est pas permis de payer immédiatement et lors de la convention l'indemnité convenue (laquelle d'ailleurs ne doit jamais dépasser le prix vénal de l'esclave); cette indemnité n'est payable qu'au terme fixé et doit rester jusque-là comme due.

Autres sectes. D'après une ordonnance du kadi Chan, de la secte des azémites, le *mükotebe* peut payer la somme, soit immédiatement, soit au terme fixé.

Dès que ce payement du *ketobet* est effectué, l'esclave devient libre sans ultérieures formalités.

Mais quand l'esclave, après avoir traité avec son maître, n'est point en état de payer l'indemnité, *'ewez*, au terme convenu, l'iman doit l'affranchir avec les fonds provenant du *zekat* [1].

Pendant le temps fixé pour le rachat de l'esclave, le maître perd son droit de propriété : il n'est plus que possesseur de cet esclave.

Un *mükotebe* ne peut plus ni être vendu, ni être aliéné, ni être mis en gage.

S'il s'élève une contestation judiciaire relativement au délai fixé pour l'exécution du *ketobet* ou sur le chiffre de l'indemnité à payer; on en croit celle des parties qui allègue la somme et la durée moindres, en ce sens que c'est à l'autre partie à fournir par témoins la preuve du contraire.

---

[1] Un pareil cas se réalisa à Schemacha : Hadji Mulla Sadik Ahmed fit une collecte chez les habitants, et acheta la liberté d'un esclave schiite qui avait pour maître Hadji Kurban, et qui, à la mort de celui-ci, passa dans la propriété de ses parents sunnites.

CHAPITRE VI.

Djüoleh, invention d'un esclave fugitif.

Sources.

Neil ul-merom, t. II, p. 150. — *Bist bob*, p. 301. — *Kesch enwor*, p. 365. — *Helil idjoz*, p. 249. — *Ichtelofot ul-erb'e*, p. 172.

On appelle *djüoleh* le contrat par lequel le maître d'un esclave fugitif s'oblige à payer une certaine somme déterminée, à celui qui lui ramènera le fugitif.

Dans la convention de *djüoleh*, il faut fixer avec précision la récompense. Elle n'est acquise que lorsque l'esclave fugitif a été arrêté réellement et réintégré en la possession du maître.

Quand la récompense n'a pas été fixée, ou quand le maître prie qu'on lui rende son esclave gratis *teberru'en*, « pour l'amour de Dieu » on ne peut exiger de lui ni le *djüoleh*, ni le *mithl ul djüoleh*, c'est-à-dire la prime accordée pour une pareille prise.

Autres sectes. Les azemites pensent que le maître doit en tous cas récompenser celui qui lui ramène un esclave fugitif; les schafiites estiment que le *mithl ul djüoleh* n'est dû que lorsque le maître a déclaré à celui qui trouverait son esclave qu'il lui donnerait une récompense.

CHAPITRE VII.

Istilöd, commerce et procréation d'enfants avec une esclave.

Sources.

Neil ul-merom, t. II, p. 145. — *Bist bob*, p. 446. — *Helil idjoz*, p. 548.

On appelle *ümme weled* les esclaves qui ont eu commerce avec leurs maîtres et qui en ont eu des enfants.

Une pareille esclave n'obtient point par ce fait le droit à la liberté; cependant le droit du maître éprouve une restriction en ce que celui-ci ne peut ni la vendre, ni la donner en mariage à un autre; et à la mort du maître, la *ümme weled* est mise au lot héréditaire qui aviendra à ses enfants, ce qui lui vaut alors la liberté.

Si la part héréditaire revenant à l'enfant ne s'élève pas à une valeur égale au prix de la mère esclave, l'enfant est tenu de payer la soulte.

Après la mort du maître, il y a lieu pour la *ümme weled* à l'*idde* dont il a été amplement question ci-dessus dans la section du mariage.

Une esclave, qui accouche des œuvres d'un autre que le maître, ne devient point *ümme weled*, alors même que le père de cet enfant achèterait postérieurement la mère.

TROISIÈME SECTION.

Obligations relatives à la procédure.

CHAPITRE Iᵉʳ.

Ekror, l'aveu.

Sources.

Neil ul-merom, t. II, p. 146. — *Bist bob*, p. 270. — *Kesch enwor*, p. 290. — *Helil idjoz*, p. 200. — *Ichtelofot ul-erb'e*, p. 147.

Mouradgea d'Ohsson, t. VI, p. 210.

§ 1. *Ekror* est l'acte par lequel une personne reconnaît avoir commis telle action ou bien avoir pris tel engagement, et s'engage ainsi à remplir son obligation.

L'aveu est clair et précis : *ekror serih*, ou bien indéterminé et vague, *ekror mübhem*.

§ 2. Pour que l'aveu soit valable en justice, il faut qu'il soit sans ambiguïté et qu'il désigne avec précision sur qui porte l'obligation et quelle en est l'importance.

Autres sectes. Chez les schiites, n'est valable que le *ekror serih*, et ils n'accordent aucune valeur à l'*ekror mübhem*. D'après les lois des schaflites et des azemites, quand il y a dans un procès, aveu *mübhem*, le kadi doit exiger de celui qui a fait cet aveu une explication et une délimitation précise de la portée de cet aveu. S'il n'y a pas concordance entre le sens de l'aveu et les réclamations du demandeur au procès, le serment sera déféré au *mükirr*.

L'aveu ne peut consister que dans une réponse simple et congruente avec la question de l'adversaire : « que tel contrat a « été fait, telle obligation a été contractée. »

Si l'on emploie des mots comme ceux-ci : « je crois, je pense » on n'attribue pas à de pareilles expressions la force de l'aveu.

En matière d'aveu, il faut considérer si le contrat, l'obligation ou l'acte étaient possibles, et de plus, s'il n'y a pas, dans l'acte même, l'aveu d'une intention frauduleuse.

Le *mükirr*, (celui qui fait l'aveu) doit être majeur, sain d'esprit, libre d'état, et avoir la jouissance de ses biens : on n'exige pas de lui *'edolet*, qu'il soit de bonnes vie et mœurs.

Le *mükerrün leh*, celui au profit de qui se fait l'aveu, doit être capable d'obligation et posséder quelque bien.

Les tribunaux ecclésiastiques n'admettent comme valable que le *ekror serih*. Le juge est autorisé, suivant sa conviction, et malgré les témoignages, de rejeter l'aveu quand les circonstances de la cause lui persuadent que cet aveu est frauduleux.

Si le *mükerrün leh* élève des exceptions contre l'aveu du *mükirr*, le hakim scher'e défère au *mükirr* un serment, après la prestation duquel le contrat doit être accompli.

CHAPITRE II.

Yemin ou *saugend*, le serment.

Sources.

Neil ul-merom, t. II, p. 151-202. — *Bist bob*, p. 453. — *Keschf enwor*, p. 607. — *Helil idjoz*, p. 484. — *Ichtelofot ul-erb'e*, p. 210.

Mouradgea, t. VI, p. 230.

§ 1. Le serment ne peut être prêté par un musulman que par l'invocation du nom de Dieu : *Wallahi, Billahi, Tallahi*. Est nulle l'affirmation par les attributs de Dieu, par le Koran, par les lieux saints, etc.

Autres sectes. Les schafiites et les azemites permettent de jurer par tous les noms et par tous les attributs de Dieu. Les azemites ne rejettent comme illégal que le serment *'ilm ullah*, c'est-à-dire par Dieu omniscient.

§ 2. Après une prestation de serment, tout musulman doit acquitter le *kefforet*. (Voy. ci-dessus section IV, ch. 2.)

Il est exigé, pour la validité du serment :

1) La conviction intérieure de la vérité de ce qu'on doit affirmer. Celui qui affirme ce qui n'est pas vrai, *ghamus*, s'expose aux châtiments de Dieu : il tombera dans la mer des péchés : *behre gunoh ghems mikuned*.

D'après les préceptes de la religion, il n'y a pas lieu au *kefforet* à la suite d'un faux serment, parce que c'est un crime trop grave pour être expié par de simples aumônes : il n'y a que le repentir qui puisse l'effacer. — Le parjure est puni par la justice civile, non pas d'après le *scher'e*, mais arbitrairement et selon les circonstances (Voy. ci-dessous le chap. I du livre *ehkom*).

Un musulman ne peut prêter un faux serment que lorsqu'il peut ainsi sauver un coreligionnaire qui est injustement sous une grave accusation.

2) Liberté de toute contrainte.

3) Connaissance de l'objet du serment. Quand quelqu'un

prête serment relativement à un fait de la vérité duquel il n'est point convaincu, d'après ses propres données, et dont il découvre la fausseté plus tard ; il n'est pas responsable comme coupable de parjure[1].

4) Majorité.

5) Être en jouissance de ses facultés mentales. Le serment d'un fou, d'un homme ivre ou emporté par la passion, n'est pas valable.

6) Capacité de disposer de soi-même. Les femmes, les enfants et les esclaves ne peuvent prêter serment sans l'assentiment de leurs maris, pères et maîtres. Mais dans les procès de mariage et de divorce, où la loi admet de préférence le témoignage des femmes, celles-ci peuvent prêter serment sans en requérir la permission.

Le serment d'un infidèle a pleine force quand il a invoqué le seul nom de Dieu.

En général, il ne faut pas jurer sans des motifs sérieux : tout musulman doit éviter de prêter serment et ne se servir de ce moyen, comme demandeur ou comme défendeur en justice, que quand les prescriptions du *scher'e* l'imposent.

Le serment est prêté par les musulmans entre les mains du kadi ou d'autres personnes religieuses. Le poids ou l'importance d'un serment augmentent suivant le contenu de la formule, le lieu et le temps auxquels il est prêté.

Le plus important est le *yemin müghleze* dont voici la formule :

Wallahi-lezi lo ilohe illo hü-er-rehmon ür-rehim et-tolib ülgholib ün-nesor ün-nofi' ul-müdrik ül-mühlikü-lezi ye'ellemü min es-sirri mo ye'elemehu min el-'eloniyeti !

« Au nom du Dieu unique, très-bon, très-miséricordieux,
» punissant les coupables, donnant la victoire, soulageant le
» sort des coupables, le dispensateur des biens et des dons,
» l'omniscient, le vengeur, devant qui rien n'est caché. »

---

[1] Le Koran dit, chap. II, verset 225 : « Pour une parole irréfléchie que
» vous laisserez se glisser dans vos serments, Dieu ne vous punira pas ; il ne
» punit que les mauvais projets du cœur. Dieu est bon et miséricordieux. »
Et le chap. V, verset 91, porte : « Dieu ne vous punira pas pour un mot
» irréfléchi dans vos serments ; mais il vous punira si vous faites un serment
» faux avec préméditation. Respectez donc tout serment : c'est Dieu qui vous
» le dit dans sa miséricorde. » (Traduction du Dr Wahl.)

En prononçant ce serment, les doigts doivent être appuyés sur les mots *fihi-fihi* du chap. IX du Koran.

Le lieu où est prêté un serment lui donne plus de poids, par exemple, dans une mosquée, à la Mecque et en général dans un lieu sanctifié par les respects ou les pèlerinages des fidèles.

Le temps augmente l'importance du serment, c'est quand il est prêté ou un vendredi ou un jour de fête.

Si quelqu'un ne veut pas prononcer le serment *müghleze*, on ne peut pas l'y contraindre, il a le choix de prêter le serment ordinaire au nom de Dieu *wallahi, billahi*.

Un malade peut prêter serment chez lui : en tout autre cas, il doit être prêté au *mehkeme*, c'est-à-dire au prétoire du kadi, à moins qu'il ne demande à prêter son serment à la mosquée.

Un muet prête serment de la manière suivante : le kadi écrit la formule du serment sur un morceau de bois, il le trempe dans une eau pure, qu'il donne à boire au muet, ce qui équivaut à l'accomplissement des conditions du serment.

QUATRIÈME SECTION.

Du vœu et de l'expiation.

CHAPITRE Ier.

Nezr, le vœu.

Sources.

Neil ul-merom, partie II, p. 154-156.—*Bist bob*, p. 447-453.—*Keschfenwor*, p. 172-180.—*Helil-idjoz*, 491-494.—*Ichtelofot ul-erb'e*, p. 108-110.

Nezr est le vœu fait au Très-Haut, qu'on accomplira une action qui lui sera agréable ou qu'on lui fera un sacrifice, s'il exauce un certain souhait ou si certain événement réussit.

Il est

1) *Nezr birre*, quand on le fait pour acquérir une chose, pour l'accomplissement d'un événement, ou pour la disparition d'un mal.

2) *Nezr zedjr*, pour le cas où tournera heureusement une entreprise déjà entamée.

3) *Nezr teberru'e*, un vœu fait pour être agréable à Dieu, sans conditions (un sacrifice).

L'objet relativement auquel est fait le vœu, de même que les actes promis et le sacrifice, doivent être parfaitement légaux, conformes au *scher'en*.

Autres sectes. Quand un vœu a été fait relativement à des actes illégaux, les schafiites et les azemites pensent que ce vœu n'est pas obligatoire; mais tout en affranchissant celui qui l'a fait, ils le soumettent à la nécessité de se purifier par la prestation du *kefforet*.

Sont particulièrement favorables les vœux de jeûner pendant un temps déterminé, d'aller en pèlerinage à la Mecque ou dans telle autre ville sainte, de dire certaines prières, de s'abstenir de certains mets, de faire des aumônes spéciales, etc.

L'objet du vœu doit être agréable à Dieu et les sacrifices ne doivent pas dépasser les moyens de celui qui les promet.

Autres sectes. Quand une personne, pour obtenir la bienveillance de Dieu, lui offre en sacrifice ses enfants, les schafiites et les schiites trouvent que ce vœu est illégal; les azemites pensent néanmoins que celui qui a fait un pareil vœu doit sacrifier un mouton. Le vœu doit être prononcé en termes clairs et précis. — Les azemites admettent toute espèce d'expression.

Celui qui fait un vœu *nazir*, doit être majeur, sain d'esprit, croyant et maître de sa personne et de ses biens. Les femmes, les enfants et les esclaves ne peuvent point faire de vœux sans l'autorisation maritale, paternelle ou dominicale.

Pour qu'un vœu soit valable, il faut que le *nazir* le fasse avec recueillement et de plein gré.

Il n'est pas nécessaire que l'accomplissement soit immédiat : l'exécution peut en être remise à une époque ultérieure.

Autres sectes. Suivant les azemites, le vœu de faire le pèlerinage à la Mecque doit être accompli en personne; suivant les schafiites, l'exécution peut être remplacée par l'acquittement du *kefforet*.

Il n'y a d'obligatoires en justice que les vœux faits sous quelque condition : le *nezr teberru'e* qui n'est qu'un simple sacrifice, n'est pas considéré comme un vœu légalement obligatoire.

Sont non obligatoires les vœux faits en vue d'une chose illégale ou impossible, de même que les vœux qui, n'existant que dans la pensée, n'ont point été articulés par paroles.

Si l'on néglige volontairement d'accomplir un vœu, il faut s'acquitter du *kefforet*.

CHAPITRE II.

Kefforet, l'offrande expiatoire.

Sources.

Bist bob, p. 458.—*Keschf enwor*, p. 630.—*Helil idjoz*, p. 360.—*Ichtelofot ul-erb'e*, p. 244.

Le *kefforet* est un acte prescrit aux musulmans en certains cas pour racheter des péchés involontaires, ou pour se purifier de certaines fautes ou pour raffiner (rendre plus méritoires) certains actes de la loi.

Remarque. D'après le *keschf enwor*, p. 630, le mot *kefforet* signifie étymologiquement couvrir, effacer, laver.

Les espèces de *kefforet* sont les suivantes :

1) Le *kefforet mürettebe*. Il a lieu en matière de *zehor'*, en cas d'homicide involontaire et de violation de règles en matière de jeûnes.

Autres sectes. Les azemites ne sont pas d'accord avec les schafiites et les schiites sur le point de savoir si l'homicide involontaire d'un mécréant doit être, comme celui d'un musulman, suivi du *kefforet*.

2) Le *kefforet mücheiyere*, en cas de non-accomplissement d'un vœu, après prestation d'un serment et en cas de non-observance du jeûne du Rhamadan.

3) Le *kefforet djem'e*, le kefforet ordinaire, qui a lieu en cas

d'homicide volontaire et de violation du saint mois Rhamadan par des actions contraires à la loi.

Autres sectes. En cas d'homicide volontaire, les azemites n'admettent pas le *kefforet*, mais la vindicte *kesos*.

Les actes à accomplir pour le rachat de ses fautes et la purification de sa conscience consistent, d'après les règles du *scher'e*, ou bien dans l'affranchissement d'un esclave *'etk*, ou bien en jeûnes *ruze*, ou bien en distribution d'aumônes *sedeke*, en aliments, vêtements, etc., abri donnés à des personnes dans le besoin.

Le *kefforet* ne peut avoir lieu que pour des actes passés, et n'est point admis pour des actes futurs. — Quand une personne a été sans intention coupable, la cause de la mort d'une autre, par exemple, pour avoir fait un puits sans le couvrir, ou entassé des pierres sans les soutenir, et qu'un passant se noie dans ce puits ou est écrasé par la chute de ces pierres, il faut, d'après les règles des schafiites, qu'en pareil cas le *kefforet* soit payé. Les azemites ne demandent pas qu'il y ait *kefforet*; mais d'accord sur ce point avec les schafiites, ils imposent l'obligation à l'imprudent qui a occasionné la mort du défunt, de payer une pension aux parents de celui-ci.

Dans les cas où un musulman doit accomplir le *kefforet mürettebe*, il faut affranchir un esclave; s'il n'en possède pas, il doit jeûner pendant 2 mois. S'il n'est pas en état de jeûner, il peut remplacer cela par la distribution d'aliments et de vêtements à 60 pauvres, ou moins si sa fortune ne le lui permet pas.

Autres sectes. Les schafiites et les azemites n'appliquent pas le *kefforet mürettebe* en cas d'homicide involontaire, mais ils ne réduisent pas l'expiation à moins de deux mois de jeûne ou de l'affranchissement d'un esclave.

Le *kefforet mücheiyere* peut à volonté consister en *'etk*, *ruze* ou *sedeke*.

Dans le *kefforet djem'e*, le musulman doit accomplir les trois prestations.

Il faut que l'esclave affranchi par *kefforet* soit de croyance musulmane.

Quand c'est un esclave qui doit accomplir le *kefforet*, celui-ci consiste toujours pour lui et ne peut consister qu'en un jeûne d'un mois.

Les aumônes *sedeke* ne peuvent être distribuées qu'à des personnes réellement pauvres.

LE LIVRE EHKOM.

Le livre *Ehkom* contient toutes les dispositions et les lois qui déterminent la vie civile, publique et privée des musulmans.

Ces dispositions se partagent ainsi :

1) Celles qui touchent aux rapports de droit public des musulmans ; — ici se rattachent les chapitres de l'autorité gouvernementale des kadis, du droit de succession et du témoignage ;

2) Celles qui règlent la propriété, et notamment ce qui concerne la prise violente de possession, le doit de voisinage, les épaves et la novale,

3) Celles qui ont trait à la vie sociale ; — elles sont écrites dans les chapitres de la chasse, de l'abattage des animaux, du boire et du manger ;

4) Les dispositions pénales ; — chapitre des peines, de la vindicte et des compositions en cas de meurtre ou de mutilations.

PREMIÈRE SECTION.

Dispositions concernant l'ensemble de la vie civile des musulmans.

CHAPITRE Ier.

De l'autorité souveraine.

La suprématie et la puissance sur le pays appartiennent au sultan. Son autorité s'étend à tout : car son ordre est le fondement de la peine et de l'exécution de celle-ci, comme il l'est de la récompense des mérites.

Tous les ordres du souverain, quand même ils paraîtraient injustes à quelques-uns, doivent être exécutés sans réplique par tout musulman, quand il n'est pas en position de résister. Si un musulman est ainsi poussé à des actes illégaux, il n'en est pas responsable et la faute ne lui en est pas imputable, eût-il même ainsi versé le sang d'un coréligionnaire innocent.

De même, tous les ordres émanés du sultan doivent être accueillis et exécutés ; chacun est tenu d'obéir à ses envoyés.

Les impôts et les dons volontaires que le chef perçoit sur le pays et ses habitants, comme nommément le *mekosimet* sur les grains, le *cherodj* sur la fortune, le *zekat* sur les terres cultivées et les bestiaux, le *djeziyeh*, capitation sur les infidèles, sont la propriété légitime du sultan dont il peut disposer de la manière la plus absolue.

Ces revenus constituent le trésor, *fei*, en opposition au trésor ecclésiastique *beit ul-mol*, dont la disposition n'appartient qu'à l'autorité suprême spirituelle, d'après les règles du *Scheri'et*. Le *beit ul-mol* s'alimente du butin de guerre, *ghanimet*, du *chüms*, de dons volontaires et de divers revenus indiqués par les règles du *Scher'e*.

(Voy. sur le *beit ul-mol.*, Perron, *Législ. musul.*, t. II, p. 269; Du Caurroy, p. 136.

CHAPITRE II.

Des *kadis* ou *kazis*.

Sources.

Neil ul-merom, partie II, p. 196. — *Bist bob*, p. 505. — *Kesch enwor*, p. 832. — *Helil idjoz*, p. 494. — *Ichtelof ul-erb'e*, p. 281.

Mouradgea d'Ohsson, t. VI, p. 172.
Macnaghten, p. 76 et p. 358.

1. Le *kazi* (chez les Sunnites *kadi*) est une personne

ecclésiastique chargée d'informer et de décider dans les procès des musulmans, conformément aux règles du *Scher'e*.

Les kadis sont juges civils. Tout ce qui a trait à l'*Ilme fikh* est de leur compétence ; ce qui, par contre, fait partie de l'*Ilme kelom*, appartient exclusivement à la décision de l'imam, le plus haut personnage ecclésiastique.

Le kadi est institué par l'imam ou par le chef du pouvoir temporel dans le pays où se fait l'institution. Sans cette autorisation, nul ne peut acquérir la dignité de kadi, ni statuer sur les contestations qui sont de la compétence des tribunaux du *Scheri' et*[1].

Autres sectes. D'après les schafiites, les fonctions de kadi sont transmissibles par disposition testamentaire, sauf ratification du choix par l'imam.

D'après le livre *Keschf enwor*, p. 835 et 846, le kadi est nommé au moyen d'un écrit qui doit être porté à la connaissance de tous, en pleine mosquée, devant le peuple assemblé, et en présence de personnes capables d'apprécier si cette nomination émane véritablement de l'imam ou du chef du pouvoir dans le pays.

La compétence du kadi ne s'étend que sur le territoire qui lui a été assigné. Si des plaideurs d'autres provinces que de la sienne viennent le prendre pour juge, il doit se mettre en rapport avec leur kadi.

Il peut y avoir deux kadis dans la même ville ; ils doivent habiter des parties différentes de cette ville, et ne doivent pas se faire concurrence :

Le kadi a le droit, dans le ressort de son territoire, de nommer des délégués dans les petits centres et les employés du culte. C'est ainsi qu'il nomme les *kadis* des villages, les percepteurs du *zekat*, les surveillants des mosquées et des tombeaux des imans, les tuteurs publics *keiyim*, etc. Ce droit n'appartient aux *kadis* qu'autant qu'ils ne se trouve pas dans l'étendue de leur ressort un personnage ecclésiastique plus élevé, tel qu'un *imam* ou un *müdjtehid*.

---

[1] Mirza Kazem-Beg dit dans son introduction au *Müchteser ul-wikayet* :
» Les kadis, les muftis, et généralement les juges de titres différents et les
» savants en droit musulman, tous, qu'ils le veuillent ou non, sont nommés
» à ces emplois par le gouvernement. »

§ 2. Le candidat aux fonctions de kadi doit réunir les sept qualités suivantes :

1) Majorité ; — 2) être sain d'esprit ; — 3) être croyant ; — 4) réputation notoire d'honnêteté et d'impartialité ; — 5) de naissance légitime ; — 6) une quantité suffisante de connaissances[1] ; — être mâle.

Quelque instruite qu'elle soit, une femme ne peut jamais et dans aucun cas, acquérir la dignité et remplir les fonctions de kadi.

Autres sectes. D'après le livre azemitique *Mülteka*, traduit par Mouradgea d'Ohsson, une femme peut être juge en matière civile.

S'il ne se trouve personne réunissant les qualités ci-dessus indiquées, le souverain peut provisoirement confier les fonctions de kadi à quelque ecclésiastique, jusqu'à ce qu'un sujet se présente avec toutes ces qualités.

Dans les lieux où il n'y a point de kadi, tout ecclésiastique qui se croit, à raison de ses connaissances, capable d'accepter cette dignité, doit comparaître devant l'iman, et demander la place, en offrant immédiatement de faire la preuve de son aptitude.

Autres sectes. Mais suivant les azemites, nul ne doit briguer les fonctions de kadi ; néanmoins tout musulman désigné doit se faire un devoir sacré de les accepter.

§ 3. Il y a des règles tracées aux kadis dont les unes sont

---

[1] D'après le livre *Keschf enwor*, p. 833, le kadi doit nécessairement avoir connaissance :

1) Du livre de la révélation divine (le Koran), en ce sens qu'il doit connaître le contenu de ce livre, sans qu'il soit indispensable de le savoir par cœur ;

2) Des *hedith* (tradition) des prophètes, qui ont trait au *Scheri'et*. Le kadi doit savoir distinguer toutes les variantes entre le Koran et la tradition, notamment les prescriptions *nosich* et *mensuch*;

3) Des prescriptions et des ordonnances des successeurs du prophète, *eshab*. Il faut que le kadi sache distinguer les prescriptions générales et celles qui y dérogent.

4) Du *kias*. — Les ordonnances de la plus haute autorité spirituelle sur le *scheri'et* ;

5) Il doit posséder complètement la langue arabe.

müstehebb, c'est-à-dire impérieusement obligatoires, et les autres *mekruh,* c'est-à-dire de conseil.

Aux premières, il faut ranger :

1) Que les sentences des kadis soient toujours conformes à la plus rigoureuse justice, et que, suivant le commandement de Dieu, toutes les contestations entre musulmans soient décidées sans partialité, fût-ce contre des parents ou des amis.

L'acceptation d'un cadeau pour acheter une décision *rüschwet,* est sévèrement défendue, et l'acte est aussi coupable de la part du corrupteur que de celle du corrompu.

Si un plaideur fait au kadi un présent pour qu'il ne nuise pas à sa bonne cause, le donneur n'a commis aucune faute en ce cas ; mais le kadi doit restituer le don.

Les kadis qui ont de la fortune ne peuvent pas se faire rétribuer pour leurs décisions ; mais ceux qui, sans être kadis, sont élus juges (arbitres) peuvent réclamer un salaire pour leurs peines.

Autres sectes. Les azemites et les schafiites veulent que les *kadis* reçoivent leur entretien sur le *beit ul-mol,* et ce n'est qu'au cas où ce revenu serait insuffisant qu'ils autorisent le kadi à recevoir une bonification de la part du plaideur.

Le kadi achète aux frais du *beit ul-mol* le papier nécessaire pour les affaires des pauvres et de ceux qui sont devenus insolvables.

Il est du reste laissé à la discrétion des plaideurs d'indemniser ou non le kadi de ses peines.

2) Le kadi doit veiller à ce que chacun reçoive ce qui lui est dû. Il doit donc s'immiscer d'office dans les affaires de tutelle et de curatelle, et qui concernent les captifs. Il doit donner ses soins à ces affaires et exciter les musulmans à s'intéresser à ces personnes, et en général aux pauvres et aux malheureux.

L'excitation à la pitié et à la bienfaisance, qualités nécessaires et essentielles du musulman, est un devoir de tout croyant, mais surtout du kadi, qui, plus que tout autre, doit être versé dans les secrets et dans les lois de l'islamisme.

3) Le kadi doit prendre l'avis et le conseil de personnes expertes dans toutes les affaires dans lesquelles il n'a pas les

connaissances spéciales nécessaires. Il lui est aussi permis de s'entourer des personnes les plus considérées et les plus recommandables de son arrondissement, de s'en faire un conseil pour l'éclairer sur les usages locaux, les coutumes et les institutions spéciales.

4) Le kadi doit s'abstenir de juger dans toute contestation où serait intéressé son père, son ancien maître (si le kadi est un affranchi) et son ennemi.

Autres sectes. Les azemites étendent cette défense à tous les proches parents du kadi, à ses ascendants, à ses collatéraux, à ses femmes, à ses enfants.

Parmi les dispositions *mekruh* relatives aux kadis, il faut placer les suivantes :

1) On lui conseille de ne pas s'occuper de la décision des affaires, quand il est malade, de mauvaise humeur, quand il souffre de la faim ou de la soif, quand il a l'esprit préoccupé ; car toutes ces circonstannes détournent ses pensées et l'empêchent d'entrer avec la précision nécessaire dans les détails des choses.

2) Il ne doit empêcher personne de se présenter devant lui, et de demander la décision de ses affaires; en conséquence, qu'il se garde bien d'ordonner à ses serviteurs, *hadjib*, de fermer à qui que ce soit l'accès auprès de lui.

Autres sectes. D'après les lois des schafiites et des azemites, les kadis peuvent, quand ils sont occupés d'affaires secrètes, empêcher les tiers de pénétrer dans le *mehkeme*. Et nul ne peut y pénétrer et se présenter devant le juge sans en avoir fait demander la permission par un *hadjib*.

3) Le kadi ne peut pas faire lui-même le commerce, et ne doit rien acheter en personne : il ne peut le faire que par mandataire. Mais les procès dans lesquels ce mandataire serait intéressé, le kadi ne pourrait ni les instruire, ni les juger.

§ 4. Pour le règlement de la procédure judiciaire, et pour le prononcé des sentences, le kadi a à observer ce qui suit :

1) A son entrée en fonctions, le kadi doit recueillir de son prédécesseur toutes les affaires judiciaires pendantes, ainsi que les registres et documents qui s'y rapportent.

Il doit tenir registre des actions intentées devant lui, et des sentences par lui rendues. Le premier de ces registres s'appelle *mehzer*, et contient une table alphabétique des plaideurs qui ont comparu devant le kadi.

Le kadi marque dans son registre quiconque se présente devant lui à raison d'une contestation, l'objet de cette contestation et les témoins produits, après s'être assuré de l'identité des plaideurs et avoir comparé la signature des témoins avec celle de quelque document antérieur. Pour s'assurer de l'identité des femmes qui comparaissent devant lui, le kadi a la faculté d'exiger qu'elles se découvrent le visage. Ensuite l'objet du procès et l'époque de la comparution en justice sont inscrits dans le *mehzer*.

Le deuxième des livres ci-dessus cités s'appelle *sedjill*, et contient les sentences du kadi qui doivent être rédigées d'une manière concise avec la déclaration des témoins ou les autres moyens de preuve.

De toute sentence relatée dans le *sedjill*, il est fait deux exemplaires revêtus du sceau du kadi, et dont l'un est remis à celui qui a gagné le procès, et dont l'autre reste dans les archives du tribunal.

Les sentences que rend le kadi sont placées quotidiennement dans un étui *cherite* ou *kemter*, sous le sceau du kadi, et toutes les semaines, ou tous les mois, ces feuilles détachées sont réunies en un cahier sur lequel il est écrit : « *Jugements du « kadi pendant telle semaine, tel mois.* » Ces jugements doivent être conservés dans un certain lieu qui n'est connu que du kadi.

2) L'instruction du procès a lieu, non pas dans la mosquée, mais dans un lieu spécialement destiné; de préférence dans le voisinage de la mosquée et dans la cour de celle-ci.

Autres sectes. Chez les azemites, le kadi a le droit de tenir ses séances dans la mosquée.

Le lieu destiné aux audiences du kadi, *mehkeme*, doit autant que possible être central, et non dans un quartier retiré de la ville. Si la ville est grande, il est du devoir des serviteurs du kadi de montrer le *mehkeme* à quiconque le demande.

3) Le kadi doit fixer un certain jour pour rendre la justice.

4) Ce jour-là, le kadi doit se rendre dans la mosquée, y faire sa prière, puis aller au *mehkeme*, où il s'asseoit en tournant le dos au *keble*, de manière que les parties qui comparaissent devant lui aient la face vers l'orient.

Autres sectes. Chez les schafiites et les azemites, le kadi doit avoir le visage tourné vers le *keble*.

5) Devant le tribunal du kadi, chacun, quelles que soient sa religion et sa condition, a un droit égal d'être entendu et poliment traité. Toutefois si, de deux plaideurs comparaissant devant lui, l'un est musulman et l'autre mécréant, le kadi peut permettre au premier de s'asseoir, mais le second doit se tenir debout.

Les parties sont tenues de témoigner au kadi la déférence et le respect. Il a le droit de punir corporellement quiconque s'oublierait à son audience, qui lui reprocherait l'injustice de sa sentence ou se permettrait quelque expression blessante.

6) Avant tout, le kadi doit s'efforcer d'amener une terminaison amiable entre les parties, et s'abstenir de tout ce qui ne ferait qu'envenimer la situation. Il ne doit point donner conseil à l'un des plaideurs sur la meilleure manière de diriger son action.

7) Le kadi doit juger les affaires suivant leur rang d'ordre, comme elles lui ont été soumises; il doit expédier celles dans lesquelles les parties sont présentes en personnes, puis seulement passer à d'autres.

8) Le kadi doit rejeter les affaires dans lesquelles l'objet de la contestation n'est pas exposé clairement et nettement, excepté en matière de testaments et de tutelles. En pareille matière, le kadi doit d'office agir, et chercher à découvrir la vérité. De même, il n'y a pas lieu d'examiner en justice les contrats et obligations qui n'ont pas la sanction du *scher'e*, ou dont l'objet est illicite ou illégal.

9) Quand, pour les débats d'une cause, il y a lieu d'employer des interprètes, *terdjemon* ou *kelemetschi*, il doit toujours y en avoir deux pour éviter les erreurs. Le greffier du kadi doit être majeur, sain d'esprit, avoir les connaissances nécessaires, et, de préférence, être de condition ecclésiastique.

10) Les plaideurs doivent exposer leurs demandes en personne ou par fondés de pouvoirs.

11) Le kadi ne doit ni anticiper sur l'affaire par des questions ou d'autres manifestations, ni exprimer son opinion en présence des parties, ni la manifester au début des débats.

Il entend d'abord le demandeur, cherche les fondements de la légitimité de sa demande, et seulement alors il adresse des questions au défendeur, après qu'il s'est assuré que relativement au contrat produit devant lui, toutes les règles du *scher'e* ont été observées et que l'objet de la demande est approuvé par la loi.

L'attitude du défendeur peut se présenter sous trois aspects divers :

Il avoue, *ekror;*

Il nie, ou oppose une exception, *inkor;*

Ou bien, il ne répond pas, *sekut.*

Quand, au premier cas, le défendeur reconnaît comme fondée la demande, le kadi lui ordonne (en tant que ce défendeur est majeur, sain d'esprit et capable de s'obliger) de payer sa dette ou de remplir son obligation, ou bien il détermine les parties à faire un nouveau contrat pour fixer un nouveau terme ou proroger l'ancien.

Le défendeur nie-t-il la demande, soutient-il qu'elle est mal fondée? le demandeur doit produire, en ce cas, des témoins. S'il n'y en a pas, le kadi provoque le demandeur à déférer au défendeur le serment litisdécisoire sur la justice de la demande.

Le nombre des témoins varie suivant l'objet de la contestation. Dans les cas où il faudrait deux témoins, et où le demandeur n'en a qu'un, on lui défère le serment; néanmoins il faut d'abord que ce témoin ait fait sa déposition, et, ce n'est qu'après, que le demandeur doit faire son affirmation.

Autres sectes. Ceci n'a lieu que chez les schiites et les schafiites; quant aux azemites, ils exigent toujours deux témoins, et s'il n'y en a qu'un, c'est au défendeur que le serment est déféré.

Le kadi ne doit admettre à témoigner, et ne doit prendre leurs dépositions pour fondement de ses sentences, que les personnes d'une complète moralité, desquelles il s'est, au préalable, assuré. Il ne doit, sous aucun prétexte, admettre le témoignage de personnes d'une immoralité notoire. Il doit écouter les témoins avec calme, les interroger l'un après l'autre, ne pas converser avec eux, ne pas les contraindre ni à parler, ni à se taire; ne pas leur suggérer des réponses ou leur poser des questions pour provoquer perfidement des dépositions à l'avantage de l'un ou de l'autre des plaideurs.

Le défendeur doit, dans les trois jours, déclarer s'il n'a point de reproche à élever contre les témoins; il doit produire des témoins pour établir la non-idonéité de ceux qu'a produits son adversaire, mais il n'a pas le droit d'exiger du demandeur qu'il prête serment que ses témoins sont honorables et dignes de foi.

Si des témoins sont produits, il n'y a pas lieu à délation du serment, excepté dans les contestations en matière d'hérédité. Dans celles-ci les parties intéressées doivent prêter un serment pour affirmer ce qu'elles ont reçu par préciput, ou ce qu'elles réclament dans la succession.

Si un témoin est absent, le kadi peut, ou bien attendre son retour, ou, si le demandeur y consent, déférer le serment au défendeur.

En général, il faut que le demandeur consente à la délation du serment au défendeur, pour que ce serment soit efficace. Si le demandeur a donné son consentement, le défendeur a l'option ou bien de le prêter, ou de le référer, ou de ne pas le prêter, mais sans le référer.

Autres sectes. Les azemites n'admettent pas que le défendeur réfère le serment au demandeur.

Si le défendeur prête le serment, le procès est fini et ne peut plus être recommencé.

Dans le deuxième cas, si le demandeur prête le serment qui lui a été référé, il gagne son procès : s'il refuse, il le perd.

Dans le troisième cas, le kadi provoque trois fois le défendeur à faire l'affirmation, et, s'il ne la fait pas, le kadi adjuge la demande.

Avant la prestation du serment, le kadi doit avertir la personne qui doit le prêter, de l'importance de cet acte et des peines du parjure (Voy. au chap. 4 du livre *Eiko'ot*, la manière de prêter le serment).

Enfin, quand le défendeur s'entête à garder le silence, sans reconnaître ni dénier la demande, le kadi doit l'inviter à s'expliquer; si ses efforts à cet effet sont infructueux, ou bien le kadi fait emprisonner le défendeur jusqu'à ce qu'il revienne de son entêtement, ou bien il défère d'office le serment au demandeur. Ce malicieux silence n'est point présumé de la part d'un défendeur qui serait, par un accident physique, hors d'état de répondre.

Les absents ne peuvent pas, sans avoir été entendus, être **condamnés à remplir des obligations ou à payer des dettes.** D'après l'opinion de quelques juristes l'absence du défendeur n'empêche pas le juge de prononcer une condamnation, quand elle s'appuie sur des preuves évidentes. Pour exécuter une pareille décision, le kadi doit se mettre en rapport avec les juges du lieu où se trouve celui qui n'est pas présent.

Autres sectes. Les schafiites exigent que le demandeur atteste sous serment que le défendeur est réellement absent, et qu'il ne peut pas se présenter en justice.

Les azémites ne permettent dans aucun cas qu'une décision judiciaire intervienne contre une personne absente qui n'en sait rien ou qui n'a pas laissé de fondé de pouvoir.

Si le défendeur prouve clairement qu'il ne peut pas se présenter au jour fixé par le demandeur ou par le kadi, celui-ci doit accorder remise.

Les jugements du kadi sont mis à exécution par ses serviteurs, si le condamné ne s'exécute pas volontairement. Suivant l'opinion de quelques juristes, le kadi a le droit de faire mettre en prison ceux qui ne se soumettent point à ses jugements.

Quand le jugement d'un kadi est soumis à un autre kadi à raison du grief de son injustice, le premier, si cette injustice ne lui paraît point évidente, doit demander au kadi qui a rendu sentence, sur quels motifs il s'est fondé. Si ces motifs ne sont pas satisfaisants et si l'injustice de la sentence apparaît, il entend de nouveau les témoins et procède à une nouvelle instruction; néanmoins, il n'est autorisé à ce faire, qu'après les explications détaillées du premier kadi, et après un examen scrupuleux de toutes les circonstances de la cause.

En pareil cas, le premier juge doit réparer tout le dommage résultant de la réformation de la sentence.

Autres sectes. Chez les schafiites et les azemites, il n'y a pas obligation pour le kadi de réparer ce dommage

Du reste, il n'y a que les contestations d'intérêt civil qui puissent subir ce deuxième degré de juridiction, mais non pas les questions spirituelles (voy. sur le *Hukuk ullah* et le *Huhuk un-nos* le livre *Ebodot*, section IIe, § 6).

§ 5. D'après l'ouvrage *Kèschf enwor*, p. 844, le kadi doit résigner ses fonctions, sinon il en est destitué :
1) Quand il perd la jouissance de ses facultés mentales ; — 2) quand il devient aveugle ; — 3) sourd ; — 4) muet ; — 5) quand il mène une conduite impie ou immorale ; — 6) quand il renie l'islamisme ; — 7) quand il est convaincu de prévarication ; — 8) quand il est établi qu'il ne possède pas les connaissances nécessaires à son état.

L'iman doit, après enquête sur ces divers points, destituer le kadi et le remplacer par une personne digne.

Le mécontentement du sultan, c'est-à-dire du souverain du pays, à l'égard d'un kadi qu'il trouve indigne, est suffisant pour ôter l'emploi à ce kadi ; le non-accomplissement d'un pareil désir manifesté par le sultan serait un acte de désobéissance.

Après la mort ou la destitution d'un kadi, tous ceux qu'il avait institués doivent être confirmés dans leurs emplois, excepté les tuteurs par lui nommés, *keiyim* ; toutes les ordonnances par lui rendues sur le *wakf* restent également en vigueur.

L'avénement d'un nouveau sultan ou iman n'emporte pas par lui-même révocation des kadis en fonctions.

CHAPITRE III.

Feroiz, l'hérédité.

Sources.

Neil ul-meram, partie IIe, p. 182. — *Bist bob*, p. 485. — *Sewol we djewâb*, p. 135. — *Keschf enwor*, p. 101. — *Helil idjoz*, p. 231. — *Ichtelof ul-erb'e*, p. 173.

Dulau, p. 24-25; 222-260.
Mouradgea d'Ohsson, t. V, p. 274.
Macnaghten, p. 1. 34; 83-166.

Dans le droit de succession, il y a quatre instants à observer :
1) Le droit à l'acquisition de l'hérédité, *mudjebote irts;*
2) Les motifs qui enlèvent ce droit, *mewone 'i irth;*
3) L'exclusion de la succession par des parents plus proches, *hedjb;*
4) La manière dont se divise l'hérédité, *mekodir sehom.*

§ 1. Un droit de succéder est acquis ou par la naissance, *neseb;* ou par la disposition spéciale de la loi, *sebeb*[1].

La parenté a trois degrés :
1) Père, mère et enfants ;
2) Frères et sœurs avec leurs descendants et les ascendants;
3) Parents paternels et maternels.

Le droit de succéder est accordé par des dispositions de la loi :
1) Aux époux, *zeudjiyet*, respectivement ;
2) D'après le *welo*, en vertu du droit des maîtres, des amis et des administrateurs.

Le *welo* est de trois sortes :
1) Le droit du maître sur la succession de son esclave af-

---

[1] D'après Macnaghten, chap. 2, p. 12, les imamites admettent trois espèces de *mudjebote irth* :
 a. *Neseb*, la parenté du sang;
 b. *Sebeb*, le droit du conjoint;
 c. *Welo*, le droit héréditaire des maîtres, parents et administrateurs.

franchi, *welo ul'-'etoke*. Il n'a lieu qu'autant que l'affranchi ne laisse pas d'autres héritiers et que l'affranchissement est le résultat du libre consentement du maître par le contrat *'etk*[1], mais non pas quand cet affranchissement a eu lieu par la loi *seher'en*[2], par *ketobet*[3], par *nezr*[4], par *wakf*[5] ou par *kefforet*[6].

2) Le droit de succéder fondé sur le lien de l'amitié, *weloi tezemmün herire*.

Celui qui acquiert un pareil droit, prend immédiatement l'engagement de satisfaire à toutes les réclamations qui pourraient s'élever contre la succession ; c'est pour cela que la personne désignée comme héritière doit nécessairement déclarer son acceptation.

Cette espèce de droit héréditaire n'est efficace que lorsqu'il n'y a point de parents légitimes, ni de personnes qui puissent se prévaloir du *welo ul-'etoke*.

3) Le droit de succéder de l'iman *welo ul-imame*, lequel s'ouvre à défaut d'autres héritiers ou lorsqu'un musulman ne délaisse que des héritiers non musulmans.

Autres sectes. Chez les schafiites et les azemites, la succession d'un défunt qui ne délaisse ni héritiers légitimes, ni héritiers testamentaires, est dévolue au *beit-ul-mol*.

Les enfants illégitimes et ceux que le père n'a pas reconnus, ne viennent à la succession du père qu'autant qu'il n'y a pas d'autres héritiers.

Autres sectes. Chez les schafiites et les azemites, ces enfants n'ont droit qu'à la succession de leur mère, jamais à celle du père.

§ 2. Le droit de succession s'éteint *mewone'i irth*, par les circonstances suivantes :

1) *Küfr*, mécréance.

Un mécréant, quelque proche parent qu'il soit d'un musulman, ne peut pas lui succéder ; si le fils d'un musulman est

---

[1] Voy. le livre *Eiko'ot*, IIe section, chap. 2.
[2] Voy. ce même livre *Eiko'ot*, IIe section, chap. 3.
[3] Même livre, même section, chap. 5.
[4] Même livre, IVe section, chap. 1.
[5] Voy. le livre *Ekudot*, IVe section, chap. 3.
[6] Voy. le livre *Eiko'ot*, IVe section, chap. 2.

mécréant, et le petit-fils musulman, celui-ci hérite de son grand-père, à l'exclusion de son père.

A la mort d'un musulman qui ne laisse pour héritiers que ses parents non musulmans, sa succession est dévolue à l'iman, et non aux héritiers infidèles.

Autres sectes. Chez les schafiites et azemites, c'est par le *beit-ul-mol* que cette succession est recueillie.

Un musulman, au contraire, prend dans la succession d'un mécréant la part qui lui est attribuée par la loi.

Autres sectes. Chez les schafiites et les azemites, un musulman n'hérite pas plus d'un mécréant que le mécréant n'hérite du musulman.

Quand des deux parents d'un enfant, l'un seulement est de la religion musulmane, le droit à sa succession est réglé par les lois de l'islamisme.

Les musulmans héritent les uns des autres, quelle que soit la diversité des sectes auxquels ils appartiennent : de même, les non musulmans, quelle que soit leur religion, héritent les uns des autres, dans les pays mahométans.

Celui qui déserte l'islamisme, *mürtedd*, est passible de la peine de mort, s'il ne revient pas à sa religion, et sa succession s'ouvre au profit de ses héritiers croyants, et à défaut de ceux-ci, au profit de l'iman. Le *mürtedd* qui a échappé à la peine de mort, ne peut jamais hériter d'un musulman, mais les musulmans peuvent hériter de lui.

Autres sectes. Chez les schafiites, la succession d'un *mürtedd* écheoit au *beit-ul-mol*, peu importe qu'il délaisse ou non des héritiers.

Chez les azemites, au contraire, il y a lieu de distinguer si le renégat a acquis ce qu'il délaisse en mourant, avant ou après sa rénégation. Dans le premier cas, sa succession appartient à ses héritiers de religion musulmane; dans le deuxième cas, au *beit-ul-mol*.

Les infidèles ne se succèdent respectivement que lorsqu'ils vivent dans le même pays. Les musulmans, au contraire, héritent les uns des autres, peu importe qu'ils soient ou non sujets du même État.

Autres sectes. Les schiites ne regardent en aucun cas la différence de nationalité comme un empêchement à succession.

2) *Ketl*, le meurtre.

Celui qui en a tué volontairement un autre, ne peut pas en hériter.

Un homicide involontaire, par imprudence ou maladresse, ne rend pas indigne de la succession : mais il faut que l'absence d'intention criminelle soit éclatante.

Autres sectes. Chez les schafiites et les azemites, l'homicide, même involontaire, rend indigne de succéder.

Quand, outre le meurtrier, il n'y a pas d'héritiers du défunt, sa succession échoit à l'iman pour en faire un usage agréable à Dieu, et chez les schafiites et azemites, au *beit ul-mol*.

La somme payée à titre de *diyet* pour le sang versé (voy. *infrà*) se confond dans le patrimoine du défunt, et est partagée dans sa succession comme tous les autres biens qui la composent.

3) *Rikkiyet*, l'esclavage.

Un esclave ne peut pas hériter d'un homme libre ni *vice versâ*.

Mais si parmi les héritiers d'un défunt, il s'en trouve un qui soit esclave, ou si l'unique héritier est esclave, il faut avant tout, suivant la doctrine schiite, employer les valeurs de la succession à racheter cet esclave, et dans ce cas, le maître de cet esclave peut être contraint de l'affranchir. Puis le reste de ces valeurs est à partager entre les héritiers de l'affranchi sans qu'on puisse faire supporter à la part de cet affranchi, la défalcation de ce qu'il en a coûté pour son affranchissement. S'il est héritier unique, il prend le tout.

Autres sectes. Cette loi schiite n'est pas admise chez les schafiites et azemites, chez qui un esclave ne peut, dans aucun cas, hériter d'un homme libre.

4) *Le'on*, l'anathème.

Quand le mari prononce l'anathème contre sa femme et refuse de reconnaître ses enfants[1], il y a extinction du droit respectif

---

[1] Voy. le livre *Eiko'ot*, Ire section, chap. 4.

de succession. S'il se repent plus tard et retire son anathème, sa femme et ses enfants peuvent bien hériter de lui, mais non lui d'eux.

5) *Ghaibete münkete'e*, la fuite ou disparition d'un héritier.

Si quelqu'un, avant d'avoir recueilli un héritage qui lui est échu, disparaît, sa part ne peut être partagée entre ses cohéritiers, que lorsqu'on a reçu des nouvelles certaines de sa mort.

Si l'on n'a pas de nouvelles, c'est après cent vingt ans, en comptant depuis la naissance de l'absent, qu'il sera réputé mort d'après le *scheri'et* et que sa succession sera ouverte et partagée entre ses successibles.

Autres sectes. Les schafiites et azemites laissent au kadi le pouvoir de fixer le délai après lequel l'absent sera réputé mort.

Il y a des juristes qui pensent que cela pourra se faire après dix ans. La première manière d'opérer est plus usitée.

§ 3. Si un héritier vient à mourir avant le partage de l'hérédité, la part qu'il aurait eue, s'il avait encore été en vie, passe à ses héritiers directs.

Une fille enceinte reçoit une part héréditaire pour l'enfant qu'elle porte dans son sein et garde cette part lors même que l'enfant meurt peu de temps après sa naissance, pourvu que ce soit postérieurement au partage de l'hérédité.

Cette part est formée comme pour un enfant du sexe masculin. Si l'enfant est mâle, la part est attribuée en entier à la mère ; si c'est une fille, la mère ne reçoit que la moitié, et l'autre moitié accroît aux autres héritiers.

§ 4. L'exclusion de quelqu'un de la succession, *hedjb hermon*, a lieu quand il se présente des héritiers plus proches. Les parents les plus proches excluent ceux qui le sont moins.

On appelle *hedjb nüksön* l'exclusion partielle de quelqu'un d'une succession ; cela s'entend du droit héréditaire des époux subordonné à la non-existence ou à l'existence d'enfants.

§ 5. Il y a des dénominations pour six portions différentes, d'après lesquelles peut être divisée une succession :

Nisf, la moitié ; — *rub'e*, un quart ; — *thümn*, un huitième ; — *thülth*, un tiers ; — *thülthon*, deux tiers ; — *süds*, un sixième.

Du *nisf* héritent :

1) Le mari, quand il n'a pas d'enfants ;

2) La sœur germaine, à défaut d'autres héritiers ;

3) La fille, quand elle est enfant unique.

Autres sectes. Chez les schafiites et les azemites, la fille n'hérite de la moitié que lorsqu'il n'y a pas d'autres héritiers.

D'un *rub'e*, un quart, héritent :

1) Le mari resté veuf avec enfants ;

2) Les époux, quand il n'y a pas d'enfants.

D'un *thümn*, un huitième, hérite la veuve avec enfants.

D'un *thülth*, un tiers, héritent :

1) La femme du vivant de son beau-père, quand le mari ne laisse pas d'enfants ou d'autres parents ;

2) Les frères et sœurs utérins, quand ils sont au moins deux.

De *tkülthon*, deux tiers, héritent :

1) Deux ou plusieurs filles, quand il n'y a pas de fils ;

2) Deux ou plusieurs sœurs germaines, quand il n'y a pas d'héritiers plus proches.

Autres sectes. Les sœurs consanguines, chez les schafiites et les azemites, héritent de même.

D'un *süds*, un sixième, héritent :

1) Le père et la mère d'un enfant délaissant lui-même des descendants ;

2) La mère, quand le défunt a laissé des frères germains ou au moins consanguins ;

3) L'héritier unique délaissé par la mère dans la ligne descendante.

§ 6 :

I. D'APRÈS LE DROIT DE LA PARENTÉ.

AU PREMIER RANG, le père, la mère, les enfants et descendants.

Chez les schiites.	*Chez les schafiites et azemites.*
Les père et mère héritent de toute la succession de leurs enfants, s'il n'y a pas d'autres parents.	De même.
Quand il n'y a pas d'autres parents que la mère, celle-ci reçoit sa part d'après le droit *mo ferez ullah ;* le reste lui est adjugé d'après le droit *beresme werothet* [1].	La mère hérite de toute la succession.
La mère en concours avec le père, reçoit un tiers, le père le reste.	De même.
Si le défunt a laissé des frères et des parents, la mère reçoit un sixième et le père les autres cinq sixièmes ; les frères ne sont pas héritiers.	De même.
Les parents en concours avec	De même.

---

[1] Relativement au partage de la succession, les schiites le distinguent en partage conforme à l'ordre de Dieu, *ez roe mo ferez ullah,* c'est-à-dire d'après les textes du Koran, et en partage d'après les règles ici posées du *scher'e, beresme werothet.* Les règles contenues au Koran sur le partage des successions furent trouvées insuffisantes dans l'application pratique. Mahomet lui-même, les imames et les müdjtehides trouvèrent dans la suite qu'il était nécessaire de rendre plus complets et plus exacts les principes fondamentaux du droit de succession.

Chez les schiites.

leurs descendants reçoivent un sixième.

Ils prennent toute la succession, s'il n'y a pas d'enfants en concours avec eux. Les fils partagent par égales portions [1].

S'il n'y a pas de fils, mais seulement une fille, elle prend la moitié de la succession d'après le droit *mo ferez ullah*, et l'autre moitié d'après le droit *resme werothet.* — S'il y a plus d'une fille et pas de fils, les filles prennent deux tiers d'après le droit *mo ferez ullah*, et le reste est partagé entre elles d'après le droit *resme werothet.*

S'il y a concours entre héritiers mâles et femelles, il y a lieu à application de la règle *lizzekeri mithlü hezz il untheyein* « le mâle reçoit autant que deux femmes. »

Les petits-enfants entrent, après la mort de leurs parents, dans les droits de ceux-ci par rapport à la succession de leurs aïeux, de même que les grands parents représentent leurs enfants.

Quand il y a concours des des enfants d'un fils et des enfants d'une fille, les premiers

Chez les schafiites et azemites.

De même.

La fille ou les filles héritent de la totalité quand il n'y a pas d'autres parents; dans le cas contraire, elle n'ont droit qu'aux deux tiers.

De même.

De même; cependant, d'après le livre *serodjiyeh*, les petits-enfants ne représentent pas leurs parents, quand ceux-ci sont morts laissant des frères, et il n'y a pas de représentants au profit des ascendants.

Les enfants d'une fille en concours avec ceux d'un fils ne reçoivent rien.

---

[1] Le droit musulman n'admet pas, en matière de succession, le droit d'aînesse ou de primogéniture : les schiites accordent cependant, dans la succession paternelle, le sabre, le Koran, la garde-robe et le miroir au fils aîné.

Chez les schiites.	*Chez les schafiites et azemites.*
recueillent dans la succession de l'aïeul deux tiers, les autres un tiers.	
L'époux survivant qui concourt avec les enfants d'un fils ou d'une fille, reçoit un quart, l'épouse survivante un huitième; quant au reste, les enfants du fils en reçoivent deux tiers et ceux de la fille un tiers.	Le reste ne revient qu'aux enfants du fils; ceux de la fille ne reçoivent rien.

AU DEUXIÈME RANG, les frères, les sœurs et les ascendants.

Le frère qui avait la même mère que le *de cujus*, hérite de la totalité; s'il y a plusieurs frères, ils succèdent par portions égales.	De même.
S'il y a concours de frères et de sœurs germains, les premiers prennent une double portion d'après le principe de la supériorité du sexe masculin sur le féminin.	De même.
Une sœur germaine recueille la moitié de l'hérédité d'après le droit *mo ferez ullah*; plusieurs sœurs germaines, deux tiers d'après le même droit; le reste leur est dévolu d'après le droit *resme werothet*.	Les sœurs germaines prennent toute la succession quand il n'y a pas d'autres parents.
Quand il y a concours de frères et de sœurs dont les uns sont consanguins et les autres utérins, les consanguins l'emportent. — Ils partagent par portions égales.	De même; cette manière de partager est le résultat de la prééminence du mâle sur la femme.
Les frères et sœurs germains en concours avec des consan-	De même.

Chez les schiites.	*Chez les schafiites et azemites.*
guins, priment ceux-ci absolument; s'ils sont utérins, ils ont droit au tiers de la succession; s'il n'y a qu'un frère ou une sœur utérin, il ne prend que le sixième.	
Le grand-père et la grand'mère, s'il n'y a pas d'autres parents, recueillent toute la succession.	De même.
Le grand-père et la grand'mère paternels se partagent la succession d'après la règle de la prééminence du sexe.	De même.
Le grand-père et la grand'mère maternels partagent par portions égales.	La grand'mère maternelle hérite de la totalité.
En cas de concours des ascendants paternels avec les maternels, les premiers reçoivent deux tiers qu'ils se partagent en vertu de la règle de la prééminence du sexe mâle sur l'autre; les maternels reçoivent un tiers qu'ils se partagent par portions égales.	Les ascendants paternels prennent toute la succession et se la partagent par portions égales.
Si un frère utérin du *de cujus* concourt avec un grand-père ou une grand'mère de la ligne maternelle, ceux-ci reçoivent un tiers qu'ils se partagent avec la prééminence du sexe.	S'il n'y a qu'un frère il reçoit le sixième, s'il y en a plusieurs ils reçoivent un tiers; le reste écheoit, comme on l'a dit ci-dessus, à la grand'mère maternelle exclusivement.
Si un frère germain du défunt ou un frère de son père concourt avec les ascendants maternels, ceux-ci prennent un tiers; le reste est partagé entre les frères.	De même.

Au troisième rang, oncles et tantes.

Chez les schiites.

S'il n'y a pas d'autres héritiers que des frères et sœurs du père du défunt, ils se partagent toute la succession par égales portions.

S'il y a des oncles et des tantes issus de parents communs au père du *de cujus*, les oncles de la ligne maternelle, s'ils sont plusieurs, reçoivent un tiers qu'ils partagent entre eux par portions égales et s'il n'y en a qu'un, un sixième. Les oncles issus du même père mais non de la même mère, sont exclus par ceux qui ont eu le même père et la même mère que le père du défunt.

S'il n'y a ni oncles ni tantes ayant les père et mère communs avec le père du défunt, les oncles et tantes, seulement du côté paternel ou seulement du côté maternel, ont les mêmes droits, avec cette seule différence que les femmes partagent également entre elles la part qui leur écheoit, tandis que les mâles partagent d'après la règle qui accorde la préférence au sexe masculin sur le féminin.

Chez les schafiites et azemites.

Il n'y a que les frères du père qui héritent.

Les oncles qui ont eu les mêmes père et mère que le père du défunt, ou qui seulement ont eu le même père, excluent tous les autres parents de la succession. Les oncles du côté maternel et les tantes ayant eu mêmes père et mère, sont exclus par les oncles ayant eu mêmes père et mère.

S'il n'y a pas d'oncles ayant eu des parents communs, ceux du côté paternel ont la prééminence sur tous les autres.

En concours avec des oncles maternels, les tantes qui ont eu des auteurs communs héritent d'un tiers ; ces oncles prennent le reste de la succession.

II. D'APRÈS LE DROIT CIVIL.

1) *Droit héréditaire des époux.*

Chez les schiites.	*Chez les schafiites et azemites.*
Les époux se succèdent réciproquement, quand il n'est point intervenu entre eux de divorce perpétuel, *telok boim*. La réunion des époux après le *telok ridj'ei* rétablit leurs droits respectifs de se succéder.	De même.
Les époux se succèdent réciproquement lors même qu'après la signature du contrat, ils n'ont pas consommé l'acte de cohabitation.	De même.
Les mineurs qui ont été mariés par leur père ou par leurs ascendants, se succèdent réciproquement; mais s'ils ont été mariés par d'autres personnes, ils ne sont successeurs l'un de l'autre qu'autant qu'à leur majorité ils ont déclaré consentir au mariage.	De même.
Si l'époux décédé délaisse des enfants, le mari hérite d'un quart, la femme d'un huitième.	De même.
S'il n'y a pas de descendants, mais pourtant d'autres parents de l'époux décédé, le mari hérite de la moitié, et la femme du quart.	De même.
S'il n'y a pas de parents, l'époux survivant recueille la part qui lui est attribuée d'après le droit *mo ferez ullah*, c'est-à-dire l'homme la moitié, la	L'époux survivant prend la part que la loi lui alloue; le reste échoit au *beit ul-mol*.

Chez les schiites.	*Chez les schafiites et azemites.*
femme le quart; le reste d'après le droit *resme werothet* ou *redd*, c'est-à-dire d'après le droit de retour.	
Remarque. Sur le droit *mo ferez ullah* il existe parmi les imamites des opinions divergentes : la plus exacte est que l'époux suivant ne peut invoquer le *resme werothet* que quand il n'y a pas sur les lieux un imamite qui aurait le droit de réclamer. —D'après Macnaghten, II, p. 21, il est admis chez les *schiites*, que le mari hérite de toute la fortune d'une femme décédée sans parents : en pareil cas, la femme n'hérite de son mari qu'un quart; les trois autres quarts écheoient au *beit ul-mol*.	

2) Droit de succession *welo*.

Si l'esclave affranchi délaisse des descendants, son ancien maître n'est pas héritier. La femme d'un affranchi ou le mari d'une esclave affranchie succèdent réciproquement dans les parts qui leur sont assignées; le maître succède au reste de l'hoirie.	De même.
Si l'affranchi avait eu plusieurs maîtres ils se partagent la succession d'après les règles du contrat de société.	De même.
Le droit héréditaire du maître d'après le *welo ul-etske*, passe à ses héritiers.	De même.

Schiites.

La mère d'un enfant illégitime prend dans la succession du père, un sixième si l'enfant est vivant;—S'il n'a pas laissé d'autres héritiers, elle hérite de la totalité.

Schafiites et azemites.

La mère d'un enfant illégitime n'hérite du père dans aucun cas.

III. D'APRÈS LE DROIT DES HERMAPHRODITES. *Chünthi.*

L'hermaphrodite est l'individu qui réunit les deux sexes. Suivant l'opinion de Ali Émir ul-Mumenin (le quatrième calife), un *chünthi* reçoit la moitié d'une part d'homme et la moitié d'une part de femme.

D'autres juristes estiment qu'il faut ranger le *chünthi* dans le sexe dont les symptômes existent chez lui de la manière la plus saillante, et lui allouer la part afférente à son sexe.

Ces symptômes sont :

1) Le nombre des côtes : si le nombre est impair, l'hermaphrodite est un homme, s'il est pair, c'est une femme.

2) Démonstration de quelle partie du corps jaillit l'urine.

Ces sectes estiment que le sexe de l'hermaphrodite est à fixer suivant le désir qu'il exprime à propos du mariage : — épouse-t-il un homme, il n'a droit alors qu'à une part de femme; s'il veut au contraire épouser une femme, il a droit à une part d'homme.

IV. D'APRÈS LE DROIT HÉRÉDITAIRE DANS UN NAUFRAGE OU DANS LA CHUTE D'UN BATIMENT.

Si plusieurs personnes respectivement appelées à se succéder viennent à périr ensemble dans un naufrage ou par suite de la chute d'un bâtiment,

Les schafiits et les azemites résolvent le problème de la même manière.

Schiites.   *Schafiites et azemites.*

de sorte qu'il n'y a pas moyen de savoir laquelle est décédée la dernière ; elles se succèdent universellement l'une à l'autre, et la masse qui en résulte passe aux héritiers légitimes de chacun de ces *commorientes.* Si par exemple quatre frères sont décédés ensemble, dont l'aîné possédait 150 dinares, le puîné 90, le premier cadet 300 et le deuxième cadet 0, les trois plus jeunes héritant du frère aîné chacun 50 dinares ; les trois autres héritent chacun 30 dinares du frère puîné, et enfin les trois autres héritent chacun 100 dinares du premier cadet, sans tenir compte de l'augmentation du patrimoine de chacun résultant de cette succession réciproque.

Delà, il résultera que la succession du frère aîné sera de 130 ; celle du puîné, de 150 ; celle du premier cadet 80 ; celle du deuxième cadet de 180.

V. D'APRÈS LE DROIT DE SUCCESSION DES IDOLATRES.

Chez les idolâtres *medjus*, il est d'usage de se marier aux degrés de parenté défendus par la loi musulmane ; ainsi le fils peut épouser sa mère et en avoir des enfants.

D'après l'avis de quelques juristes, tel que Yunis Ibne Abdurrehmon Muheki, les ido-

De pareilles unions sont illicites et n'engendrent pas de droit de succession.

Schiites.

lâtres qui ont fait un pareil mariage, et les enfants qui en sont issus n'acquièrent aucun droit de succéder. L'opinion contraire est embrassée par d'autres jurisconsultes et notamment par Scheich Müfid et Muchtor Ibre Schadon. De sorte que quand le fils a épousé sa mère, et décède sans en avoir d'enfants, elle prend la moitié comme veuve, et le tiers comme mère.

Schafiites et azemites.

§ 7. La personne choisie par les héritiers pour procéder au partage ou désignée à cet effet par le kadi, doit être majeure, de religion musulmane, saine d'esprit, de bonnes vie et mœurs et jouissant de la considération publique. — Elle s'appelle *kasim* et reçoit un salaire de toutes les parties intéressées au partage.

Le partage a pour objet des choses de même espèce *mütesgwi ul-edjzo*, ou des choses d'espèce diverse : *mütefowit ul-edjzo*.

Dans le premier cas, le partage ne présente aucune difficulté : dans le second cas, le kasim doit prendre en considération, non-seulement le nombre ou la quantité des choses, mais encore la qualité, bonté et valeur.

Si une chose est telle qu'elle ne puisse être partagée sans perdre toute sa valeur, le sort doit décider auquel des cohéritiers elle sera allouée. Pour atteindre ce but, le kasim procède au tirage au sort de la manière suivante : Il peut faire autant de lots qu'il y a de parties partageantes, il écrit ces lots sur des billets, et fait tirer un de ces billets par chaque partageant qui en reçoit le contenu ; ou bien, il peut faire un certain nombre de billets égal à celui des lots, écrire sur ces billets des numéros correspondants à ceux qu'il a tracés sur les lots, et faire tirer par un non-partageant un billet pour chaque partageant.

Si une chose ne peut pas être partagée, l'usufruit peut en être adjugé à un des cohéritiers, à charge par lui de servir aux autres leur part dans les fruits ou revenus de cette chose.

Avant tout partage de succession, il faut en employer les valeurs au payement des frais funéraires, des dettes du défunt, et à l'acquittement de tous les dons qu'il a faits dans un but agréable à Dieu.

Dans le partage, on comprend sans distinction, les meubles et les immeubles, les propres et les acquêts.

Les dettes qui ne se révèlent qu'après le partage, sont poursuivies contre chacun des héritiers dans la proportion de sa part héréditaire.

L'action en rescision contre un partage lésionnaire ne peut être intentée que sur le témoignage de témoins : sinon, on défère aux cohéritiers défendeurs le serment qu'ils ne croient pas que le partage ait été injuste.

Si la critique est justifiée, le partage est rescindé.

CHAPITRE IV.

Schehodet, le témoignage.

Sources.

Neil ul-merom, partie IIe, p. 210-215. — *Bist bob*, p. 521. — *Kesch enwor*, p. 871. — *Helil idjoz*, p. 511. — *Ichtelofot ul-erb'e*, p. 292.

Mouradgea d'Ohsson, vol. VI, p. 214.

§ 1. Tout musulman est tenu de fournir son témoignage sur les faits qui sont à sa connaissance, lors même qu'il y a lieu de témoigner contre ses parents ou ses amis.

Son absence seule l'affranchit de cette obligation. Celle-ci n'est pas même suspendue pendant l'*e'tikof* : on a vu ci-dessus qu'il est obligé d'interrompre ses pratiques expiatoires pour apporter son témoignage en justice, quand il en est requis.

Les malades peuvent déposer chez eux ou par l'intermédiaire des mandataires qu'ils ont à nommer en présence de témoins.

Celui qui refuse son témoignage est puni. Le témoignage ne

doit pas être le résultat de la menace ou de la contrainte, mais l'expression de la volonté libre et de la vérité.

§ 2. Ne sont aptes à témoigner en justice que ceux qui réunissent les sept conditions suivantes :

1) *Majorité, bulugh.*

Le témoignage des mineurs n'est point admis; néanmoins, et d'après l'interprétation de certains docteurs de la loi, on peut dans les affaires criminelles, admettre comme témoins les enfants âgés d'au moins dix ans. Mais de tels témoins doivent être plusieurs, et leurs dépositions doivent concorder.

Autres sectes. Les schaflites et les azemites n'admettent dans aucun cas le témoignage des mineurs.

Observation. Les personnes très-âgées sont mises sur la même ligne que les mineurs, quant à leur idonéité comme témoins.

2) *Pleine jouissance de la raison, 'ekl.*

Le témoignage de ceux qui ne sont pas sains d'esprit, est inefficace : néanmoins, le juge peut l'admettre s'il a la conviction que le malade a perçu le fait dont il dépose, dans un intervalle lucide, et qu'il est dans un pareil cas au moment où il dépose.

3) *Croyance orthodoxe, iman.*

Un infidèle n'est point admis à témoigner en justice, ni pour ni contre un musulman, parce qu'on suppose qu'il agit sous l'influence de la peur ou de la partialité.

Cette qualité doit être clairement constatée chez le témoin par l'assurance du *hakim scher'e* ou par des témoins. Les renégats, *mürtedd*, sont incapables d'être témoins.

4) *Bonnes vie et mœurs, 'edolet.*

Le témoin doit être connu pour une personne honnête et n'être ni accusé ni convaincu de vices graves. De légères fautes n'ôtent pas l'idonéité à un témoin.

Celui qui repousse les lois fondamentales de la foi religieuse, n'est pas admis à témoigner ; il n'en est pas ainsi des dissidences qui font les sectes et qui ne portent que sur des règles subsidiaires.

Celui qui tient des propos impudiques et qui injurie les autres par des expressions indécentes, ne peut pas être témoin (s'il ne s'est point rétracté et n'a pas manifesté ses regrets).

Sont non idoines à être témoins :

Les personnes qui s'adonnent avec passion à la danse, aux jeux ; par exemple au jeu de cartes, au jeu de dames, au jeu d'échecs, au jeu de dés, etc., peu importe qu'ils jouent pour de l'argent ou non, — les bateleurs, ceux qui boivent du vin, ceux qui, en temps de paix, portent des vêtements de soie, sont également rejetés comme témoins.

Tout témoin est responsable de la sincérité de sa déposition.

Si un plaideur produit sciemment de faux témoins sur la déclaration desquels le juge lui adjuge un certain objet, cet objet est réputé à jamais illégalement acquis et est *herom*. — *Secus*, si ce plaideur n'a pas agi sciemment.

5) *Absence de soupçons, irtifo'e tühmet.*

Il ne doit point y avoir de cause susceptible de faire croire que le témoin ne dira pas toute la vérité à raison de ses rapports avec l'une ou l'autre des parties. En conséquence, sont reprochables :

L'associé relativement à une affaire où il est intéressé ;

Le débiteur envers son créancier ;

Le maître envers son affranchi ;

L'héritier testamentaire, dans les affaires litigieuses de la succession ;

Le mandataire, dans les affaires de son mandat ;

S'il y a inimitié de la part du témoin.

La preuve de l'existence de l'inimitié résulte de ce que ce témoin aurait dit qu'il se réjouit du malheur de tel des plaideurs et qu'il s'afflige de son bonheur.

Autres sectes. Les schafiites et les azémites admettent ce témoignage d'un ennemi, quand il est favorable.

Si l'inimitié a son motif dans des discussions de religion, le témoignage sera admis comme valable, s'il est favorable au plaideur.

La liaison, les relations personnelles et la parenté, quelque rapprochée qu'elle soit, ne sont pas des causes de reproche. Il n'y a que les enfants dont le témoignage n'est pas admis contre leurs parents : il est admis si ce témoignage leur est favorable.

Autres sectes. Chez les schafiites et les azemites, au contraire, le témoignage des enfants n'est admis contre leurs parents qu'autant qu'il est défavorable à ceux-ci : le témoignage des parents contre les enfants est également admis sous la même condition.

Les époux peuvent témoigner l'un pour l'autre.

Autres sectes. Les azemites n'admettent pas ce témoignage, ni pour, ni contre.

Quand un témoin a reçu d'un des plaideurs un cadeau, l'autre a le droit de le reprocher, parce que cet acte trouble la sincérité du témoignage.

Un salaire est dû aux témoins dans les procès relatifs aux mariages.

Le témoignage des domestiques et des hôtes est valable quand il est favorable au maître ou à l'amphitryon ; au contraire et d'après le livre azemite *durr ul-muchtor*, le témoignage du maître n'est pas admis en faveur de ses domestiques.

Quand un mineur, un idolâtre, un homme taré *fosik*, ont servi de témoins sans avoir été reprochés parce que la cause de leur indignité ignorée, à l'ouverture de l'audience, ne s'est révélée qu'après, leur témoignage reste valable si les causes de cette indignité n'existent plus au moment où l'on voudrait critiquer ce témoignage, par exemple le mineur est devenu majeur, l'idolâtre a embrassé l'islanisme, le mauvais sujet s'est amendé.

Le témoignage de l'esclave contre son maître n'est pas reçu, à moins, suivant l'avis de certains jurisconsultes, que ce témoignage ne soit favorable au maître.

6) *Connaissance de ce sur quoi doit porter le témoignage 'ilm.*

Il faut que le témoin ait une connaissance exacte de l'objet de son interrogatoire ; il faut qu'il ait vu de ses yeux ou entendu de ses oreilles, ce qu'il rapporte.

On appelle *schahide esl* le témoin oculaire et *schahide fer'e*, le témoin auriculaire.

L'affirmation du témoin qu'il a vu de ses yeux ce qu'il rapporte, est indispensable dans les crimes graves, comme le meurtre, l'adultère, les actes de violence, de même que dans le témoignage relatif à la naissance et à la parenté par la nourrice.

Des témoins auriculaires sont suffisants quand il s'agit de la naissance et de la mort en général, de la possession, etc.

Autres sectes. Les azemites admettent le témoignage par ouï-dire dans les cas qui ont rapport au *hukuk un-nos*, mais non au *kesos*. (Voy. ci-dessous, section 4, chap. 3.)

Aucune affaire ne peut être décidée sur le seul témoignage de personnes qui ne la connaissent que sur ouï-dire; si cependant il y a un témoin oculaire, deux témoins par ouï-dire peuvent tenir lieu de second témoin oculaire. D'après l'opinion de quelques jurisconsultes, un seul témoin par ouï-dire suffit quand il y a un témoin oculaire.

Dans les cas suivants, un témoin par ouï-dire remplace un témoin *de visu* :

a. Quand un témoin *de visu* charge quelqu'un de faire une déposition en son lieu et place.

b. Quand une personne répète la déposition d'un témoin *de visu* par elle entendue quand ce témoin la faisait au kadi ou au hakim scher'e.

c. Quand une personne dépose sur ce fait qu'un autre a déposé sur certain point en faveur d'une personne déterminée.

On n'admet les témoins par ouï-dire que lorsqu'il est impossible de produire les témoins *de visu*.

Quand une personne manifeste qu'elle sait quelque chose relativement à l'objet d'un procès, elle est tenue de comparaître comme témoin si elle est requise : elle peut néanmoins être repoussée s'il est établi qu'elle a été excitée à faire cette manifestation par la partie qui n'avait pas le droit de produire des témoins.

Les déclarations de ceux qui n'ont pas été appelés en témoignage par les parties, ne sont pas admises dans les procès civils; mais néanmoins on en tient compte dans les infractions aux préceptes de la religion et dans les causes embrouillées.

7) Une origine sans tache, *tehoret meuled*, c'est-à-dire une naissance légitime. Le témoignage de ces personnes est admis au grand criminel, mais non en matière civile.

Autres sectes. Les schafiites et les azemites admettent sans restriction le témoignage des personnes de naissance illégitime.

§ 3. En ce qui concerne le nombre de témoins exigé dans les divers cas, il faut revenir à la distinction déjà faite ci-dessus des lois qui émanent de Dieu *hukuk ullah* et de celles qui émanent des hommes *hukuk un-nos*.

Dans les affaires réglées par le *hukuk ullah*, il faut au moins deux témoins mâles; le témoignage d'un seul homme, fût-il appuyé de celui de cent femmes, n'est pas plus efficace que le serment du demandeur en divorce.

Dans les crimes d'adultère, de commerce contre nature entre femmes et de pédérastie, il faut le témoignage de quatre hommes ou de trois hommes et de deux femmes, ou de deux hommes et de quatre femmes.

Les crimes de sodomie, de vol, d'usage de boissons prohibées et d'apostasie, doivent être prouvés par deux témoins mâles au moins.

Autres sectes. En matière d'adultère, les schafiites et les azemites exigent quatre témoins mâles. Pour les autres crimes et en matière de *kesos*, ils tiennent pour nécessaire le témoignage de deux hommes, et n'admettent absolument pas celui des femmes.

§ 4. Dans les choses relatives à *l'hukuk un-nos*, il peut y avoir trois sortes de témoignages :

1) Le témoignage de deux hommes au moins, et notamment dans les choses qui concernent le divorce, la collation d'un mandat, l'expression d'une dernière volonté, la parenté, le lever de la lune, notamment pour la fin de la fête du Radaman au 1er du mois Schewal, à la fête *Fitr*.

2) La déposition d'un homme et de deux femmes ou le serment du plaignant dans les choses qui concernent la vindicte, le mariage, l'affranchissement d'un esclave, les dettes, le commerce, la possession violente, la conclusion des contrats, le gage, l'amende expiatoire pour un meurtre, et la consécration.

3) La déposition des femmes dans les constatations de naissance, de vices de conformation des femmes, de marques de nubilité et de parenté par la nourrice.

§ 5. La valeur et le degré de confiance des témoins varie.

Le témoignage d'un homme honorable, *adil*, d'une vie notoirement honnête, est préféré à celui d'une personne d'une conduite moins irréprochable, et par conséquent d'une personne dont la moralité est suspecte.

Si la déclaration d'un témoin *de visu* contredit celle d'un témoin par ouï-dire, la première l'emporte sur la seconde.

Si un témoin *de visu*, présent quand a déposé un témoin par ouï-dire, ne demande pas immédiatement à rectifier, et ne le fait qu'après que le *hakim scher'e* a prononcé, il n'y a plus lieu de réformer ; mais si le hakim scher'e, avant de statuer, provoque un témoignage *de visu* qui vient contrecarrer le témoin par ouï-dire, il doit prononcer conformément à la déclaration de ce témoin oculaire.

La preuve testimoniale est complète, s'il n'y a pas de contradiction entre les témoins sur l'essence de la chose. Par exemple : l'un dira qu'un individu s'est emparé violemment d'une chose ; l'autre dira que c'est par fraude, il n'y aura point contradiction ; car on est d'accord sur l'illégitimité de la prise de possession (Voy. le chap. suivant : *ghesb*.)

Quand les dépositions des témoins s'entre-détruisent, le hakim scher'e peut accorder au demandeur le serment et modifier sa demande, et alors on se base, pour la décision du procès, sur les dépositions qui coïncident avec la demande modifiée du demandeur.

Autres sectes. En cas de contradiction des témoins, les azemites n'accordent foi ni aux uns ni aux autres : les schafiites admettent que s'il n'y a contradiction que sur la quantité et non sur l'essence même, il faut accueillir les témoignages qui posent la quantité moindre ; c'est au demandeur à produire de nouvelles preuves pour la différence. En conséquence, si un témoin vient dire que la dette est de 100 dinars, un autre qu'elle est de 200, on n'admet comme prouvé que la dette de 100.

De même, quand il y a dans les dépositions des témoins divergence sur le terme de payement, c'est au demandeur à corroborer par son serment lequel des deux est le véritable.

Nul crime prouvé par témoins ne peut rester impuni, et nulle action civile, également prouvée par témoins, ne peut être rejetée ni privée d'exécution.

DEUXIÈME SECTION.

Dispositions relatives au droit de propriété.

CHAPITRE Ier.

Ghesb, de la possession violente et injuste.

Sources.

Neil ul-merom, partie II, p. 169-172. — *Bist bob*, p. 326-332. *Keschf enwor*, p. 310-325. — *Helil idjoz*, p. 212-216. — *Ichtelof ul-erb'e*, p. 153-156.

Mouradgea d'Ohsson, vol. VI, p. 339-343.

On appelle *ghesb*, toute action par laquelle une personne s'empare de la propriété d'autrui, sans se conformer aux règles du *scher'e* sur l'acquisition du droit de propriété (c'est-à-dire aux dispositions des livres *Ekudot* et *Eikoot* sur les contrats et les obligations.)

La chose injustement acquise s'appelle *mäghsub*, et le possesseur injuste *ghasib*.

Si cet acte par lequel on s'est emparé de la chose d'autrui est fait avec mystère, ce n'est plus un *ghesb*, mais un vol (Voy. ci-dessous, section 4, chap. 2, § 5.)

Tout musulman est tenu de restituer au véritable propriétaire une chose, dès qu'il apprend qu'elle est *mäghsub*, et l'on tient pour *herom*, illégal, de se servir d'une pareille chose, dès qu'il est certain qu'elle est *mäghsub*.

Autres sectes. Chez les azémites on ne tient pour *herom* que la prise de possession illégale d'une chose, mais nons pas l'usage qu'on en fait.

Le *ghesb* n'est pas puni d'une autre peine que celle pour le possesseur injuste, de restituer la chose au propriétaire et de répondre de son intégrité; si elle périt, il en doit payer la valeur,

De même le *ghasib* qui s'est mis injustement en possession d'esclaves ou de pièces de bétail, répond envers le propriétaire de tout accroissement de la chose et ne peut réclamer aucune indemnité pour augmentation de valeur de cette chose pendant tout le temps qu'il l'a détenue, par exemple, pour les réparations faites à une maison, les soins donnés à l'éducation d'un esclave, ou à l'entretien des bêtes.

Mais celui qui a cultivé le champ qui ne lui appartient pas, sans l'assentiment du propriétaire, acquiert le droit d'enlever la moisson, seulement à condition de payer au propriétaire *idjret ulmithl*, c'est-à-dire une somme équivalente au prix de location que le propriétaire en eût retiré.

Autres sectes. Les schafiites et les azemites laissent à ce propriétaire l'option, ou bien de se faire payer le prix ordinaire du bail, ou de forcer le possesseur qui a agi sans droit d'enlever ses semences et plantations.

Si le *ghasib* vend ou transporte ailleurs la chose par lui injustement acquise, il doit, sur la demande du propriétaire, la remettre en sa place primitive, pour l'y livrer à ce propriétaire. Du reste, celui-ci a le droit de réclamer sa chose ou de s'en faire payer la valeur, non-seulement par le *ghasib*, mais par quiconque la possède, en connaissant la vicieuse origine.

Il peut reprendre sa chose là où il la trouve dès qu'il démontre son droit de propriété.

Celui qui sciemment achète la chose que lui vend celui qui n'en a pas la propriété, doit en répondre au propriétaire et n'a point dans ce cas de recours contre le *ghasib*. Mais s'il ignorait lors de la vente et de la livraison, que la chose par lui achetée était *mäghsub*, il doit sans doute la rendre au propriétaire; mais le *ghasib* seul répond dans ce cas des dommages-intérêts de ce propriétaire.

S'il y a contestation sur la valeur de la chose, le propriétaire en est cru sur son serment.

Autres sectes. Les schafiites et les azemites, en cas de contestation, défèrent le serment au *ghasib*.

CHAPITRE II.

Schuf'e, droit de préemption ou droit de voisinage.

Sources.

Neil ul-merom, IIe partie, p. 172-175.

Bist bob, p. 217-230. — *Kesch enwor*, p. 325-329. — *Ichtelofot ul-erb'e*, p. 156-160.

Mouradgea d'Ohsson, vol. VI, p. 93-98.

Macnaghten, *Princip.*, etc., chap. IV, p. 47-49 ; — p. 181-196.

Le sens de ce mot *Schuf'e* est que, dans l'aliénation d'une chose indivise, le copropriétaire (appelé en droit musulman : *scherik*, associé, a un droit de préférence en vertu duquel il peut acquérir la part indivise aliénée ou offerte à un tiers.

Première remarque. Les Azémites admettent aussi en faveur du voisin *Eldjor*, ce droit de préférence, néanmoins dans le cas seulement où il n'y a pas de copropriétaires indivis ou qui ne font pas usage de leur droit.

Deuxième remarque. Les copropriétaires sont, d'après le droit musulman, de deux espèces : copropriétaires par indivis et copropriétaires par contrat de société.

Celui à qui compète le droit de *schuf'e* s'appelle *schefi'e*, et la chose sur laquelle s'exerce ce droit, *meschfu'e*.

Ce droit de *schuf'e* ne peut s'exercer que dans les aliénations où le propriétaire reçoit l'équivalent de ce qu'il aliène ; — il n'a donc pas lieu dans les donations et dispositions à titre gratuit, dans les œuvres pies, dans les legs, dans un *maukuf*, objet consacré, et autres objets semblables.

Le droit de *schuf'e* ne s'exerce que sur les immeubles : *'ikor*, et sur ceux-là seulement qui sont divisibles et dont une portion peut être aliénée séparément. C'est pourquoi il ne peut pas s'exercer lors de la vente d'une salle de bains, d'un moulin, d'un canal d'irrigation, etc.

Le *schefi'e* doit immédiatement exercer son droit dès qu'il a connaissance de l'aliénation, et se mettre en état d'en payer la valeur : le vendeur n'est pas tenu de livrer la chose avant ce payement du prix. Tout retard et toute lenteur du *schefi'e* compromet son droit; il en est déchu, si présent lors de la vente de la portion de son copropriétaire, il a gardé le silence jusqu'après la conclusion du contrat.

Autres sectes. Les azemites disent que dès que la déclaration a été faite par le *schefi'e* qu'il exerce son droit de *schuf'e*, il n'y a pas de délai fixe déterminé dans lequel le droit devra être exercé sous peine de déchéance.

Il est accordé aux absents et à ceux qui ont laissé un fondé de pouvoir, trois jours de délai, à partir de la conclusion du contrat. Pour les mineurs et les insensés, ce sont leurs tuteurs qui doivent exercer le *schuf'e* qui leur compète : si ces tuteurs ont négligé de le faire, le mineur devenu majeur et l'insensé de retour à la raison peuvent encore exercer ce droit.

Autres sectes. Les sunnites fixent différents délais pour l'exercice de ce droit, par celui qui est absent. Certains juristes fixent un an, d'autres un an et vingt jours, et d'autres plus ou moins.

Le droit *schuf'e* passe aux héritiers de ceux qui ont été copropriétaire de la chose vendue.

Autres sectes. Chez les azemites, ce droit meurt avec la personne de celui à qui il compétait.

Le *schefi'e* paye pour la chose vendue le prix pour lequel elle avait été vendue par le propriétaire, lors même qu'en réalité la chose serait d'une plus grande valeur.

Si cette chose a perdu de sa valeur depuis qu'elle est en possession de l'acheteur et par la faute de celui-ci, le *schefi'e* peut demander que le prix soit diminué proportionnellement; mais il n'est pas tenu de payer un prix plus élevé quand l'acheteur, depuis qu'il est en possession, a fait des améliorations à cette chose.

Il n'y a que les musulmans qui aient ce droit de *schuf'e*. Un infidèle ne peut pas y prétendre contre la propriété d'un musulman, tandis que celui-ci le peut contre la propriété d'un *kofir* (infidèle).

Autres sectes. Les schafiites et les azemites reconnaissent ce droit à tous les infidèles qui vivent sous le gouvernement musulman.

Si une chose a plusieurs copropriétaires, aucun d'eux ne jouit du *schuf'e*.

Autres sectes. Les schafiites et les azemites l'accordent en cas de plusieurs copropriétaires, et on tire au sert (küre) à qui l'exercera.

En cas de contestation sur la valeur de la chose vendue, on accorde au propriétaire originaire de prêter le serment à l'appui de son allégation.

CHAPITRE III.

Lükete, des choses trouvées.

Sources.

Neil ul-merom, part. II, p. 178-181. — *Bist bob*, p. 321-326. — *Keschf enwor*, p. 392-401. — *Helil idjoz*, p. 246-249. — *Ichtelof ul-erb'e*, p. 170-172.

Mouradgea d'Ohsson, t. VI, p. 129-130. V. p. 270-273.

§ 1. Dans l'idée générale de *lükete*, appartiennent :
1) Les enfants trouvés : *lekit;*
2) Les bêtes épaves : *zoleh* et les esclaves arrêtés :
3) L'invention des choses inanimées.
L'inventeur d'une chose s'appelle *mültekit :*

§ 2. Un principe général, en matière de *lükete,* c'est que si les parents d'un enfant trouvé ou le propriétaire d'une chose épave sont exactement connus, ce qui a été trouvé doit leur être remis sans retard.

Quand quelqu'un reçoit une chose en dépôt et apprend qu'elle a été volée ou acquise de toute autre manière illégale, il ne doit plus la restituer à l'acquéreur injuste, mais au véritable propriétaire. Si celui-ci est inconnu, la chose reste au dépositaire, qui doit la traiter comme chose trouvée.

Si le propriétaire veut retirer la chose trouvée, il doit prouver son droit par témoins.

Autres sectes. Chez les schafiites, la chose doit être rendue au propriétaire qui ne produit pas de témoins, s'il donne une exacte description de cette chose ; les azemites laissent le *mültekit* libre de restituer la chose ou d'exiger la preuve par témoins.

Si deux personnes prouvent leur droit de propriété sur la même chose, c'est le sort *kür'e* qui décide.

Autres sectes. Les schafiites remettent dans ce cas la volution au *koïf*.

Les *koïf* sont les personnes qui sont chargées de décider de la propriété des choses trouvées, par leur expérience personnelle, et en consultant principalement la ressemblance ou l'analogie. Du temps de Mahomet, c'étaient ceux de la race *koïf* qui étaient chargés de cette mission, et qui décidaient à qui devaient appartenir et être remis les enfants trouvés et les objets perdus. Les décisions émanent encore du *koïf*, dans la Transcaucasie, chez les peuplades nomades d'origine tartare, notamment en ce qui concerne les bêtes épaves.

§ 3. Un enfant, dont les parents sont inconnus, reste chez le *mültekit*, qui doit pourvoir à son entretien et à son éducation ; ce à quoi les autres musulmans peuvent l'aider.

Autres sectes. D'après les lois des schafiites et des azemites, l'entretien d'un enfant trouvé doit être fourni par le *beit ul-mol*, ou par des dons volontaires, ou par les personnes qui offrent d'y pourvoir gratuitement ; si personne ne se présente, le *mültekit* doit prendre soin de l'enfant.

Le *mültekit* doit être majeur, sain d'esprit et de la religion musulmane. S'il maltraite l'enfant ou s'il lui donne de mauvais exemples, l'autorité peut lui retirer l'enfant, et le confier à un plus digne.

Quand il a atteint sa majorité, cet enfant trouvé a le choix ou de rester comme esclave chez le *mültekit*, ou de réclamer sa liberté, mais à charge par le *lekit* de rembourser au *mültekit* tous les frais qu'il lui a occasionnés. Néanmoins l'obligation de ce remboursement dépend encore de ce que le *mültekit* affirmera par serment n'avoir pas pris cet enfant pour l'amour de Dieu *teberru'en*, mais dans l'intention de se rembourser de ses dépenses, si le *lekit* ne voulait pas rester son esclave.

Autres sectes. Chez les schafiites et les azemites, le *lekit* ne devient jamais, dans aucun cas, l'esclave du *mültekit;* mais celui-ci peut demander remboursement de ses impenses : 1) s'il ne l'a point élevé *teberu'en* pour l'amour de Dieu; 2) s'il l'a pris sur l'ordre du kadi et avec la réserve de réclamer plus tard un dédommagement; 3) quand, sans que le kadi ait ordonné de prendre cet enfant, celui-ci reconnaît avoir été entretenu par le *mültekit.*

§ 4. Les esclaves et les animaux trouvés doivent être restitués à leur propriétaire qui les réclame, et celui-ci est tenu de rembourser au *mültekit* tous les frais qu'il a faits pour l'entretien et la garde; frais dans lesquels il y a lieu de tenir compte des services rendus et des travaux faits au profit du *mültekit.*

Autres sectes. Pour l'indemnité en cas d'esclaves et d'animaux trouvés, les schafiites et les azemites suivent les mêmes règles que celles ci-dessus indiquées en cas d'enfants trouvés.

On ne peut prendre sous sa garde les bêtes appartenant à un autre que lorsqu'elles manquent visiblement de nourriture et de surveillance, et qu'elles en souffrent.

Autres sectes. Chez les schafiites et les azemites, il est obligatoire *wodjib* de prendre sous sa protection les esclaves ou les bêtes qui sont exposés à périr dans un danger; il n'est que conseillé, *sunnet,* de s'en occuper, quand ils ne courent pas danger de mort.

Le *zoleh,* l'animal épave est vendu sur l'ordre du hakim scher'e, s'il est à craindre qu'il ne se détériore ou qu'il ne meure. Le prix est réservé pour le propriétaire qui le retire dès qu'il se présente avec la preuve de son droit de propriété [1].

Le *mültekit* garde le *zoleh* pendant un an, et le fait ensuite vendre.

§ 5. Aucune chose inanimée trouvée valant plus d'un *dirhem,* ne peut être l'objet d'un usage ou d'une location, sans le consentement de son légitime propriétaire.

Autres sectes. Chez les schafiites et les azemites, une épave, de quelque modique valeur qu'elle soit, est régie par les règles générales du *lükete.*

---

[1] Le soin de recueillir les animaux épaves est en Transcaucasie dans les attributions des autorités de police.

Une épave doit être soignée et conservée pendant un an.

Autres sectes. Chez les azemites, quand l'épave ne vaut pas grande chose (moins de dix grammes d'argent), on n'est tenu de la conserver que pendant huit à dix jours.

Si après ce délai annal le propriétaire ne se fait pas connaître, le *mültekit* se sert de la chose comme il lui plaît, néanmoins il n'en devient jamais complétement propriétaire, et il en reste toujours responsable envers le propriétaire qui se représenterait.

Après une année, la chose peut-être vendue. Le prix est mis de côté jusqu'à ce que le propriétaire se présente, ou bien distribué en aumônes en son nom.

Les vivres trouvés doivent être consommés : on les estime d'abord et la valeur en est remise au hakim scher'e, pour la restituer au propriétaire ou pour la distribuer en aumônes.

Tout ce qui est trouvé dans le désert ou enfoui dans la terre, ou dans les intestins des animaux, ou dans le sein des eaux, sans qu'on puisse en connaître le propriétaire, devient la propriété entière de l'inventeur.

Autres sectes. Les schaflites et les azemites appliquent le principe général sur les *lûkete*, aux choses trouvées dans les eaux ou dans les entrailles des animaux.

CHAPITRE IV.

Ihyo ul-mewot, de la culture des terres non cultivées.

Sources.

Neil ul-merom, part. II, p. 175-178. — *Keschf enwor*, p. 367-377. — *Helil idjoz*, p. 232-236. — *Ichtelofot ul-erb'e*, p. 165-167.

Worms, *Recherches sur la propriété dans les pays musulmans.*
Mouradgea d'Ohsson, t. VI, p. 122-124.

Ducaurroy, *Sur la propriété; journal asiatique* de juillet 1848.

Tout terrain est ou

1) *obodon* ou *'omere,* cultivé, travaillé.

2) *cherob* ou *mewot,* désert, non cultivé.

Sur le terrain par lui cultivé, le propriétaire a le droit absolu de disposition, et nul ne doit rien y entreprendre. Tout ce que contient ce terrain, tels que fossés, arbres, sources, etc., appartient également à ce propriétaire du fonds.

On appelle *mewot* toute terre dont on ne tire pas partie, qui n'est point cultivée, que ce soit faute d'eau, mauvaise situation ou toute autre cause.

Toute terre de cette espèce appartient à l'imam. Celui qui veut la travailler doit lui demander l'autorisation, sans laquelle il ne deviendrait pas propriétaire d'une pareille terre. S'il n'y a pas d'imam, chacun peut mettre un pareil terrain en culture et en profiter; mais dès qu'un imam vient dans le pays, il dépend de lui de retirer ou de laisser le terrain à celui qui était en train de le cultiver.

Autres sectes. Parmi les azémites, les avis sont partagés. L'imam Abu Hanife pense comme les schiites qu'une permission de l'imam est nécessaire; mais ses disciples Abu Yusuf et Mahomet pensent comme les schiites qu'il n'est pas nécessaire d'obtenir de l'imam une autorisation pour mettre un terrain en culture et pour en devenir propriétaire.

D'après les prescriptions du *scher'e*, il faut, pour qu'un fonds devienne la propriété de celui qui l'a défriché, la réunion des cinq conditions suivantes :

1) Une autorisation formelle de l'imam de cultiver, excepté chez les schafiites, qui ne l'exigent pas.

2) Il faut que le terrain soit *muboh,* susceptible d'être acquis, notamment non possédé par un musulman.

3) Le terrain à acquérir ne doit pas usurper sur les limites légales de la possession d'un autre.

La loi règle comme limites d'un immeuble : pour un chemin, un espace de 5 à 7 *zero'e;* pour un bassin et un vivier, même espace tout autour;

Pour un puits, 60 *zero'e;*

Pour une source, dans un terre légère, 1,000 ;

— dans un sol rocailleux, 500;

Pour les murs, on prend comme ligne de voisinage le point

jusqu'auquel atteindraient les pierres en cas d'écroulement du mur;

4) Que ce terrain n'ait point été antérieurement destiné, avec l'autorisation du hakim scher'e, à recevoir une construction agréable à Dieu, telle qu'une mosquée;

5) Qu'un autre n'ait pas déjà, avec l'autorisation de l'imam, commencé à travailler sur ce terrain.

Quand l'imam a donné son consentement, il faut que le terrain soit mis en état de culture, ou du moins qu'elle soit commencée dans le délai de trois ans; si après ce délai il n'y a rien de fait dans ce but, le terrain peut être donné à un autre, et le droit du premier concessionnaire s'éteint.

Quand quelqu'un veut devenir propriétaire d'un bien *mewot*, il ne suffit pas qu'il annonce son intention de le travailler, et qu'il en donne comme preuves qu'il l'a entouré d'un mur, qu'il l'a purgé de cailloux, sillonné de canaux et de fossés, etc.; mais il doit procéder réellement à la culture ou exploitation de ce fonds en le labourant, le semant, en y construisant des bâtiments, etc.

Au reste, cette matière dépend beaucoup des usages qui varient dans les différents pays musulmans *'urf we 'adet*, pour changer un terrain *cherob* ou *mewot*, c'est-à-dire un terrain ni défriché, ni cultivé en un terrain défriché et cultivé. Dans les terrains forestiers, marécageux, couverts de roseaux, il suffit, par exemple, d'abattre des arbres et d'extirper des roseaux, pour qu'il y ait preuve de l'intention de cultiver.

Le puits que le propriétaire creuse dans son fonds et la source qu'il y découvre, sont sa pleine propriété.

Il en est de même des mines d'or et d'argent qu'il a découvertes dans les entrailles de la terre par des travaux spéciaux. Les sources qui se montrent à la surface de la terre, sans l'aide de l'homme, et qui constituent les rivières, les ruisseaux et les fleuves ne peuvent pas être la propriété des particuliers; beaucoup de juristes doutent même que le sultan ait le droit d'en concéder la jouissance exclusive à certains particuliers.

Le Koran, chap. II, v. 27, s'exprime ainsi sur le droit de propriété en général :

« Tout ce qui est sur la terre, Dieu l'a créé pour vous. »

De là les juristes musulmans déduisent la conséquence que

tout ce qui n'est pas en la possession d'un musulman, peut être acquis par occupation par le premier musulman venu. Ces choses s'appellent *muboh*, libres, *res nullius*, appartenant au premier occupant. Le prophète dit : « Les hommes sont en communauté pour trois choses : l'eau, le feu et l'herbe. » De là, disent les musulmans, tout ce qui existe sans la main de l'homme et qui peut être de quelque utilité, est de commune propriété, comme, par exemple, les forêts, les arbres fruitiers non plantés par l'homme, les prairies et les cours d'eau, quand même cela se trouverait compris dans des limites privées.

Les lieux que nul n'a en propriété et ceux qui appartiennent à tous, comme les mosquées, les rues, places publiques, routes, etc., sont à l'usage d'un chacun ; mais nul ne peut en devenir propriétaire : de sorte que quand l'un quitte sa place dans un pareil lieu, un autre peut venir l'occuper, et le premier, quand il revient, n'a pas le droit de l'en déloger. Chacun est néanmoins tenu d'user de ces choses, de manière à n'en point entraver l'usage des autres, comme, par exemple, de s'asseoir au milieu du chemin ou de la rue, ce qui empêcherait le passage.

TROISIÈME SECTION.

Dispositions relatives à certains points de la vie.

CHAPITRE Ier.

Seid we zebohet, de la chasse et de l'abatage des animaux.

Sources.

Neil ul-merom, partie IIe, p. 156-163. — *Bist bob*, p. 461-475. — *Keschf enwor*, p. 809-820. — *Helil idjoz*, p. 169-174. — *Ichtelof ul-erb'e*, p. 113-116.

Ducaurroy, *Législation musulmane*, journal asiatique, 1848, juillet ; 1849, février.

§ 1. La chasse est de deux espèces : *seid ul-behr*, la chasse dans l'eau, la pêche; et *seid ul-beer*, la chasse sur terre (Coran, chap. V, v. 97).

On ne peut se livrer à la chasse que sur les animaux sauvages et en état de liberté, dont la chair peut servir d'aliments ou dont la destruction est utile au bien public ou particulier.

Les animaux pris à la chasse ou à la pêche ne peuvent être employés que dans un but autorisé par la loi, comme la nourriture, les préparations médicinales, etc. Il est défendu de chasser ou de pêcher dans le but d'enfermer des bêtes dans des cages, de les dresser et de s'en servir pour son plaisir.

On ne doit chasser qu'avec des chiens dressés et qui obéissent à la voix du chasseur. Il faut que ce soit un musulman qui les tienne en laisse et qui les lance sur le gibier. Chaque fois que les chiens sont lancés, il faut s'écrier *bis millah!* au nom de Dieu! Il en est de même à la chasse du faucon, de l'autour et des autres oiseaux de proie.

Si toutes ces règles ont été observées, tout ce que les chiens ont fait lever est réputé *helol, sans impureté*, lors même que les chiens auraient touché le gibier.

A la chasse avec des chiens, il faut avoir bien soin que les chiens ne perdent pas la piste du gibier, car ils pourraient atteindre un gibier levé par un autre chasseur, ce qui rendrait cette proie *herom*.

Dès qu'il est douteux si une pièce de gibier a été tuée par un chasseur qui l'a lancée, ou si elle était déjà tuée par un autre, on ne doit pas user de sa chair.

Est illégale la chasse accomplie avec les armes, les chiens ou les oiseaux de proie appartenant à un tiers qui n'y a pas donné son consentement. Le chasseur, en pareil cas, doit abandonner au propriétaire le produit de la chasse, ou s'entendre avec lui pour l'indemniser.

§ 2. En ce qui concerne l'abatage des animaux *zebohet*, il y a trois choses à considérer :
1) Le *zobih*;
2) Les *alete zibhe*;
3) Les *keifiyet zibhe*.

1) *Zobih*, le tueur, doit, chez les schiites être musulman, sinon toute la viande de l'animal est *herom*. Ils ne tiennent pas

pour *helol* la viande de l'animal abattu par un sunnite, parce que les sunnites sont ennemis de l'imam, successeur d'Ali. Du reste, ils accordent ce droit d'abattre les bêtes à tout musulman, sans conditions d'âge ni de sexe.

Autres sectes. Les sunnites ne tiennent pas pour indispensable que l'abatteur soit musulman ; il peut être juif ou chrétien, *ehli kitabiyeh*, pourvu que ce ne soit pas un idolâtre, *medjus*, ni un rénégat, *mürtedd*. Mais les sunnites exigent que le *zobih* soit majeur et sain d'esprit, et ils conseillent de ne pas manger la viande des bêtes abattues par un eunuque, un hermaphrodite ou un musulman notoirement vicieux.

2) *Alete zibh;* ce sont les instruments pour abattre. Ils doivent être de fer, et, à défaut, de bois ou de pierre.

D'après l'interprétation de quelques jurisconsultes, il est permis de dépécer la bête avec les ongles et les dents.

3) *Keifiyet zibh;* ce sont les usages et les règles à observer pour l'égorgement.

Les usages consistent en ce qu'il faut d'abord percer le conduit alimentaire *mero*, puis les voies respiratoires *hülkum*, puis les veines qui y aboutissent *dutschon*.

Parmi les règles, il y a les suivantes :

a. La bête doit avoir la tête tournée vers *keble*.

b. Il est indispensable, en frappant, de crier *bis millah :* on peut aussi dire *Allah ekber* « Dieu est grand ! »

c. Il faut qu'après le coup l'animal s'agite encore, ou du moins qu'il saigne abondamment.

d. Avant d'abattre le chameau, conformément aux règles précédentes, il faut le percer d'une pique ou d'un poignard.

e. A moins de nécessité absolue, on ne doit point abattre le bétail avant le lever ou après le coucher du soleil, et le vendredi avant midi, à moins qu'il y ait une nécessité particulière.

f. Pour qu'une viande achetée au marché soit *helol*, permise, il suffit qu'elle ait été vendue par un musulman : il n'est pas nécessaire de s'enquérir par qui la bête a été abattue.

CHAPITRE II.

Et'ime we eschribe, du boire et du manger.

Sources.

Neil ul-merom, partie II, p. 163-169. — *Bist bob*, p. 475-485. — *Keschf enwor*, p. 824-829. — *Helil idjoz*, p. 447-480. — *Ichtelofot ul-erb'e*, p. 110-113.

§ 1. Les *poissons de mer, mohi.*

Toute espèce de poisson peut servir d'aliments, excepté ceux qui n'ont pas d'écailles et ceux qui tiennent du serpent : sont également prohibés les huîtres, les tortues et le chien de mer.

Autres sectes. Les schafiites et les azemites permettent de se nourrir des poissons sans écailles.

Les œufs et le frai des poissons permis, le sont aussi. Le poisson qui, quoique non prohibé, est retiré crevé de l'eau, devient *herom*, défendu.

§ 2. Les *quadrupèdes, behoim.*

On permet, en fait d'animaux domestiques, de manger le chameau, le bœuf et le mouton ;

Et en fait d'animaux sauvages :

L'antilope, le chevreuil et le cerf.

Le cheval, l'âne et le mulet sont *mekruh*, ce qui veut dire qu'il n'est pas *défendu*, mais *déconseillé* de s'en nourrir.

Il est défendu de manger :

Du chien, du porc, du chat, de la souris, du rat et de tout animal carnivore.

Autres sectes. Le lapin est permis chez les schafiites et les azemites, prohibé chez les schiites. Le renard et le cheval sont permis chez les schafiites, défendus chez les azemites ; les schafiites et les azemites défendent de se nourrir de la chair de l'âne.

Les animaux qui peuvent servir de nourriture deviennent *herom* dans les cas suivants :

1) Quand ils ont mangé des excréments humains ;
2) Quand ils ont bu du lait de truie ;
3) Quand ils ont bu du vin ;
4) Quand ils se sont accouplés à des animaux impurs.

Pour les purifier de nouveau, on procède par les moyens suivants, *istibro*. Dans le premier des cas ci-dessus, la purification dure, pour le chameau, quarante jours ; pour le bœuf et le mouton, vingt jours, et consiste à tenir l'animal séquestré et à le fourrager d'herbes pures. Dans le deuxième cas, la purification dure sept jours ; si l'animal, ainsi élevé avec du lait de truie, est un de ceux dont il est permis de se nourrir, il devient *herom* pour toujours. Dans le troisième cas, l'animal est abattu et sa chair lavée avec de l'eau, après quoi elle peut servir à la nourriture ; mais toutes les autres parties de l'animal restent impures. Dans le quatrième cas, la bête est à jamais prohibée.

§ 3. Les *oiseaux, tuyur*.

Tout oiseau de proie qui a des serres et n'a pas de jabot, *tschinedon*, pour conserver sa pâture, et celui qui fend l'air également de ses deux ailes, ne peuvent pas servir comme aliments.

Parmi les oiseaux privés, on permet de manger les pigeons, les perdrix, les coqs de bruyère, les alouettes et les moineaux.

§ 4. Il est défendu de se servir des détritus suivants, *djemodot* :

a. De toute bête crevée ;

b. Du sang, du foie, des parties génitales, des intestins et des artères des animaux abattus ;

c. De tout aliment sur lequel est tombée une chose impure.

L'aliment doit être préparé par le feu, et toutes les sectes sont d'accord que l'usage de choses impures pour le conserver, tel que du fumier, ne rend pas cet aliment impur.

d. D'aucune espèce de terre. Les schiites permettent d'employer celle du tombeau de l'imam Huscin, comme d'un moyen de guérison ;

e. De toute espèce de poison, excepté de ceux qui servent de remèdes, comme l'opium : *efiyun,* le sel ammoniac : *segmunio,* etc.

§ 5. Les *liquides, moi'ot.*
Sont défendus :

a. Toutes boissons enivrantes et ôtant la raison ;

b. Le sang, excepté celui qui se trouve dans la chair des animaux permis ;

c. Les boissons impures, soit par elles-mêmes, soit par le mélange ou le contact de choses impures ;

d. Le lait des animaux autres que ceux dont la chair est autorisée comme aliment.

§ 6. Ne peut être mangé tout ce que la loi déclare impur. Il est conseillé de ne pas manger en compagnie d'infidèles et des mêmes mets : il en est ainsi de manger avec les femmes pendant leurs menstrues.

Celui qui est en danger de mort, malade, ou qui perd ses forces, peut ne pas tenir compte des prescriptions de la loi, d'après ce verset du Koran : *femen isterre gheire boghin welo 'odin felo ithme 'aleihi,* ce qui veut dire : « Celui qui ne peut « pas faire autrement et qui manque de tout ne pèche pas en « mangeant de ce qui est défendu. » Néanmoins, en pareille occurrence, ou ne doit manger que ce qui est rigoureusement nécessaire pour réparer ses forces.

Il est conseillé de ne pas manger de ce qui se trouverait, quoique permis, sur une table où il y aurait des mets défendus.

Les mendiants qui souffrent de la faim et les pauvres musulmans doivent être nourris par ceux qui ont les moyens de le faire : si ceux-ci n'accomplissent pas ce devoir, ils peuvent être actionnés en justice, et ils sont responsables de la mort d'un mendiant qui aurait succombé à la faim après avoir vainement imploré leur charité.

Si ces mendiants qui ont ainsi vécu d'aumônes arrivent à bonne fortune, ils sont tenus, sur la demande de ceux qui les ont nourris et entretenus, de rembourser les dépenses faites dans ce but.

§ 7. En mangeant, il y a diverses règles à observer, *adobe te'om*.

Tout musulman doit, avant et après son repas, se laver les mains et les essuyer avec un linge.

L'eau pour cette ablution est passée d'abord aux convives assis à la droite de l'amphitryon, et ensuite à ceux de gauche.

Toute l'eau qui a servi à cette purification des mains doit, d'après l'usage actuel, être réunie dans un bassin.

Avant de manger et chaque fois qu'on lui présente d'un mets, le musulman doit dire *Bismillah!* A la fin du repas, il dit *elhemdu lillah,* gloire à Dieu!

L'hôte, dans un repas, doit être le premier à se servir de chaque mets, mais le dernier à en manger.

On ne doit manger que de la main droite, et la bienséance ne permet pas qu'on s'appuie sur les coudes ou qu'on se couche d'un côté [1]. Après le repas fini, il est permis de se croiser les pieds en mettant le droit sur le gauche, et de s'appuyer contre le mur ou contre les coussins.

---

[1] Cette forme d'urbanité a été empruntée aux habitudes de Mahomet. Le docteur Weil, dans la vie du prophète, p. 343, dit : « Il ne se couchait jamais en prenant ses repas, n'étendait jamais les jambes, mais les tenait croisées l'une sur l'autre. »

QUATRIÈME SECTION.

Dispositions pénales.

CHAPITRE Iᵉʳ.

Principes généraux du droit pénal et de l'instruction criminelle.

Sources.

Neil ul-merom, partie II, p. 216-225. — *Bist bob*, p. 523-538. — *Keschf enwor*, p. 752-784. — *Helil idjoz*, p. 440-452. — *Ichtelofot ul-erb'e*, p. 245-247.

Dulau, p. 62-68; p. 435-463.

Mouradgea d'Ohsson, t. VI, p. 243-44.

L'expression la plus générale pour l'idée de *peine*, c'est *hedd*. Les peines sont graduées suivant la gravité et la répétition des méfaits.

En Turquie, d'après Dulau, il y a dix-huit peines différentes.

Toute peine corporelle s'appelle *djeld :* on appelle *redjm* le fait d'enterrer jusqu'à la tête un criminel pour le lapider, et *ketl* l'exécution capitale par le glaive ou pas le gibet [1].

Une peine criminelle ne peut être appliquée que lorsqu'il est prouvé qu'un crime a été commis.

Les seuls moyens de preuve, en matière criminelle, sont :

1) L'aveu, *ekror ;*

> Le professeur Weil, dans son *Histoire des kalifes*, tome II, p. 95, dit sur les peines : « D'après les idées de la Bible et du Koran, les peines doivent
> » servir à l'intimidation publique. Le Koran n'approuve pas les exécutions
> » inhumaines, les mutilations, etc.; elles étaient rares chez les anciens
> » Arabes : cependant, déjà à l'époque de Mahomet, on dépeçait le cadavre de
> » l'exécuté. Le Koran punit le vol par l'ablation de la main, les blessures par
> » des dommages intérêts. Ce n'est que sous les Oméiades, qui probablement
> » prirent exemple sur les Byzantins, que l'on voit la peine de mort accom-
> » pagnée d'une multitude de tourments de toute sorte. »

2) La preuve testimoniale, *schehodet*.

Le nombre des témoins varie selon les crimes, ainsi qu'on le verra au chapitre suivant.

Les dépositions des témoins doivent être claires et précises, notamment sur le temps et sur le lieu du crime. Quand un témoin affecte de ne pas être clair et précis, il encourt la peine du méfait à propos duquel il a été appelé en témoignage. Si les témoins sont en contradiction, ils sont tous soumis à la peine qui atteint la calomnie : *kezf*.

Autres sectes. Chez les schafiites et les azemites, les témoins sont aussi soumis aux peines de la calomnie, quand ils ne sont pas en nombre suffisant. Par exemple s'il n'y a que deux ou trois témoins pour prouver un adultère, et non quatre, ainsi que l'exige le *scher'e*, ces témoins seront punis.

La peine ne peut atteindre que celui qui était majeur au moment du méfait et en parfaite conscience de ce qu'il faisait.

Un méfait commis sans intention coupable reste impuni : néanmoins, l'absence d'intention doit être prouvée par l'affirmation de celui qui l'allègue.

La connaissance des procès criminels et l'exécution des sentences appartiennent aux attributions du hakim scher'e [1].

Si le criminel meurt pendant l'exécution de sa peine, il n'y a pas lieu à vengeance du sang; mais si le hakim scher'e a prononcé une peine excessive et contraire à la loi, et si le condamné en meurt, le hakim doit payer la moitié de l'amende pour sang répandu.

On doit toujours exécuter les peines en public.

La flagellation a lieu pour tous les méfaits, sur le corps nu, dont les parties secrètes, *ewret*, doivent rester couvertes, du nombril jusqu'aux genoux. Les coups sont appliqués sur le dos et sur les épaules, et non sur le visage ou sur les parties couvertes.

La chaleur et le froid n'arrêtent pas l'exécution des peines : cependant elles doivent être exécutées en été dans la matinée, en hiver à midi.

La femme enceinte ne peut pas être exécutée : après sa déli-

---

[1] En Transcaucasie, les procès criminels ne sont pas jugés par les tribunaux ecclésiastiques, mais ils sont poursuivis et décidés par les agents des cercles et du gouvernement russe.

vrance, on retarde l'exécution jusqu'à ce qu'elle ne nourrisse plus son enfant, à moins qu'on ne lui donne une nourrice.

L'exécution des peines corporelles est retardée quand le condamné est malade ; mais les peines *redjm* et *ketl* s'exécutent sur le criminel quel que soit l'état de sa santé.

On ne punit pas les femmes pendant l'époque de leurs menstrues.

Celui qui a été condamné trois fois corporellement encourt, à la quatrième fois, la peine de mort.

CHAPITRE II.

Crimes et délits spéciaux.

§ 1. L'adultère, *zeno*.

Les peines de l'adultère sont diverses : *djeld redjm* et *ketl*. [1]

La première consiste en cent coups de bâton, et s'applique quand il n'y a pas de circonstances aggravantes. Dans ce dernier cas, il y a lieu à la peine *redjm*, par exemple quand un homme ayant un commerce avec une femme mariée, en a fait un mystère, et l'épouse ensuite sans accomplir les prescriptions du *kefforet*.

La peine *ketl* atteint celui qui commet un adultère avec une femme qu'il ne lui serait pas permis d'épouser, par exemple avec sa mère, sa fille ou sa sœur.

La même peine est appliquée à l'infidèle qui rend adultère une femme de religion musulmane. — Le crime de viol est toujours puni du *ketl*.

La peine *djeld* a lieu contre celui qui a eu l'intention de commettre un adultère, lors même qu'il ne l'aurait pas consommé, par exemple pour un baiser, un embrassement, le fait de coucher ensemble.

La peine de l'adultère atteint tout coupable, sans distinction,

---

[1] L'auteur nous dit bien qu'il y a trois sortes de peines contre l'adultère ; — il nous apprend que la peine *djeld* consiste en cent coups de bâton, mais il ne dit pas ici ce que c'est que la peine *redjm* et la peine *ketl*. Il faut se reporter au chap. I précédant celui-ci. (*Note du traducteur français.*)

l'esclave comme l'homme libre, le musulman comme le mécréant, l'homme comme la femme, le vieux comme le jeune, pourvu que celui-ci soit majeur.

Un esclave, en cas d'adultère, reçoit une bastonnade de cinquante coups.

On admet comme preuves de l'adultère : l'aveu, *ekror*, s'il a été renouvelé quatre fois devant plusieurs personnes, et les témoignages, *schehodet*. Il faut quatre témoins du sexe masculin, d'antécédents irréprochables, ou trois témoins mâles et deux femmes. Si néanmoins la déclaration de deux hommes est contredite par celle de quatre femmes, on ne peut pas condamner.

§ 2. La pédérastie, le commerce contre nature des femmes entre elles, et le proxénétisme, *lewote, sehk we kiodet*.

Si deux personnes majeures se livrent ensemble à la pédérastie, *lewote*, elles encourent toutes deux la peine de mort, *ketl*.

Autres sectes. Les schafiites punissent la pédérastie du *redjm*; les azemites remettent à l'imam le soin de décider comment sera exécuté à mort le coupable.

Quand un majeur commet l'acte de pédérastie sur un mineur, le premier seul est puni de mort; le mineur est soumis à une correction, mais non à une peine.

Si deux mineurs s'en rendent coupables ensemble, on les condamne chacun à cent coups bâton.

Comme preuve de ce crime, on admet l'aveu renouvelé quatre fois ou le témoignage *de visu* de quatre témoins dignes de créance.

Autres sectes. Les azemites admettent comme suffisant le témoignage de deux hommes.

Le commerce contre nature des femmes entre elles, *sehk*, est puni de cent coups de bâton.

Il suffit pour la preuve de l'aveu fait une seule fois, ou de la déposition de deux témoins. Les mêmes preuves valent en matière de proxénétisme, *kiodet*.

Le proxénétisme qui a pour but de procurer à un homme une

femme mariée, ou des sujets mâles pour commettre la pédérastie, est puni de soixante-quinze coups de bâton.

Chacun, sans exception, est soumis aux peines dont il vient d'être question relativement à ces crimes.

§ 3. La *calomnie*, *kezf*.

Celui qui accuse un autre d'un délit sans en pouvoir rapporter la preuve, de même que celui qui traite un autre de bâtard ou lui donne faussement d'autres qualifications injurieuses, est puni de quatre-vingts coups de bâton sur le corps revêtu de ses habits.

Quiconque injurie le prophète et les imams, est mis hors la loi et chacun peut lui tomber sus.

S'il y a eu calomnie ou injure réciproque, il n'y a lieu de punir aucune des parties.

Le *kozif*, c'est-à-dire celui qui a calomnié ou injurié, n'est punissable de la peine *kezf* que lorsqu'il est majeur, sain d'esprit, de condition libre et de religion musulmane. S'il manque une de ces qualités requises, le *kozif* n'est plus passible que d'une peine correctionnelle : *te'ezir*, et non d'une peine criminelle.

Pour le *sehr*, c'est-à-dire pour la propagation mensongère d'un événement malheureux non arrivé, et qui pourrait occasionner un malheur réel, le musulman doit-être condamné à mort, d'après le Coran et à raison d'un pareil fait arrivé à Mahomet ; on pardonne au mécréant, néanmoins il lui est fait une remontrance, *edeb*.

§ 4. L'ivresse, *muskir we fikôe*.

Celui qui, sain d'esprit, se livre à une boisson enivrante ou ne fait même que la déguster, sachant que l'usage en est défendu, est puni de quatre-vingts coups de bâton sur son corps mis à nu.

Cette peine atteint les femmes comme les hommes, les esclaves comme les personnes libres.

Pour plusieurs accès d'ivresse non punis, il n'y a qu'une peine une fois prononcée.

§ 5. Le vol, *düzdi* ou *sirket*.

La peine du vol n'atteint que les majeurs sains d'esprit qui se sont emparés en cachette de la propriété d'autrui, dans l'intention de se l'approprier.

Il n'y a point peine de vol contre celui qui n'a pas lui-même volé, mais qui a recélé la chose volée, de même qu'il n'est plus prononcé de peine si le voleur a rendu à son véritable propriétaire la chose volée.

Dans la notion du vol, il faut qu'il y ait de la surprise et du secret : le fait de s'emparer violemment d'une chose est régi par des règles particulières, et puni de peines spéciales.

Les parents ne peuvent pas voler à leurs enfants ; mais, *vice versâ*, les enfants peuvent commettre des vols au préjudice de leurs parents.

Le vol ne peut pas se commettre sur les choses qui ont été consacrées par le contrat *wäkf'om*, puisqu'elles sont destinées à l'usage de tous.

Quand un prévenu de vol soutient que c'est du consentement du propriétaire qu'il s'est mis en possession de la chose, ou qu'elle lui a été donnée, c'est au propriétaire à appuyer sa plainte par serment, et il n'est pas permis, en ce cas, au prévenu de prouver par témoins son innocence ; il faut restituer la chose litigieuse et subir la peine du vol.

Comme preuve du vol, on admet l'aveu répété deux fois devant plusieurs personnes, ou la déposition de deux témoins irréprochables.

Si le vol est prouvé, la chose soustraite est restituée au propriétaire ou à ses héritiers ; sinon et en cas d'impossibilité, il faut payer la valeur de cette chose. Le voleur est puni, soit par une détention perpétuelle, soit par la mutilation des quatre doigts, moins le pouce de la main droite, soit par l'extraction des dents et l'amputation d'un pied jusqu'au moignon.

§ 6. La désertion de l'islamisme, *irtitod*.

Le musulman qui, élevé depuis sa naissance dans l'islamisme, abdique cette religion, est passible de la peine de mort : chacun peut le tuer. Il est appelé *müboh ud-demm*, proscrit, mis hors la loi. Mais un infidèle qui, s'étant fait musulman, cesse de l'être, a un délai de trente jours pour se repentir, *tewbe*; s'il persiste après ce délai, il encourt la peine de mort.

Les femmes musulmanes qui apostasient sont renfermées pour le reste de leurs jours.

Un renégat, *müstedd*, devient *herom* pour sa femme : ses biens sont partagés entre ses héritiers.

§ 7. Menaces, violences, surprises, *mehorib*.

Celui qui menace les armes à la main et commet des violences et des surprises pour s'emparer de force de la propriété d'autrui, est puni par le glaive ou par le gibet. Si néanmoins il manifeste du repentir de son acte criminel, il est affranchi de cette peine.

Celui qui, armé, jette l'épouvante chez les autres, peut être tué impunément par le premier venu.

Il en est de même de celui qui s'introduit de force dans une habitation ou qui est trouvé par un musulman auprès de ses femmes. Ils peuvent être tués sans qu'il y ait lieu au droit de vengeance ou à l'amende expiatoire pour le sang répandu.

Pour établir ces faits de violence, de surprise et d'introduction, il faut le témoignage de deux personnes.

§ 8. Sodomie [1], coït avec un cadavre et onanisme, *müboschiret behoim we emwot we istimno*.

---

[1] (*Note du traducteur français*). — Il est évident qu'il y a ici, dans la traduction allemande, une lacune dont je ne puis pas vérifier l'existence dans l'original russe. Cette lacune consiste en ce que, dans l'énumération des crimes à examiner dans ce § 8, il n'est question que des trois crimes, la sodomie, le coït avec un cadavre et l'onanisme. Il n'est pas question du crime de bestialité, et cependant ce § 8 va développer ses idées sur ce crime. En effet, il en parle immédiatement : ma traduction rend fidèlement celle du texte allemand. Or, après avoir dit « que le coupable de sodomie, s'il est » majeur et sain d'esprit, est passible de vingt-cinq coups de bâton, » la traduction allemande continue sans alinéa, sans rubrique, et sans avoir, comme je l'ai déjà dit ci-dessus, mentionné le crime de bestialité dans l'énumération des crimes du § 8. Elle dit tout couramment, après la peine du crime de sodomie : « Si la bête avec laquelle a été consommé le crime, etc...» Puis après des détails sur le sort réservé à la bête, qui ne peut être qu'une complice innocente d'un crime de bestialité, mais non de sodomie, la traduction allemande reprend des détails sur la sodomie, en disant : « Le récidiviste » dans le crime de sodomie encourt la peine de mort à la quatrième fois. » Puis on passe au crime du coït avec un cadavre, et enfin au crime d'Onan.— J'ai dû faire la présente observation pour rester fidèle à mon devoir de traducteur; mais, convaincu qu'il n'est pas possible que des savants aussi distingués que MM. de Tornauw, de Tidebōhl et de Bötticher aient pu faire une aussi singulière confusion, je m'empresse de déclarer que je ne vois dans cette bizarrerie qu'une inexactitude typographique de l'imprimerie Dick, de Leipsik. (Avis pour sa prochaine édition.)

Le coupable de sodomie, s'il est majeur et sain d'esprit, est passible de vingt-cinq coups de bâton. Si la bête avec laquelle a été consommé le crime est de celles qui servent à la nourriture de l'homme, il faut la tuer, car sa chair, son lait et toutes ses parties deviennent *herom :* on ne doit plus s'en servir. Dans le cas contraire, c'est-à-dire si la bête n'est pas de celles qu'il est permis de manger, elle doit être vendue dans une autre contrée. Le propriétaire de la bête doit, dans l'un et l'autre cas, être dédommagé.

Le recidiviste dans le crime de sodomie encourt la peine de mort à la quatrième fois.

Le coït avec un cadavre est puni comme la sodomie, et d'après l'avis de quelques criminalistes, il devrait être puni plus sévèrement encore.

Comme preuve de ces deux crimes, on n'admet que l'aveu répété quatre fois ou le témoignage de quatre témoins.

L'onanisme, *istimno*, est puni, à la discrétion du hakim scher'e, par vingt-cinq coups de bâton. On admet pour preuve l'aveu du prévenu ou la déclaration de deux témoins.

CHAPITRE III.

Kesos, la vindicte du sang.

Sources.

Neil ul-merom, partie II, p. 225-231. — *Bist bob*, p. 538-550. — *Keschf enwor*, p. 673-698; 732-774. — *Helil idjoz*, p. 395-415. — *Ichtelofot ul-erb'e*, p. 227-232.

Tout meurtre engendre le droit de vindicte, *kesos*, c'est-à-dire que la vie du meurtrier tombe entre les mains des parents de la victime. Il en est de même de blessures portées volontairement et qui ont occasionné la mort.

Celui qui commet un meurtre en répond sur sa propre vie; s'il n'a fait qu'exciter un tiers à commettre ce meurtre, c'est ce dernier qui répond du sang versé.

S'il y a plusieurs meurtriers, le *kesos* peut être exercé contre tous ou contre un seul, sauf, dans ce dernier cas, à faire payer par tous la composition, *diyet*.

Autres sectes. Chez les schafiites et les azemites, le fait de diviser le *kesos* affranchit les autres de toute responsabilité.

Pour que ce droit de vindicte puisse être exercé, il faut :

1) Que celui contre qui on l'exerce soit de la même condition que la victime ; ainsi un homme libre n'est responsable que du sang d'un homme libre, un esclave que du sang d'un esclave.

Autres sectes. Les azemites admettent le *kesos* contre des hommes libres qui auraient tué un esclave. D'après une décision du kalife Omar, ce cas ne donnerait lieu qu'à la composition, *diyet*.

2) Que la victime soit un musulman. Un musulman ne répond pas de la mort d'un *kofir*.

3) Le père et le grand-père ne sont pas responsables du sang par eux versé, du fils et du petit-fils ; ils doivent payer l'amende, subir le *kefforet*, et sont soumis à un *diyet* et à une punition *te'ézir* discrétionnaires de la part du hakim scher'e. Au contraire, la mère est soumise au *kesos* si elle tue son enfant, et les enfants de même, s'ils sont parricides.

4) Il faut que le meurtrier ait été, lors du fait, majeur et sain d'esprit.

5) Il faut que la victime ne soit pas *mûboh ud-demm*, c'est-à-dire une personne dont la vie est à la discrétion de chacun, par exemple le renégat.

Le *kesos* ne peut être exercé que contre ceux qui sont réellement coupables de meurtre : la preuve de la culpabilité résulte :

1) De l'aveu ;
2) Du témoignage ;
3) Du serment.

L'aveu suffit, fait une fois ; il y a des criminalistes qui exigent qu'il soit géminé.

Les témoins doivent être au nombre de deux, mâles et d'antécédents irréprochables, Qu'aucun soupçon ne puisse les atteindre.

Autres sectes. Les schafiites et les azemites exigent quatre hommes irréprochables pour témoins.

Leurs dépositions doivent être sans équivoque et précises. Si l'accusé prétend que la mort n'est pas la conséquence de coups et blessures portés par lui, mais le résultat d'une blessure faite par un autre, il doit l'établir par serment.

S'il n'y a ni aveu ni témoins, on a recours au serment, *kesome*. Si l'accusé ne peut pas démontrer sa dette par des preuves claires, le plaignant prête le serment cinquante fois, après quoi il a le droit de poursuivre vengeance du sang[1], sur l'autorisation redoublée du hakim scher'e.

Ce droit de poursuite n'appartient qu'aux parents les plus proches.

Autres sectes. Les schafiites et les azemites l'accordent à tout héritier de la victime.

Il n'a pas lieu contre les femmes enceintes avant leur accouchement.

Il y a aussi un pareil droit en matière de mutilation qui s'exerce proportionnellement à la longueur, largeur et profondeur de la blessure, *tulen 'erzen* et *'ümken*. Mais comme cela n'est pas praticable, on se contente ordinairement d'appliquer le *diyet* en pareil cas.

CHAPITRE IV.

Diyet, compositions en cas de meurtre ou de blessures.

Sources.

Neil ul-merom, p. 231-239. — *Bist bob*, p. 550-564. — *Keschf enwor*, p. 698-732. — *Helil idjoz*, p. 415-437. — *Ichtelofot ul-erb'e*, p. 232-241.

Diyet, la réparation par l'argent d'un meurtre ou de coups et

[1] Le gouvernement russe a supprimé ce droit dans les provinces transcaucasiennes.

blessures a lieu, soit quand une personne qui avait le droit de vengeance y renonce et se contente d'exiger une composition pécuniaire, soit dans les cas où la loi la prescrit.

Cette somme varie selon que la mort a été donnée avec ou sans préméditation, et suivant la qualité des parties du corps qui ont été mutilées.

Le propriétaire d'un animal d'un caractère méchant et sauvage, est responsable de tous les dommages que cet animal a occasionnés, même de la mort d'un homme, quand ce propriétaire n'a pas pris toutes les mesures nécessaires pour empêcher le dommage.

Le *diyet* a lieu aussi quand l'assassin n'a point de parents ou d'héritiers chargés du *kesos*. Dans ce cas, le *diyet* est perçu par l'imam pour le *beit ul-mol*, et employé à un usage agréable à Dieu.

FIN.

TABLE ET DIVISION DES MATIÈRES.

	Pages.
PRÉFACE.	1
INTRODUCTION.	11
Partie dogmatique de la croyance religieuse, *usul ed-din*.	16
Partie pratique ou rituelle de la science religieuse, *feru' ed-din*.	17
DROIT MUSULMAN.	27
'Ilme scher'e, science de la loi.	27
'Ilme kelom, partie théorique dogmatique de la foi.	29
'Ilme fikh, partie pratique de la science religieuse, jurisprudence.	29
PREMIÈRE PARTIE. — *'Ilme kelom*, science de la partie théorique-dogmatique de la foi.	31
§ 1. *M'arifete-ullah*, l'existence de Dieu et les cinq dogmes fondamentaux.	31
§ 2. *Teuhid*, l'unité de Dieu.	33
§ 3. *'Edolet*, la justice de Dieu.	34
§ 4. *Nebüwwet*, la mission des prophètes.	36
§ 5. *Mi'od*, la vie future.	37
§ 6. *Imamet*, la série des imans.	38
§ 7. *Sefote-Allah*, les qualités de Dieu.	39
DEUXIÈME PARTIE. — *'Ilme fikh*, science pratique de la religion, jurisprudence.	41
Division de l'*ilme fikh*.	41
LE LIVRE *'EBODOT*.	41
Division de ce livre.	41
Ses sources.	41
PREMIÈRE SECTION. — Partie pratique de la jurisprudence.	41
CHAPITRE 1ᵉʳ. — *T'ehoret*, la purification.	43
Sources de cette matière.	43

TABLE ET DIVISION DES MATIÈRES.

Pages.

§ 1. Idée de la purification ; ses différents procédés ; *wezu, ghusl, teyemmüm*. 43
§ 2. Espèces et modes du *wezu*. 43
§ 3. Règles du *wezu*. 43
§ 4. La purification *ghusl*. 45
§ 5. La purification du *teyemmüm*. 45
§ 6. La purification après la satisfaction des besoins naturels. . . 45
§ 7. La purification des cadavres ; — lavage du cadavre ; — règles relatives à ceux qui sont tués à la guerre ; — lavage du corps mort. 47
§ 8. Choses pures et impures. 49
§ 9. Purification partielle de choses impures. 50

CHAPITRE II. — *Selat*, la prière ; en persan, *nemaz*. 51
    Sources de cette matière. 51
§ 1. Division des règles et des usages. 51
§ 2. Usages à observer avant la prière, *mükeddemote nemaz*. . . 51
    a. Tehoret, la purification. 51
    b. Izoleï nedjosot, l'éloignement de toute chose impure. . . 51
    c. Setr'euret, l'habillement. 51
    d. Wakt, temps de la prière ; diverses prières suivant le temps 52
    e. Mekon, le lieu de la prière. 54
    f. Kebleh, l'attitude pendant la prière. 55
§ 3. Usages pendant et après la prière, *mükerrenote nemaz*. . . 55
    a. Kiyom, la position du corps. 55
    b. Niyyet, le recueillement. 55
    c. Tekbiret ul-ehrom, la sainte invocation de Dieu. . . . 55
    d. Ruku'e, les salutations du corps. 56
    e. Sudjud, les prostrations et génuflexions. 56
    f. Teschehüd, la proclamation de l'islamisme. 56
§ 4. *Azon* et *ekomet* ; usages entre le *mükedemot* et le *mükerrenot*
§ 5. *Kenut, te'ekibot*, pratiques accessoires. 57
§ 6. Nombre des *ruk'et*. 57

CHAPITRE III. — *Zekat*, l'impôt de la propriété. 58
    Sources de cette matière. 58
§ 1. Dette et but du *zekat*. 58
§ 2. Diverses espèces de *zekat*. 58
§ 3. *Zekat wodjib*. 59
§ 4. *Zekat sunnet*. 60
§ 5. *Zekat fitr*. 61
§ 6. *Chüms*. 61

CHAPITRE IV. — *Saum, ruzeh*, les jeûnes. 63
    Sources. 63
§ 1. Espèces de jeûnes. 63
§ 2. Règles du jeûne. 64
§ 3. Jeûnes de certains jours. 64

CHAPITRE V. — *Heddj*, le pèlerinage à la Mecque 64
    Sources. 64
§ 1. Importance et but du pèlerinage *heddj*. 65
§ 2. *'Umreh*, pèlerinage moins important. 65
§ 3. Le pèlerinage *heddj* est obligatoire. 65
§ 4. Prescriptions à observer dans ce pèlerinage. 66
§ 5. Différentes espèces de pèlerinages. 67
§ 6. Usages du *heddj*. 67

TABLE ET DIVISION DES MATIÈRES.   307

	Pages.
CHAPITRE VI. — *Djehod*, la guerre contre les infidèles.	70
Sources.	70
§ 1. Obligation du *djehod*.	70
§ 2. Contre qui cette guerre doit être entreprise.	71
§ 3. Avantages et conséquences du *djehod*.	71
§ 4. Du butin fait à la guerre, *ghanimet*.	71
§ 5. Règles relatives aux pays conquis et à leurs habitants.	71
CHAPITRE VII. — *'Etikof*, pieuse retraite dans la mosquée.	73
§ 1. But et espèces de l'*etikof*.	73
§ 2. Leurs règles.	73
CHAPITRE VIII. — Exhortation à exécuter la loi et à s'abstenir de tout ce qui y est contraire.	74
DEUXIÈME SECTION. — Le droit civil.	75
§ 1. Signification et division.	75
§ 2. Principes généraux et fondamentaux de la jurisprudence musulmane.	76
§ 3. La procédure.	77
§ 4. Procédure dans les tribunaux musulmans des provinces russes transcaucasiques.	79
§ 5. Récapitulation.	81
§ 6. Différence des lois quant à leur origine.	81
§ 7. Différence des actions, sous le rapport de la légalité et de l'exercice.	81
§ 8. De la majorité.	81
LE LIVRE *'EKUDOT*.	84
Division du livre *'Ekudot*. — Des contrats immuables et de ceux qui ne le sont pas.	84
PREMIÈRE SECTION. — Des contrats relatifs aux rapports de famille, et notamment du mariage, *Nikoh*.	85
Sources.	85
§ 1. But, devoirs et avantages du mariage.	65
§ 2. Diverses espèces de mariages.	85
§ 3. Du mariage perpétuel.	85
Avant la célébration de ce mariage, il y a lieu d'observer :	
a. Le choix de la femme ; ses qualités.	86
b. L'obtention de son consentement.	86
c. Les empêchements de mariage.	87
I. Parenté par le sang.	87
II. Parenté par la nourrice.	87
III. Affinité ou alliance.	88
IV. Nombre des femmes.	89
V. Imprécation contre la femme.	89
VI. Religion autre que l'islamisme.	89
d. La recherche en mariage.	89
Au moment de la conclusion du mariage.	90
a. Consentement réciproque.	90
b. Prière à Dieu.	90
c. Rédaction du contrat de mariage. (Spécimen de ce contrat.)	91
d. Présence des témoins.	93
e. Entrée de la femme dans la maison du mari.	93
f. Hospitalité aux amis et parents.	93

	Pages.
g. Pratiques intimes.	94
h. Défense de ne pas les remplir complétement.	95
Règles après la célébration du mariage :	
a. Relativement aux devoirs des époux.	95
b. Relativement à la dot.	98
§ 4. De la dissolution du mariage.	101
a. Par le divorce et la malédiction.	101
b. Par l'abjuration de l'islamisme.	101
c. Par l'absence du mari.	101
d. Par la révocation du consentement.	102
e. Par la perpétration de certains crimes.	102
f. Par un vice dans le mode de célébration.	103
§ 5. De l'*iddeh* et de l'*istibro*.	104
§ 6. Du mariage temporaire.	106
Les règles sont relatives :	
a. Au consentement réciproque.	106
b. A l'orthodoxie religieuse.	106
c. A la fixation d'un terme.	106
d. A la convention d'une dot.	106
e. A la dissolution de ce mariage.	106
§ 7. Du mariage avec les esclaves.	107
§ 8. Des effets du mariage.	107
a. Entretien et nourriture des femmes.	108
b. Entretien des parents.	109
c. Devoirs des enfants.	109
d. Entretien des esclaves et soins à donner à toutes les choses de la maison.	109
e. Des enfants nés en mariage ou hors mariage.	109
I. Enfants légitimes.	109
II. Enfants illégitimes.	111
III. Règles à observer à la naissance d'un enfant.	111
1) Au moment de l'accouchement.	111
2) Après l'accouchement.	111
§ 9. Règles à observer dans la vie domestique.	111
a. Règles de la bienséance.	111
b. Règles relatives à la toilette du corps.	114

DEUXIÈME SECTION. — Des droits et obligations résultant des contrats.

CHAPITRE Ier. — *Tedjoret*, contrat d'achat et de vente.	114
Sources.	114
§ 1. Notions de ce contrat.	114
§ 2. Règles principales.	115
a. Consentement réciproque.	115
b. Majorité des parties contractantes.	115
c. Capacité de discernement.	115
d. Maître de ses droits et de sa personne.	116
e. Propriété de l'objet du contrat.	116
f. Livraison offerte et acceptée de la chose vendue.	117
g. Caractère légal de l'objet du contrat.	118
h. Description exacte de cet objet.	118
i. Fixation du prix.	120
j. Utilité possible de la chose vendue.	122
§ 3. Règles accessoires.	123

		Pages.

    a. Action en diminution du prix. 123
    b. Ne point louer ni blâmer avec exagération la chose à vendre. 123
    c. Ne pas jurer de la valeur de la chose. 123
    d. Ne pas vendre en un local où la chose ne pourra être facilement examinée. 123
    e. Délimitation du temps pendant lequel la vente doit être faite. 123
    f. Ne pas acheter des marchandises qui sont en route pour le bazar. 124
    g. Ne pas traiter sous le nom de tierces personnes. . . . 124
    h. Clauses prohibées. 124

§ 4. Règles spéciales sur la vente des substances alimentaires, des animaux domestiques et des esclaves. 125
§ 5. Règles sur la résolution des contrats d'achats et ventes. . . 126
    Spécimen d'un pareil acte. 127
§ 6. Suites de l'inexécution des contrats. 127
§ 7. Procédure en cette matière. 127
§ 8. Annulation du contrat. 128

CHAPITRE II. — *Dein, selem,* Contrat de prêt de choses fongibles. . 131
    Sources. 131
§ 1. Notion et espèces. 131
§ 2. Règles communes au *dein* et au *selem.* 131
§ 3. Règles spéciales au *dein.* 132
§ 4. Règles spéciales au *selem.* 133
§ 5. Règles du contrat. 134
    Spécimen. 135
§ 6. Validité du contrat. — Procédure en cas de contestation. . 135
§ 7. Résolution du contrat. 136

CHAPITRE III. — *Arieh,* commodat ou prêt gratuit. 136
    Sources. 136
§ 1. Notion de ce contrat. 136
§ 2. Ses règles. 136
§ 3. Sa validité, sa cessation et la procédure en cas de contestation. 138

CHAPITRE IV. — *Wedi'e,* contrat de dépôt. 139
    Sources. 139
§ 1. Notion de ce contrat. 139
§ 2. Ses règles. 139
§ 3. Sa validité, sa cessation et la procédure en cas de contestation. 140

CHAPITRE V. — *Idjore,* contrat de louage. 141
    Sources. 141
§ 1. Notion de ce contrat. 141
§ 2. Ses règles. 141
§ 3. Règles pour la résolution. 143
§ 4. Sa validité, sa cessation et la procédure. 144

CHAPITRE VI. — *Schirket,* contrat de société. 146
§ 1. Notion du contrat. 146
§ 2. Espèces de sociétés. 146
§ 3. Règles fondamentales. 147

TABLE ET DIVISION DES MATIÈRES.

Pages.

§ 4. Règles accessoires. 148
§ 5. Règles relatives à la liquidation. 148
    Spécimen. 149
§ 6. Validité et résolution de ce contrat. 149

CHAPITRE VII. — *Mezoribe*, contrat de commission commerciale. . 150
    Sources. 150
§ 1. Notion. 151
§ 2. Règles. 150
§ 3. Règles lors du décompte. 152
    Spécimen. 153
§ 4. Validité du contrat, résolution, procédure en cas de contestation. 153

CHAPITRE VIII. — *Müzori'e*, bail des fonds de terre. 155
    Sources. 155
§ 1. Notion de ce contrat. 155
§ 2. Règles. 155
§ 3. Écrits lors de la convention. 157
§ 4. Validité du contrat, procédure en cas de contestation, résolution. 159

CHAPITRE. IX — *Muzokat*, bail d'un verger ou d'un jardin. . . 159
    Sources. 159
§ 1. Notion. 159
§ 2. Règles. 160
§ 3. Prescriptions lors de la signature du contrat. 161
§ 4. Validité du contrat, dommages-intérêts. 161
§ 5. Résolution du contrat. 161

CHAPITRE X. — *Sibk we remoyeh*, contrat de pari à la course et de tir à l'arc. 162
    Sources. 162
§ 1. Notion. 162
§ 2. Règles du *sibk*. 162
§ 3. Règles du *remoyeh*. 163
§ 4. Résolution du contrat. 163

CHAPITRE XI. — *Wekolet*, contrat de mandat. 164
    Sources. 164
§ 1. Notion. 164
§ 2. Règles. 164
§ 3. Prescriptions lors de la convention. 166
§ 4. Validité du contrat, responsabilité, procédure. 168
§ 5. Résolution du contrat. 168

TROISIÈME SECTION. — Obligations pour sûreté des contrats. . . 169

CHAPITRE Ier. — *Rehen*, le gage. 169
    Sources. 169
§ 1. Notion du contrat de gage. 169
§ 2. Fondement du droit de gage. 169
§ 3. Règles du contrat de gage. 170
    a. La remise du gage. 170
    b. Le droit de disposer du gage. 171
    c. Inadmissibilité de la fixation d'un terme. 172
    d. Capacité des parties contractantes. 172

TABLE ET DIVISION DES MATIÈRES. 311

Pages.

e. Légalité de l'objet remis en gage. 173
f. Responsabilité. 174
g. Formalités pour la résolution du contrat. 174
§ 4. Validité et résiliation du contrat. 174
§ 5. Procédure en cas de contestation. 175

CHAPITRE II. — *Zemon*, le cautionnement. 175
        Sources. 175
§ 1. Espèces et notion du cautionnement. 175
§ 2. Règles générales. 176
§ 3. Règles particulières. 177
    a. Relativement au *zemon*. 177
    b.   — au *hewole*. 178
    c.   — au *kefole*. 178
§ 4. Formalités lors de la conclusion du contrat. 178
§ 5. Validité de ces contrats et procédure en cas de contestation. 180

QUATRIÈME SECTION. — Acquisition de la propriété à titre gratuit. 181

CHAPITRE Ier. — *Hibe*, la donation. 181
        Sources. 181
§ 1. Notion. 181
§ 2. Espèces de donations. 181
§ 3. Règles. 182
§ 4. Formalités lors de la conclusion du contrat. (Spécimen). 184
§ 5. Validité du contrat, procédure en cas de contestation, révocation. 185

CHAPITRE II. — *Wesiyet*, le testament. 186
        Sources. 186
§ 1. Notion. 186
§ 2. Règles relatives à l'objet du testament. 186
§ 3.   — au testateur. 187
§ 4.   — à l'héritier testamentaire. 188
§ 5. Formalités du testament. 188
    Spécimen. 189
§ 6. Validité du testament, procédure, révocation. . . . 190
§ 7. Des tuteurs. 190

CHAPITRE III. *Wäkf*, la consécration. 193
        Sources. 193
§ 1. Notion et espèces de *wäkf*. 193
§ 2. Règles concernant l'objet et le contrat du *wäkf*. . 193
§ 3.   — le consécrant, *wokif*. 196
§ 4.   — celui au profit de qui est faite la consécration, *maukufün 'aleihi*. 196
§ 5. Formalités du contrat. 197
§ 6. Validité et abolition du contrat. 197
§ 7. Des aumônes, *sedeke*. 198

CHAPITRE IV. — *Sukno we hibs*, bénéfice d'une chose conférée à une personne, viagèrement ou temporairement. . . 199
        Sources. 199
§ 1. Notion et espèces de ces contrats. 199
§ 2. Règles. 200
§ 3. Dissolution. 200

TABLE ET DIVISION DES MATIÈRES.

	Pages.
CINQUIÈME SECTION. — Contrats de procédure	201
Sùlh, la transaction	201
Sources	202
§ 1. Notion	202
§ 2. Règles	202
§ 3. Validité	202
SIXIÈME SECTION	202
CHAPITRE Ier. — *Eflos*, la banqueroute	202
Sources	202
§ 1. Notion et moyens de s'assurer de l'état du débiteur	202
§ 2. Conséquences de l'insolvabilité	203
CHAPITRE II. — *Hedjr*, de la saisie des biens	206

LE LIVRE *EIKO'OT*. 207

Division du livre *Eiko'ot*	208
PREMIÈRE SECTION. — Du droit de famille	208
CHAPITRE Ier. — *Telok*, le divorce	208
Sources	208
§ 1. Notion et espèces de divorce	208
§ 2. Dissolution définitive du mariage	208
§ 3. Dissolution temporaire du mariage	209
§ 4. Règles	210
§ 5. Formalités dans l'échange de l'acte de divorce	212
§ 6. Divorce sur la demande de la femme, *chùl'e*	214
§ 7. Divorce sur la demande des deux époux, *mùborot*	215
CHAPITRE II. — *Zehor*, outrages du mari envers la femme	216
Sources	216
§ 1. Notion du *zehor*	216
§ 2. Règles	216
§ 3. Effets	217
CHAPITRE III. — *Ilo*, serment du mari de ne pas s'approcher de la femme	218
Sources	218
§ 1. Notion de l'*ilo*	218
§ 2. Règles	218
§ 3. Effets	218
CHAPITRE IV. — *Le'on*, malédiction du mari contre la femme	219
Sources	219
§ 1. Notion du *le'on*	219
§ 2. Règles	219
§ 3. Effets	220
DEUXIÈME SECTION. — Droit relatif à l'esclavage	222
CHAPITRE Ier. — De l'esclavage en général	222
CHAPITRE II. — De l'affranchissement par la volonté du maître	225
CHAPITRE III. — De l'affranchissement par la loi	226
CHAPITRE IV. — De l'affranchissement par testament	228
CHAPITRE V. — De l'affranchissement par rachat	229
CHAPITRE VI. — De l'arrestation d'un esclave fugitif	231

TABLE ET DIVISION DES MATIÈRES.

Pages.

CHAPITRE VII. — Du concubinage avec une femme esclave et de l'entretien des enfants qui en sont issus. . . . 231

TROISIÈME SECTION. — Obligations en matière de procédure judiciaire. 232

CHAPITRE Ier. — *Ekror*, l'aveu. 232
    Sources. 232
  § 1. Notion et espèce d'aveux. 232
  § 2. Validité et effets de l'aveu. 233

CHAPITRE II. — *Yemin*, le serment. 234
    Sources. 234
  § 1. Mode de prestation du serment. 234
  § 2. Validité et effets du serment. 234

QUATRIÈME SECTION. — Du vœu et de l'expiation. 236

CHAPITRE Ier. — *Nezr*, le vœu. 236
CHAPITRE II. — *Kefforet*, le sacrifice expiatoire. 238

LE LIVRE *EHKOM*. 241

Division du livre *Ehkom*. 241

PREMIÈRE SECTION. — Dispositions relatives à la vie civile des musulmans. 241

CHAPITRE Ier. — De la puissance gouvernementale. 241
CHAPITRE II. — Du kadi ou kazi. 242
    Sources. 242
  § 1. Attributions du kadi. 242
  § 2. Qualités que doit avoir le kadi. 244
  § 3. Règles concernant la personne du kadi. 244
  § 4. Règles relatives à sa juridiction. 246
  § 5. Perte de son office. 252

CHAPITRE III. — *Feroiz*, de la succession. 253
  § 1. Acquisition de la succession. 253
  § 2. Privation du droit de succéder. 254
  § 3. Transmission du droit de succéder. 257
  § 4. Exclusion partielle ou complète de la succession. . . 257
  § 5. Division de la succession. 258
  § 6. Partage de la succession. 259
    a. En vertu de la parenté. 259
    b. En vertu de la loi. 264
    c. Droit de succession des hermaphrodites. 266
    d. De commorientibus. 266
    e. Droit de succession à l'égard des infidèles. . . . 267
  § 7. Formalités du partage et de ses effets. 268

CHAPITRE IV. — *Schehodet*, le témoignage. 269
    Sources. 269
  § 1. Nécessité du témoignage. 269
  § 2. Conditions légales du témoignage. 270
  § 3. Nombre des témoins en certains cas. 274
  § 4. Espèces diverses de témoignages. 274
  § 5. Créance et valeur des dépositions des témoins. . . . 274

	Pages.
DEUXIÈME SECTION. — Dispositions concernant le droit de propriété	276
CHAPITRE Ier. — *Ghesb*, possession injuste violemment acquise.	276
CHAPITRE II. — *Schuf'e*, droit de préemption et de voisinage.	278
CHAPITRE III. — *Lükete*, invention des choses perdues.	280
Sources.	280
§ 1. Ce que c'est que les *lükete*.	280
§ 2. Principes généraux.	280
§ 3. Des enfants trouvés.	281
§ 4. Des esclaves et des animaux trouvés.	282
§ 5. Des choses inanimées trouvées.	282
CHAPITRE IV. — *Ihyo ul-mewot*, culture d'un fonds en friche.	283
TROISIÈME SECTION. — Dispositions concernant certains faits de la vie.	286
CHAPITRE Ier. — *Seid we zebohet*, de la chasse et de l'abatage des animaux.	286
CHAPITRE II. — *Etum'e we eschrube*, du manger et du boire.	289
Sources.	289
§ 1. Poissons de mer.	289
§ 2. Quadrupèdes.	289
§ 3. Oiseaux.	290
§ 4. Objets privés de vie.	290
§ 5. Boissons.	291
§ 6. Règles générales.	291
§ 7. Règles pendant le repas.	292
QUATRIÈME SECTION. — Droit pénal.	293
CHAPITRE Ier. — Principes généraux du droit pénal et de l'instruction criminelle.	293
CHAPITRE II. — Crimes particuliers.	295
§ 1. Adultère.	295
§ 2. Pédérastie; commerce des femmes entre elles; proxénétisme	296
§ 3. Diffamation.	297
§ 4. Ivresse.	297
§ 5. Vol.	297
§ 6. Apostasie.	298
§ 7. Menaces, guet à pens, rapt.	299
§ 8. Sodomie; coït avec un cadavre; onanisme.	299
CHAPITRE III. — *Kesos*, le droit privé de vengeance.	300
CHAPITRE IV. — *Diyet*, la composition, en cas de meurtre ou de blessures.	302

CHEZ LE MÊME ÉDITEUR

CONCORDANCE

ENTRE LES

CODES CIVILS ÉTRANGERS

ET LE

CODE NAPOLÉON

DEUXIÈME ÉDITION
ENTIÈREMENT REFONDUE ET AUGMENTÉE DE LA CONCORDANCE
DE LA LÉGISLATION CIVILE DE PLUS DE QUARANTE PAYS

PAR M. ANTHOINE DE SAINT-JOSEPH
Juge au tribunal de première instance de la Seine,
chevalier de la Légion d'honneur et de plusieurs ordres.

Ouvrage terminé et publié par M. A. DE SAINT-JOSEPH, son fils

4 vol. grand in-8. — Prix : **50** francs.

L'éditeur a reçu, à l'occasion de cette publication, la GRANDE MÉDAILLE EN OR pour arts et sciences, du roi de Wurtemberg.

Voici la liste des États dont la législation civile se trouve dans la *Concordance* : on peut dire que toutes les nations civilisées y figurent :

AMÉRIQUE DU SUD.	HAMBOURG.		Argovie.
AUTRICHE.	HANOVRE.		Bâle.
BADE.	HOLLANDE.		Berne.
BAVIÈRE.	ILES IONIENNES.		Fribourg.
BELGIQUE.	LOUISIANE.		Genève.
BOLIVIE.	MALTE.		Glaris.
BRÉSIL.	MODÈNE.		Grisons.
BRUNSWICK.	NORWÉGE.	SUISSE.	Lucerne.
DANEMARK.	PARME.		Neufchâtel.
DEUX-SICILES.	POLOGNE.		Saint-Gall.
DROIT COMMUN ALLEMAND.	PORTUGAL.		Soleure.
ESPAGNE.	PRUSSE.		Tessin.
ETATS-UNIS.	RUSSIE.		Valais.
ETATS-ROMAINS.	SARDAIGNE.		Vaud.
FRANCE.	SAXE.		Zurich.
FRANCFORT.	SAXE-WEIMAR.	TOSCANE.	
GRANDE-BRETAGNE.	SERBIES.	TURQUIE.	
GRÈCE.	SUÈDE.	VENEZUELA.	
HAÏTI.	SUISSE (Appenzel).	WURTEMBERG.	

Paris. — Imprimé par E. THUNOT et Cⁱᵉ, rue Racine, 26.

www.ingramcontent.com/pod-product-compliance
Lightning Source LLC
Chambersburg PA
CBHW060645170426
43199CB00012B/1679